Oliver Tolmein

Vom Deutschen Herbst zum 11. September

Oliver Tolmein

Vom Deutschen Herbst zum 11. September

Die RAF, der Terrorismus und der Staat

KONKRET LITERATUR VERLAG

Umschlaggestaltung: Peter Albers
Umschlagfotos: Hubert Michael Böse (oben); dpa
Satz: H & G Herstellung, Hamburg
Druck: AALEXX-Druck, Großburgwedel
ISBN 3-89458-204-9
www.konkret-literatur-verlag.de

Inhalt

Vorwort

In den ersten Jahren der RAF berichteten bundesdeutsche Zeitungen immer wieder, daß die Terroristen planten, das Trinkwasser ganzer Städte zu verseuchen, Bahnhöfe zu sprengen oder Giftgas einzusetzen. Die Meldungen waren Teil einer Anti-Terrorismus-Strategie, die darauf zielte, jede Form von Sympathie für die Stadtguerilla im Keim zu ersticken. Die Mitglieder der RAF sollten als gemeingefährliche Verbrecher erscheinen. Heute, da tatsächlich gemeingefährliche Verbrecher zu Werke gegangen sind und in die Tat umsetzten, was Anfang der siebziger Jahre des 20. Jahrhunderts bloß mediale Inszenierung war, suchen weite Teile der Öffentlichkeit nach Motiven – und finden sie auch. Globalisierung und insbesondere die Politik der Weltmacht USA haben im Windschatten der Anschläge auf das World Trade Center, das Pentagon und des gescheiterten Anschlags auf Camp David als Themen an Bedeutung gewonnen. Es ist angesichts der verheerenden wirtschaftlichen Entwicklungen in weiten Teilen der Welt erfreulich, daß die Kritik an der Durchsetzung der Globalisierung und ihren Folgen zunimmt. Problematisch erscheint aber, wenn vor diesem Hintergrund mit Blick auf die Anschläge am 11. September 2001 zum Teil eindimensionale Erklärungsmuster Verwendung finden, die in mancher Hinsicht an die verkürzten antiimperialistischen Analysen der RAF und anderer linksradikaler Gruppen aus den siebziger und achtziger Jahren erinnern.

Im ersten Kapitel dieses Buches werden die Beiträge des französischen Philosophen Jean Baudrillard und der Globalisierungskritikerin Arundhati Roy, die sich mit den Anschlägen vom 11. September in diesem Sinne befassen, kritisch analysiert. Im Mittelpunkt dieses Kapitels steht aber die Frage, welche Schnittstellen es zwischen den Anschlägen der RAF und den Anschlägen vom 11. September, so grundverschieden diese von ihren Dimensionen, ihren Zielen und ihrem ideologischen Hintergrund her sind, gibt. In diesem Zusammenhang geht es um das Verhältnis der RAF zu palästinensischen Guerilla-Gruppen und um ihre Kritik an den USA, vor allem aber um ihre Sichtweise auf Deutschland und die deutschen Verhältnisse. Das zweite Kapitel lenkt den Blick dagegen auf die Reaktionen von Polizei, Justiz und Politik nach diesen Angriffen auf das »Herz des Staates«. Hier werden nicht die gesetzlichen Maßnahmen nach dem 11. September 2001 im einzelnen dargestellt und erörtert. Vielmehr soll exemplarisch gezeigt werden, was das Besondere an den staatlichen Reaktionen im Deutschen Herbst und nach den Anschlägen auf das World Trade Center und das Pentagon ausmacht. Die These lautet, daß im Zuge der »Bekämpfung des Terrorismus« ein Feindstrafrecht etabliert wird, das militärische Kriegsführung und polizeiliche Strafverfolgung allmählich eins werden läßt. Die von US-Präsident Bush angeordneten Militärtribunale zur strafrechtlichen Verfolgung der Anschläge vom 11. September sind ein besonders markantes Beispiel für diese Entwicklung, die den Charakter der westlichen Rechtsstaaten insgesamt verändern. Thematisiert wird dabei auch, wie vor allem die »Fremden« innerhalb der Staaten in die prekäre Lage gebracht werden, als »feindliche Ausländer« wesentliche Rechtsgarantien zu verlieren.

Den zweiten Teil des Buches bilden zentrale Texte, die die RAF im Verlauf ihrer Geschichte geschrieben hat. Da die Bekennerschreiben und Positionspapiere der RAF heute nicht mehr kriminalisiert werden und daher zugänglich sind, wurde nicht auf Vollständigkeit Wert gelegt, sondern darauf, charakteristische Texte zu dokumentieren und mit Erläuterungen zu versehen, die zum besseren Verständnis für Leserinnen und Leser beitragen sollen, die die siebziger und achtziger Jahre nicht selbst politisch aktiv erlebt haben.

Als am 11. September 2001 die Zwillingstürme des World Trade Center zusammenstürzten, war ich gerade dabei, mein Buch »Stammheim vergessen – Deutschlands Aufbruch und die RAF« für eine dritte Auflage zu aktualisieren. Dieses Projekt haben der Verlag und ich dann aufgegeben und uns statt dessen für das vorliegende Buch entschieden, das zwar auf »Stammheim vergessen« aufbaut, aber eine neue Perspektive hat. Das liegt nicht etwa daran, daß nach dem 11. September, wie oft geschrieben wird, nichts mehr so sei, wie es bisher war. Im Gegenteil: Gerade auch um Kontinuitäten zu entdecken, schien es erforderlich, die Perspektive zu erweitern.

Die Auseinandersetzung mit dem Deutschen Herbst und auch den Anschlägen vom 11. September 2001 ist in mancher Hinsicht schwierig. Wichtige Einschränkungen, die schon für »Stammheim vergessen« galten, gelten auch jetzt: Die verfügbaren Fakten sind dürr, vieles, was für eine umfassende Analyse und Einordnung wichtig wäre, liegt in den geheimen Staatsarchiven, für die Öffentlichkeit unzugänglich. Bis heute sind die Ereignisse in der Todesnacht in Stuttgart-Stammheim 1977 nur als Versionen bekannt, für die Rekonstruktion der tatsächlichen Ereignisse fehlen wesentliche Dokumente. Und auch Zeitzeugen wie Brigitte Mohnhaupt und Christian Klar, die damals Mitglieder der RAF waren, sitzen, obwohl die Voraussetzungen für eine Entlassung gegeben wären, noch in Haft und können daher nicht zur Aufklärung beitragen. Die Täter des 11. September kennen wir nicht, die vorgelegten Indizien sind eher unbefriedigend. Auch hier gibt es allerdings Unterschiede: Während in den USA durch den Freedom of Information Act eine gewisse Sicherheit besteht, daß fast alles irgendwann ans Tageslicht gebracht werden wird, sind die Aussichten gering, daß beispielsweise die Protokolle des Krisenstabs aus dem Deutschen Herbst und die Bänder der Abhöraktionen in den Zellen des Stammheimer Gefängnisses je öffentlich zugänglich gemacht werden.

Daß dieses Buch unter schwierigen Bedingungen in kurzer Zeit fertiggestellt werden konnte, ist in erster Linie Ergebnis der guten Zusammenarbeit mit dem Verlag. Vor allem meiner Verlegerin Dorothee Gremliza ist hier zu danken. Ansonsten haben gute Ratschläge von Charlotte, wie ich meine Arbeit organisieren, wann ich meinen Schreibtisch aufräumen und vor allem wann ich wieder Pu-Geschichten vorlesen und Fleischbällchen braten sollte, die Arbeit an diesem Projekt immer wieder auf neue Pfade geführt.

Oliver Tolmein, März 2002

Schuldige Opfer?

Die Anschläge vom 11. September auf das World Trade Center und das Pentagon, die über 3000 Menschen das Leben gekostet haben, erwiesen sich als Terrorismus in des Wortes eigentlicher Bedeutung: Sie brachten Schrecken über die Menschen. Zwar hat die US-Regierung umgehend Osama bin Laden und seine Al-Qaida-Organisation für die Anschläge verantwortlich gemacht und einen »Krieg gegen den Terrorismus« ausgerufen, tatsächlich hat sich bis heute aber niemand offen zu den Anschlägen bekannt und Erklärungen abgegeben. Wie bei den neonazistischen Terroranschlägen in den siebziger, achtziger und neunziger Jahren gibt es auch keine Urheber außer denen, die die Kriminaltechniker und Pathologen ausmachen können. Niemand hat Forderungen gestellt, auf deren Erfüllung oder Nicht-Erfüllung es in irgendeiner Weise ankäme.

Statt der Täter begannen Friedensforscher, Globalisierungskritikerinnen, Terrorismusexperten und kritische Intellektuelle in Europa, in Asien, Afrika und Lateinamerika, aber auch in den USA, die Anschläge zu deuten. Dabei hat sich schon bald ein gewisser Konsens in der Debatte über die Massenmorde herausgebildet. Und spätestens seit Beginn der US-amerikanischen Angriffe auf Afghanistan verliert kaum noch jemand mehr als ein kurzes pflichtschuldiges Bedauern über die Opfer, und auch die mutmaßlichen Täter und deren politische Ziele sind aus dem Blickfeld gerückt. Die Ursachen der Tat, das, was als ihr gesellschaftspolitischer Hintergrund bewertet wird, rücken ins Zentrum der Aufmerksamkeit – und in diesem Zusammenhang vor allem die Politik der USA.

Stellvertretend für viele[1] stehen hier die in Deutschland an prominenter Stelle veröffentlichten und vielfach zustimmend zitierten Überlegungen der indischen Autorin Arundhati Roy[2] und des französischen Philosophen Jean Baudrillard[3]. Roy und Baudrillard sind keine politischen Aktivisten. Und wir wissen nicht, ob das, was sie zur Erklärung der Attentate äußern, tatsächlich etwas mit den bewußten oder unbewußten Motiven der Täter, die wir nach wie vor nicht genau kennen, zu tun hat[4]. Ihre Sicht auf die gegenwärtigen weltpolitischen Verhältnisse und deren Konsequenzen ist jedoch so charakteristisch, daß man sie legitimerweise als Ausgangspunkt einer Analyse nehmen kann, die sich mit der Wahrnehmung der Anschläge vom 11. September im linken oder kritisch-bürgerlichen Spektrum beschäftigt. Beide Autoren betonen, daß es ihnen nicht darum gehe, die Attentate zu rechtfertigen. »Man darf den Botschafter nicht mit seiner Kunde verwechseln ... Ich bemühe mich, diesen Prozess zu analysieren«, beschwört Baudrillard seine Leserinnen und Leser[5].

Baudrillard konstatiert in seinem ersten Text mit Blick auf die Weltöffentlichkeit eine »erstaunliche Schadenfreude angesichts der Zerstörung der Supermacht«, um sich dann mit Bedacht zu korrigieren: »Selbstzerstörung« sei der treffendere Terminus, denn »sie selbst hat durch ihre unerträgliche Übermacht ... diese ganze Gewalt geschürt ...« Der Philosoph, der an sich selbst den Anspruch gestellt hatte zu analysieren, stellt tatsächlich vor allem Thesen auf und bemüht rhetorische Fragen, die das Geschehen als unausweichliche Konsequenz der internationalen politischen Konstellation erscheinen lassen: »Wenn die Situation so sehr durch das Monopol einer einzigen Weltmacht gekennzeichnet ist ... welcher andere Ausweg bleibt dann noch als der Übersprung in den Terrorismus?«

Baudrillard verknüpft die Überlegungen zur Zerstörung des World Trade Centers mit der Ablehnung der ungerechten Weltwirtschaftsordnung. Und, wohl wissend, wie weit die Kritik an dem verbreitet ist, was in der politischen Begrifflichkeit des frühen 21. Jahrhunderts unscharf als »Globalisierung« bezeichnet wird, stellt er, ohne das argumentativ oder durch Insiderwissen über die Pläne der Täter zu untermauern, fest, daß der Anschlag »der Globalisierung selbst« den Kampf angesagt habe. Wobei unklar bleibt, als was er die Täter genau sieht, die er in einem späteren »Spiegel-Online«-Interview als »Wahnsinnige« bezeichnet (und damit auch entschuldigt, denn der Wahnsinnige trägt für sein Tun keine Verantwortung und muß sich auch wegen seines Wahnsinns nicht zur Rechenschaft ziehen lassen, zumal dieser, wieder eine Metapher aus der Pathologie, »dem Irrsinn der Globalisierung« entspringt). Diesen Gedanken über den Zusammenhang von Anschlag und ungerechter Weltwirtschaftsordnung variierend, gelangt Baudrillard schließlich zum Ergebnis, hinter der Zerstörung des World Trade Centers stecke keine Ideologie mehr, sie erweise sich so als Eröffnung eines 4. Weltkrieges, denn es gehe in der gegenwärtigen Konfrontation »unmittelbar um die Herausbildung einer neuen Welt«. Dieser 4. Weltkrieg finde nicht mehr zwischen Völkern, Staaten und Systemen statt, sondern sei ein Krieg, so Baudrillard apokalyptisch, der Gattung Mensch mit sich selbst, und er konkretisiert diesen Gedanken: »Auf dem Spiel steht letzlich das Überleben der Menschheit.« Angesichts des Anlasses seiner Überlegungen ein in jeder Hinsicht erstaunlicher Befund: Denn die USA, die er neben der Globalisierung ins Zentrum seiner kritischen Analyse gerückt hat, ist ganz zweifellos ein Staat. Auch die Attentäter als die Repräsentanten der Menschheit zu sehen, die sich im Kampf mit sich selbst befinde, erscheint angesichts ihrer religiösen, partikularen Weltsicht keineswegs zwingend.

Arundhati Roy konzentriert sich in ihrer Stellungnahme zu den knapp und routiniert als »gewissenlos« bezeichneten Selbstmordanschlägen auf die Stellung der USA als Supermacht, und sie verhehlt nicht ihre Abneigung gegen den American Way of Life. Sie räumt zwar ein, daß der einfache US-Bürger und all die US-amerikanischen Schriftsteller, Musiker und Filmschauspieler überall auf der Welt willkommen seien – aber nur, wenn sie »Verständnis für die Gründe des 11. September entwickeln« und nicht »statt dessen das Mitgefühl der Welt nur für ihre eigene Trauer und Rache mit Beschlag belegten«. Ähnlich wie Baudrillard qualifiziert sie die Anschläge des 11. September als etwas, was in gewisser Weise nicht von dieser Welt ist, sie bezeichnet sie als »monströse Botschaft«, die aber, Roy wendet sich wieder dem Hier und Jetzt zu, »die Unterschrift der Geister derjenigen (hätte) tragen können, die Amerikas früheren Kriegen zum Opfer gefallen sind.« Jetzt, da die USA Opfer zu beklagen haben, setzt sich die Autorin, vermeintlich gegen den Trend der Zeit und tatsächlich doch im Gleichklang mit ihm, mit den Opfern US-amerikanischer Politik auseinander: Sie nennt den Irak, erwähnt die Verantwortung US-amerikanischer Firmen für die Giftgaskatastrophe in Bhopal, der mehr als 16.000 Menschen zum Opfer fielen, und sie akzentuiert die US-amerikanische Unterstützung der Mujahedin gegen die Rote Armee. Auch die »17.500, die der von den USA gedeckte israelische Einfall im Libanon das Leben kostete«, werden von Roy als Negativposten in die Bilanz der USA eingestellt. Im Ergebnis erscheint ihr Bin Laden als »der dunkle Doppelgänger des US-Präsidenten«, wobei sich der Zorn der Autorin deutlich schärfer gegen die Lichtgestalt richtet.

Roy rechtfertigt den Mord an über 3000 Attentatsopfern nicht, sie relativiert aber das Verbrechen, indem sie es in Beziehung zu anderen, von den USA zu verantwortenden Ereignissen, die vielen Menschen das Leben gekostet haben, stellt – ohne die Unterschiede zwischen Industrieunfällen, Krieg und geplantem Massenmord auch nur zu erwähnen, geschweige denn sie zu reflektieren und zu gewichten. Nach Lektüre ihres Aufsatzes erscheinen die USA nicht mehr als das Land, in dem die Opfer dieser Tat zu Hause waren, sie sind in letzter Konsequenz der Ort der eigentlichen Täter, denn die Verbrechen der USA haben erst, folgt man Roys Gedankengängen, die Voraussetzungen für die gegenwärtigen Verbrechen der Attentäter geschaffen.

In Roys Aufsatz bekommen die Anschläge ebenso wie in Baudrillards Überlegungen eine mystische und apokalyptische Dimension – auch damit verlassen sie die Ebene der Beschreibung und machen sich die Perspektive der Täter zu eigen. Baudrillard räsonniert über die ins World Trade Center geflogene Maschine als »absolute Waffe des Todes« und arbeitet konsequent mit dem Gegensatzpaar »das Gute« und »das Böse«. Ausdrücklich bekennt er sich in diesem Zusammenhang zu einer manichäischen Weltsicht und zur Sichtweise der Katharer, einer im 12. Jahrhundert begründeten Sekte, die Satan gleichrangig neben Gott stellte und ein Leben in Armut und Askese predigte. Baudrillards Sympathie für den Manichäismus ist in vielfacher Hinsicht aufschlußreich, begründet doch diese von dem Perser Mani entwickelte Religion eine strikt hierarchisch organisierte Glaubensgemeinschaft, in der die Askese und die Huldigung des Märtyrertodes eine herausragende Rolle spielen[6]. Roys verbale Attacke gegen die USA ist ähnlich pathetisch, wenngleich sie aus einem anderen kulturellen Zeichensatz schöpft. Sie vermengt Sprachbilder aus der Schöpfungsgeschichte mit den Begrifflichkeiten der Fantasy-Kultur. Die Gefahr des biologischen Kriegs vor Augen beschwört sie die Wiederkehr des Mittelalters, warnt sie vor Pocken, Beulenpest und Milzbrand. Aber auch in ihrem apokalyptischen Szenario stehen letzten Endes die USA und nicht die Attentäter des 11. September als Inkarnation des Bösen vor der Leserschaft.

Bemerkenswert ist, daß gerade mal drei Jahre nachdem sich die RAF offiziell aufgelöst hat (andere westeuropäischen Guerilla-Gruppen haben ihr Ende schon früher verkündet[7]), Anschläge, um einen Begriff der Stadtguerilla aufzugreifen, im »Herzen der Bestie« verübt werden, denen zumindest von Dritten eine antiimperialistische Deutung gegeben wird. Und noch etwas fällt auf: Die Herkunft der Flugzeugentführer, die Erklärungen Bin Ladens und die wirtschaftlichen Verflechtungen seiner Al-Qaida-Gruppe sprechen dafür, daß die Anschläge einen wichtigen Ausgangspunkt dort haben, wo auch die RAF und andere deutsche Stadtguerilla-Gruppen wie der internationalistische Flügel der Revolutionären Zellen über viele Jahre einen bedeutenden Bezugspunkt hatten: im Nahen Osten. Dort hatten gerade in der Anfangsphase des bewaffneten Kampfes in der Bundesrepublik RAF-Mitglieder ihre Ausbildung erhalten, dorthin konnten sich Illegale flüchten, von dort gab es zumindest zeitweilig logistische Unterstützung – und manchmal auch, ob verlangt oder unverlangt, kann hier dahinstehen, direkte Hilfe. Noch in ihrer Auflösungserklärung 1998, in der sie manches aus der Geschichte ihrer Organisation hinterfragen und in Zweifel ziehen, halten die RAF-Mitglieder ohne Einschränkungen und kritische Überlegungen, wie sie beispielsweise in der Auflösungserklärung einer RZ von 1991[8] enthalten sind, an der Verbundenheit mit dem fest, was gemeinhin als palästinensischer Befreiungskampf bezeichnet wird: »Wir werden die GenossInnen der palästinensischen Befreiungsfront PFLP nie vergessen, die im Herbst 1977 in internationaler Solidarität beim Versuch, die politischen Gefangenen zu befreien, ihr Leben ließen.« [9]

Auch das Ziel der Anschläge erscheint mit Blick auf das Pentagon und das World Trade Center bekannt: Die Vereinigten Staaten von Amerika als stärkste Militärmacht der Welt und tonangebendes Mitglied der NATO waren auch Ziel von Anschlägen der Roten Brigaden, der Action Directe und der RAF. Daß mit der »Antiimperialistischen Zelle« eine Gruppe, die sich selbst als Nachfolgeorganisation der RAF gesehen hat (ohne daß diese Haltung in der deutschen Linken übernommen worden wäre), ausdrücklich Bezug auf den Islam als Befreiungsideologie genommen hat und daß das ehemalige RAF-Mitglied Horst Mahler heute als NPD-Ideologe den »antiimperialistischen Gehalt« der Angriffe auf das World Trade Center und das Pentagon lobt – zeigt immerhin auf, daß es, wenn auch sicher nicht gerade Wege, so doch, schlimm genug, Trampelpfade und Abwege gibt, die von hier nach da führen.

Deswegen kann es, den Nahen Osten mit dem dauerhaften und blutigen Konflikt zwischen Israel und Palästinensern im Rücken, die USA im Visier, nicht überraschen, daß die Auseinandersetzungen über Stadtguerilla, bewaffneten Kampf und Terrorismus, insbesondere in Deutschland, auch zu Kontroversen über Amerikanismus und Anti-Amerikanismus, über Antisemitismus und Zionismus führen. Die Debatte ist nicht immer klärend, wie sich an dem tagespolitischen Streit zeigen läßt, in dem in Deutschland insbesondere in der Linken der Vorwurf, pro-amerikanisch zu sein, mit dem Vorwurf des Anti-Amerikanismus gekontert werden kann, auf den dann neuerdings die Warnung vor Anti-Anti-Amerikanismus folgt[10]. Sie hat aber grundsätzliche Bedeutung, denn sie thematisiert, wenngleich nicht immer offen, zentrale Fragen emanzipatorischer linker Politik. Die Auseinandersetzung mit den USA und der US-Politik heute läßt sich nicht lösen von der Betrachtung der Rolle der USA in der Anti-Hitler-Koalition, deren Krieg gegen den Nationalsozialismus gezeigt hat, daß es prinzipiell erforderlich sein kann, militärisch zu intervenieren und auch nach Beendigung der Kampfhandlungen Nationalstaaten Souveränitätsrechte vorzuenthalten. Zudem sind durch den Krieg und das Auseinanderbrechen der Anti-Hitler-Koalition die Voraussetzungen für die heutige weltpolitische Lage, in der Kriege und Verelendung zum Alltag gehören, geschaffen worden. Gerade weil die internationale Lage sich seit der Auflösung der Sowjetunion und dem Niedergang der realsozialistischen Staaten gravierend verändert hat, wird die Verständigung über die Entwicklung Deutschlands seitdem und sein aggressives weltpolitisches Potential noch wichtiger. Zwar konnten die USA durch die Implosion des sowjetischen Imperiums ihre Stellung als Weltmacht Nummer 1 ausbauen. Aber kein Staat hat durch die Veränderungen nach 1989 einen so gewaltigen Macht- und Bedeutungszuwachs erfahren wie die Bundesrepublik. Es geht in dieser Debatte jedoch nicht nur um das Verhältnis Deutschland – USA. Auch die Überlegung, welche Rolle der Nationalsozialismus im Rahmen einer Antiimperialismus-Analyse spielt, weist über die konkreten historischen NS-Verbrechen hinaus und wirft die Frage auf, wie tragfähig dualistische Betrachtungsweisen von oben und unten, Herrschenden und Beherrschten, Norden und Süden, Freund und Feind sind, die die gängigen Analysen noch oft genug durchziehen.

Im folgenden soll deswegen untersucht werden, wie die RAF in ihren Erklärungen die USA und ihr Verhältnis zu Deutschland analysiert hat. Außerdem soll in diesem Zusammenhang die Bewertung des Nationalsozialismus durch die RAF diskutiert werden, wobei angesichts des heute immer offensichtlicheren Rassismus innerhalb der Gesellschaft der Blick besonders auf Antisemitismus und das Verhältnis von Volk zur völkischen Aggression gelenkt werden muß. Dabei kommt es mir darauf an herauszufinden, inwieweit eine bestimmte antiimperialistische Sichtweise aus einer verkürzten Analyse des Nationalsozialismus folgt. Die Kritik am Antiimperialismus der RAF soll dann in eine Auseinandersetzung mit den globalisierungskritischen Erklärungen für die Anschläge auf das World Trade Center und das Pentagon münden.

Der Antiimperialismus der RAF, die USA und NS-Deutschland

Im März 1998 erklärte die RAF ihre Auflösung: »Die RAF ist unsere Entscheidung gewesen, uns auf die Seite derer zu stellen, die überall auf der Welt gegen Herrschaft und für Befreiung kämpfen.« Eine Feststellung, die an Allgemeinheit kaum zu überbieten ist und die einer dualen Sicht der Welt konsequent verhaftet bleibt. Was »Herrschaft« ist und was »Befreiung« sein kann, wie es um das »überall« bestellt ist, bleibt offen. Dabei war 1970 in der ersten Erklärung »Die Rote Armee aufbauen« das »überall« durchaus präziser bestimmt: »Das, was jetzt hier losgeht, (ist) in Vietnam, Palästina, Guatemala, in Oakland und Watts, in Kuba und China, in Angola und New York schon losgegangen.« Der Blick zurück auf einige dieser Regionen hätte wenigstens 1998 die Frage reflektieren müssen, ob das, was »losgegangen ist«, Befreiung vorangebracht hat, Befreiung voranbringen konnte. Dafür allerdings wäre auch erforderlich zu entwickeln, was »Befreiung« anderes sein kann als Guerilla und Staatsstreich.

»Der bewaffnete Kampf war die Rebellion gegen eine autoritäre Gesellschaftsform, gegen Vereinzelung und Konkurrenz«, fuhr die RAF 1998 fort. »Er war die Rebellion für eine andere kulturelle und soziale Realität. Im Aufwind der weltweiten Befreiungsversuche war die Zeit für einen entschiedenen Kampf, der die pseudonatürliche Realität des Systems nicht mehr akzeptiert und dessen Überwindung ernsthaft wollte.« Was dann kam, was aus der gewollten Überwindung wurde, handelten die Autoren 1998 mit wenigen Worten ab. Ihr Blick schweifte nur selten ab in die Welt, aus der die RAF ihre Motivation gezogen hatte, in den Untergrund zu gehen. Was aus Vietnam nach dem Sieg des Vietcong geworden ist, wurde nicht diskutiert, nicht überlegt, wie sich der palästinensische bewaffnete Kampf heute darstellt, da der militante Islamismus an Einfluß gewonnen hat und Selbstmord-Attentate im Rahmen der neuen Intifada blutige Routine geworden sind. Angerissen wurden die Veränderungen in Europa nach dem Zusammenbruch des realexistierenden Sozialismus, dem die RAF attestierte, »wirkliche Befreiung« nicht geschaffen zu haben. Nun aber werde »in Europa unter der politischen und ökonomischen Hegemonie der BRD und mit der BRD als rassistischem Frontstaat ein ganzer Kontinent zum Polizeistaat gemacht«. Daß Rassismus, wie er sich vor allem in der Bundesrepublik nach der Wiedervereinigung etabliert hat, nicht allein ein staatliches Phänomen ist, daß sich gerade in den rassistischen Übergriffen und Morden, die es seit den frühen neunziger Jahren immer häufiger gegeben hat, eine Gesellschaft zeigt, in der nicht einfach Gewalt und Herrschaft von »oben« kommen, Widerstand und Emanzipation aber »unten«, war auch der RAF klar: »Ausgrenzung von Behinderten von oben und Aggression gegen sie von unten zeigen die Gesellschaft in ihrer alltäglichen Brutalität.« Der Befund erscheint ernüchternd hilflos. Er legt keine Ursachen offen, benennt keine Ansatzpunkte für eine auf »Befreiung« setzende Strategie – und läßt Gewalt gegen Behinderte gleichermaßen wie den »Rausschmiß von Obdachlosen aus Konsumzentren« oder den »Versuch der totalen Kontrolle von Flüchtlingen durch Chipcards« als Ausdruck der Verhältnisse an sich erscheinen.

Die »mörderische Markanz der historischen Kontinuität dieser Gesellschaft« wurde erwähnt und bedeutete doch nichts, weil alles im Vagen blieb. Ging die RAF davon aus, daß die Gewalt gegen Flüchtlinge und Behinderte ein spezifisch deutsches Moment in sich trägt? Hat sich in Deutschland infolge der »historischen Kontinuität« eine besondere Form des Herrschaftssystems etabliert? Gibt es in der »historischen Kontinuität« auch Brüche? Und wie paßt das alles zusammen mit der Feststellung der RAF aus dem August 1992, daß »die Herrschenden« schon heute nicht mehr in der Lage seien, »die alte Funktionsweise des imperialistischen Systems aufrechtzuerhalten, in der die befriedeten Metropolen das relativ ruhige Hinterland für die Kriegsführung und Ausplünderung im Trikont sein sollten«.[11]

Noch bei den letzten Anschlägen vor ihrer Auflösung hat die RAF, liest man ihre Bekennerschreiben, an der Vorstellung einer bequem in zwei Gruppen, die Herrschenden und die Beherrschten, geteilten Gesellschaft festgehalten, wie sie es in ihrer Grußadresse an die GegnerInnen des Weltwirtschaftsgipfels in München tat: »Ihre unmittelbare Bestimmung (gemeint ist die Aktion gegen Treuhandchef Rohwedder, O.T.) war es, der kapitalistischen Walze, die gegen die Menschen in der Ex-DDR von hier aus losrollte, auch unsere Kraft entgegenzusetzen und eine Verbindung zu den Kämpfen dort herzustellen.« Ein Bild der Gegen-Aufklärung: Die »kapitalistische Walze«, eine gewalttätige Maschine, »rollt los«, ohne daß es dafür eines Willensaktes bedurft hätte, einfach so, einer Naturgewalt gleich, »gegen die Menschen«. Die, die Ausbeutungsstrategien entwerfen, realisieren und durchsetzen, sind aber ebenso Menschen und Teil der Gesellschaft, wie die, deren Monatseinkommen weniger als 5000 Mark beträgt.

Die, »die Menschen«, wiederum haben einiges dafür getan, daß in den Gegenden, die sie bewohnen, heute die Treuhand schaltet, CDU-Regierungen walten und für Flüchtlinge aus anderen Regionen der Erde tatsächlich Gefahr für Leib und Leben droht. Wenn man den Aufmarsch der gesinnungsdeutschen Deutschen vor der Rostocker Flüchtlingsunterkunft als Zusammenrottung Verführter begreifen will, was waren dann die vielgerühmten Leipziger Demonstrationen, deren Ursprungslosung »Wir sind das Volk« kaum weniger völkisch klang als ihre Fortsetzung »Wir sind ein Volk“? Welche Kämpfe also meinte die RAF? Daß sich die Menschen, die sich vom realexistierenden Sozialismus befreit haben, das kapitalistische Regime nicht so ohne weiteres gefallen lassen würden, ist zwar oft prophezeit worden – aber weder die Streiks auf den Werften noch die Protestmärsche der Bauern oder die Versammlungen in den abgewickelten Universitäten lassen die Wut und Wucht spürbar werden, die sie zu Kämpfen gemacht hätten. Es bleibt bei Unmut und Protest – »Widerstand«, die direkte Aktion, in diesem Fall gewalttätige Aggression, gibt es seitdem und bis auf weiteres allenfalls gegen den Aufenthalt von AusländerInnen in diesem Land. Und das richtet sich nicht gegen die Regierungspolitik, sondern fordert, wie sich über die Jahre gezeigt hat: erfolgreich, ihre sofortige Verschärfung. Auch die Bundesregierung unter Gerhard Schröder, deren eine Koalitionspartei in den achtziger Jahren noch »offene Grenzen« gefordert hatte, praktiziert eine Asyl- und Einwanderungspolitik, die auf Begrenzung setzt.

»Heute wissen wir«, hieß es in der Grußadresse an die GegnerInnen des Weltwirtschaftsgipfels weiter, »daß dieser Prozeß, aus zwei völlig unterschiedlichen Realitäten und Erfahrungen heraus zu einem gemeinsamen Kampf zu kommen, intensive Auseinandersetzungen und Verstehen, von einander lernen aus diesen unterschiedlichen Geschichten erfordert. Das ist die Voraussetzung für den Aufbau einer gemeinsamen Gegenmacht.« Und im August-Papier von 1992 wurde dieser Gedanke weitergeführt: »Tatsächlich haben wir die, die sich in der Ex-DDR für eine andere Entwicklung organisiert haben, als die vom BRD-Staat/Kapital aufgedrückte, mit einer Ebene von Kampf konfrontiert, die nicht aus ihrer Erfahrung entwickelt war. Für die sind wir also in ihre Entwicklung wie von außen eingedrungen.« Die einfühlsame Sorge, der Ex-DDR-Opposition etwas Fremdes aufzudrücken, war also ein wesentliches Motiv für die RAF, eine Zäsur als Stadtguerilla zu setzen. Der Zeitpunkt dieser Zäsur folgte aber, auch wenn die RAF das nicht so geschrieben und wahrscheinlich nicht so gewollt hat, noch einer anderen Logik: Die Gruppe, die den bewaffneten Kampf in der Bundesrepublik Deutschland 1970 aufgenommen hatte, machte als Hauptfeind den US-Imperialismus aus. Die bundesdeutsche Elite war dabei zwar auch gemeint (und einzelne ihrer Exponenten wurden bei Anschlägen getötet), aber sie galten vor allem als ausführende Organe, als Handlanger und Schergen des US-Imperialismus, und wurden in den entsprechenden Bekennerschreiben auch so bezeichnet. Mittlerweile haben die USA sich weitgehend aus Europa zurückgezogen und ihren Einfluß auf die BRD fast gänzlich verloren. Das alte Feindbild der Metropolen-Guerilla ist so zusammengebrochen – und damit auch sie selbst. Ein neues Feindbild, die Großmacht Deutschland, konnte analytisch nicht erfaßt und deswegen auch nicht ins Visier genommen werden. Daß in den Erklärungen der RAF in den neunziger Jahren weitaus häufiger als in den späten siebziger und in den achtziger Jahren »historische Kontinuität« beschworen und das »Nazi-Regime« erwähnt wurde, ändert daran nichts, weil dem erkennbar keine Auseinandersetzung mit den Besonderheiten der nationalsozialistischen Herrschaftsform zugrundeliegt und deshalb auch kein kritisches Überdenken der alten Positionen damit einherging. Dieses Manko wurde um so deutlicher, als im Vorfeld und in der Gründungsphase der RAF durchaus eine Auseinandersetzung mit Deutschland als NS-Staat und mit der Kontinuität des Nationalsozialismus im Nachkriegsdeutschland stattgefunden hatte.

Deutschland, Auschwitz und die RAF

»Wir sind Demokraten, auch wenn es die Besatzungsmächte an Demokratie mangeln lassen. Wir müssen die Demokratie verteidigen, auch gegen die Besatzungsmächte.« *Kurt Schumacher (SPD), 1949*

»Nicht weniger aggressiv als der US-Imperialismus, ist sie (die Bundesrepublik, O.T.) doch weniger angreifbar. Die politischen Möglichkeiten des Imperialismus sind hier weder in ihrer reformistischen noch in ihrer faschistischen Variante erschöpft, seine Fähigkeit, die von ihm selbst erzeugten Widersprüche zu integrieren oder zu unterdrücken, nicht am Ende. Das Konzept Stadtguerilla der Roten Armee Fraktion basiert nicht auf einer optimistischen Einschätzung der Situation in der Bundesrepublik und Westberlin.« Das »Konzept Stadtguerilla« der RAF, dem diese Passage entstammt, war geprägt von der intensiven Auseinandersetzung der außerparlamentarischen Linken mit der Kontinuität des Nationalsozialismus in der BRD.

Die Pläne der Regierung und vor allem von Verteidigungsminister F. J. Strauß (CSU), bundesdeutsche Verfügungsgewalt über Atomwaffen zu erlangen, der Versuch, die Opposition im

Inneren abzuschaffen, die Große Koalition und die offene Durchsetzung des Instrumentariums des autoritären Staates und die Notstandsgesetze haben in den sechziger Jahren den Stoff für zahlreiche Kolumnen Ulrike Marie Meinhofs abgegeben. Noch waren die USA, trotz ihres Kriegs in Vietnam, nicht das alles beherrschende Feindbild, zumindest wurden sie nicht so dargestellt. Die RAF, deren Aktive sich zu einem wesentlichen Teil durch ihre Auseinandersetzung mit dem Nationalsozialismus, mit dem Weiterwirken der Täter und dem Schweigen der Gesellschaft über die Verbrechen politisiert hatten, war sich des Terrains, auf dem sie kämpfen wollte, Deutschland, und seiner Besonderheiten wohl bewußt. Allerdings nur, was dessen staatliche Verfaßtheit, nicht was seine Bevölkerung betraf.

Hatte Ulrike Meinhof noch 1968 in »Konkret« aus Anlaß der zehnten Sendung von »Aktenzeichen xy ungelöst« auf die langanhaltende »Anhänglichkeit der Deutschen an ihren Führer« verwiesen, ihren Judenhaß, ihre besonderen Schwierigkeiten mit unterdrückten Aggressionen und die daraus resultierende permanente Suche nach neuen Sündenböcken kommentiert, kannte die RAF im »Konzept Stadtguerilla« und den darauf folgenden Texten nur noch das Volk, die Massen und den Klassenfeind. Daß der Nationalsozialismus mit seiner Ideologie der Volksgemeinschaft Sympathien bis weit in die Arbeiterschaft hatte, daß der Antisemitismus nicht von oben kommandiert werden mußte, daß der Massenmord an Behinderten auch von Teilen der Bevölkerung geduldet und unterstützt wurde und nicht nur die Bourgeoisie Kriegsverbrechen beging – auf ihre politische Analyse der deutschen Verhältnisse hatte das keinen erkennbaren Einfluß.

In der im April 1971, ein knappes Jahr nach dem »Konzept Stadtguerilla«, veröffentlichten Schrift »Stadtguerilla und Klassenkampf« analysierte die RAF den Chemiearbeiterstreik 1971 als Ausdruck »subjektiv verschärfter Kampfbereitschaft (bei) objektiv verminderter Kampfkraft« und resümierte erste Erfolge des illegalen Kampfes: »Sie (die Herrschenden, O.T.) sind gezwungen, ihre eigene Ordnung zu brechen und als das aufzutreten, was sie sind: als Feinde des Volkes.« Die RAF dagegen wollen, Mao folgend, »dem Volke dienen«, in ihrem Fall dem deutschen Volke, das in ihren Augen zwar durch besonders korrumpierte Organisationen der Arbeiterbewegung und geringe Widerstandskraft ausgezeichnet sei, sich ansonsten aber wenig von anderen Völkern unterscheide.

Anders als in späteren Texten nahmen die beiden noch »draußen« verfaßten Schriften »Konzept Stadtguerilla« und »Stadtguerilla und Klassenkampf« die bundesdeutschen Verhältnisse als Ausgangspunkt für die Entwicklung der eigenen politischen Konzeptionen und Handlungen. Zwar wurde in ihnen schon eine auf Staat und Kapital als alleinig Verantwortliche zielende Analyse des Nationalsozialismus deutlich, die Umschuldung zu Lasten der USA, die Stilisierung des US-Imperialismus zum Hauptfeind der Menschheit, fand in den Texten aber noch keinen Niederschlag – auch wenn eine solche Perspektive die Überlegungen der RAF-Aktiven schon beeinflußt haben mußte. Die neuen Töne, in denen die USA ausdrücklich an die Seite des Nationalsozialismus gestellt werden, finden sich erstmals in einer knappen, nicht sonderlich argumentativen Erklärung des »Kommando 15. Juli« zum Bombenanschlag auf das Hauptquartier der US-Armee in Heidelberg, wo der Zentralcomputer installiert war, mit dem die US-Air-Force-Einsätze gegen Nord-Vietnam koordiniert wurden. Der Anschlag war Teil der sogenannten Mai-Offensive, der ersten Serie von RAF-Aktionen nach der Befreiung von Andreas Baader.

Um das Ausmaß des Schreckens, das die USA über Vietnam hereinbrechen lassen, anschaulich zu machen, stellte die RAF fest: Die Amerikaner werfen im Vietnamkrieg noch mehr Bomben als im Zweiten Weltkrieg auf Deutschland und Japan; es treffe, erklärte die Guerilla den Deutschen, die Vietnamesen noch härter als damals die Deutschen. »Das ist Genocid, Völkermord, das wäre die ›Endlösung‹, das ist Auschwitz.«

In der RAF hat, das wird aus der Schrift »Stadtguerilla und Klassenkampf« deutlich, angesichts wilder Streiks und aufflakkernder gesellschaftlicher Auseinandersetzungen, die über die studentische Linke weit hinausreichen, kurzzeitig die Auffassung an Bedeutung gewonnen, daß in der deutschen Bevölkerung doch ein größeres Potential für die antiautoritäre Revolte vorhanden sein könnte, als sie das bislang angenommen hatte. Die Gruppe wollte mit ihren Anschlägen auf US-Einrichtungen also nicht nur den Krieg in Vietnam, für den die Stützpunkte in Deutschland eine wichtige Rolle spielten, effektiv stören und den Vietcong praktisch unterstützen. Sie wollte auch eine Vorstellung davon vermitteln, was in Vietnam geschah. Die beste Möglichkeit dafür schien ihr, an die Erfahrungen anzuknüpfen, die Deutsche selbst mit den USA gemacht hatten.[12] So dachte in diesen Tagen nicht nur die RAF. Auch wenn sich Bekennerschreiben und Gedichte schwer miteinander vergleichen lassen, sei hier ein in den sechziger Jahren entstandener Text des Dichters und Vietnamkriegsgegners Erich Fried zitiert, der, selbst als Jude vor den Nationalsozialisten nach England geflohen, auch Vergleiche zwischen NS-Regime und USA zog, wie sie damals an der Tagesordnung waren. Fried schrieb in »Einleuchtend«: »Es kann nicht sein/daß die Amerikaner/ohne Notwendigkeit/vietnamesische Kinder verbrennen// Es kann nicht sein/daß die Amerikaner/Marschall Ky unterstützen/wenn er wirklich ein Schurke ist// Sie unterstützen ihn wirklich/er kann also nicht so schlimm sein/und was er sagt/kann nicht so unrichtig sein// Er sagt wirklich/sein Vorbild ist Adolf Hitler/also kann es gar nicht so schlecht sein/wenn man Hitler zum Vorbild nimmt// Doch auch Hitler hat Kinder verbrannt/und nicht in Vietnam sondern näher/Warum also regt man sich auf/wenn die Amerikaner das tun«[13]. In Frieds Gedicht wird die Vernichtung der Juden zu einer persönlichen Angelegenheit Hitlers, hinter der die in der deutschen Gesellschaft weit verbreitete Bereitschaft, sich am Massenmord zu beteiligen und von ihm zu profitieren, verblaßt. Immerhin thematisiert das Gedicht aber, daß die deutsche Bevölkerung gegen den Holocaust, der »näher« stattfand als der Vietnam-Krieg, nichts unternommen, ja sich nicht einmal darüber aufgeregt hat (»Warum also regt man sich auf/wenn die Amerikaner das tun«). Die Verbrechen des Nationalsozialismus werden so zwar durch den Vergleich relativiert [14], sie bleiben aber doch in Deutschland begangene Taten. Die RAF verlagerte dagegen in ihrem Bekennerschreiben das für den Nationalsozialismus entscheidende und charakteristische Verbrechen im Zuge ihrer antiimperialistischen Propaganda nach Südostasien. Was dort geschieht, ist nicht nur mit der Vernichtung der Juden vergleichbar, es wird als identisch mit ihr dargestellt: »Das ist Auschwitz.« Im Fried-Gedicht bleibt die Erinnerung an das Verhalten der deutschen Bevölkerung angesichts der Verbrechen präsent, das Schweigen damals wird genauso einer Kritik unterzogen wie das Schweigen angesichts der US-amerikanischen Bombenabwürfe über Vietnam. Im Flugblatt der RAF wird die historische Dimension dagegen dadurch ausgeblendet, daß die Adressaten der Erklärung, also die deutsche Bevölkerung, hier nur als Opfer oder allenfalls als neutrale Beobachter angesprochen werden – nicht als Täter oder langjährige Profiteure des NS-Regimes, wie es so viele waren. Die USA erscheinen so auch im Rückblick auf den Nationalsozialismus nicht als Befreier, sondern als die, die Bomben auf Deutschland geworfen haben und die genau das in größerem Ausmaß andernorts auch heute wieder tun. Aus den Befreiern von einst, die allerdings von der Mehrheit der Deutschen nicht als Befreier, sondern stets als Besatzer wahrgenommen wurden, werden so die Verbrecher der Vergangenheit, Gegenwart und der Zukunft.

Die RAF war zuversichtlich, daß diese Agitation verfing. Sie vertraute darauf, daß die Bundesdeutschen, von denen viele im Dritten Reich als Denunzianten und Blockwarte hervorgetreten sind, dem Fahndungsapparat der BRD nicht zuarbeiten würden: »Die Menschen in der Bundesrepublik unterstützen die Sicherheitskräfte bei der Fahndung nach den Bombenattentätern nicht, weil sie mit den Verbrechen des amerikanischen Imperialismus und ihrer Billigung durch die herrschende Klasse hier nichts zu tun haben wollen. Weil sie Auschwitz, Dresden und Hamburg nicht vergessen haben ...« Die Hoffnung, daß die Bundesdeutschen sie nicht anzeigen würden, mochte die RAF auf Meinungsumfragen stützen, die 1971, kurz nach der Erschießung von Petra Schelm durch die Polizei, ergeben hatten, daß etliche Befragte sogar bereit wären, gesuchte RAF-Mitglieder zu verstecken. Es erscheint allerdings aberwitzig, die Bombenangriffe der Alliierten auf Deutschland (im Fall von Hamburg und Dresden wurden die Angriffe zudem überwiegend von den Bombern des britischen Kommandos geflogen), die diesen von den Nationalsozialisten begonnenen und gnadenlos geführten Krieg beenden sollten, mit dem beispiellosen industrialisierten Völkermord gleichzusetzen. Rätselhaft bleibt aber vor allem die Feststellung, die »Menschen in der Bundesrepublik«, die Deutschen also, hätten Auschwitz nicht vergessen – hatten sich doch schon die Aktivisten der APO mit der stereotypen Feststellung ihrer Mütter und Väter auseinanderzusetzen, sie hätten von »Auschwitz« gar nichts gewußt und seien deswegen dafür auch nicht zur Verantwortung zu ziehen. Wie ließe sich aber nicht vergessen, also erinnern, was man nicht gewußt haben will?

Schon vorher, in »Stadtguerilla und Klassenkampf«, hatte die RAF, um die besonderen Schwierigkeiten der Guerilla hierzulande zu verdeutlichen, eine ganz eigene Sicht auf Urheber und Opfer der nationalsozialistischen Verbrechen präsentiert: »(Unsere Strategie) wird dadurch nicht falsch, daß das System es uns unendlich schwer macht, die Guerilla in den Massen zu verankern ... Was erwarten die Genossen eigentlich in einem Land, das Auschwitz hat widerstandslos über sich ergehen lassen?«

Nicht die Deutschen und nicht »das Land« wurden als Beteiligte an der Vernichtung der Juden in Europa gesehen, sondern die »herrschende Klasse«. Und die Bevölkerung erschien in der Sicht der RAF nicht als Mit-Täter, sondern als Mit-Opfer, die dieses einzigartige Verbrechen »des Systems« habe, wenn auch ohne dagegen zu rebellieren, so »über sich ergehen lassen« wie die Bombenangriffe der Alliierten (letztere allerdings, was die RAF nicht erwähnt, nicht ganz so passiv: Weite Teile der deutschen Jugend betätigten sich gegen die Bombenangriffe engagiert als Flakhelfer).

Die Haltung der Bevölkerung während des Nationalsozialismus, der in den linksradikalen Texten Anfang der siebziger Jahre immer nur (und auch heute noch oft) als Faschismus bezeichnet wird, beschäftigte die RAF-Mitglieder auch in der folgenden Zeit. Ihre Analyse veränderte sich allerdings nicht wesentlich – die Bewertung wurde lediglich zugespitzt. In einem Interview mit dem »Spiegel«, während des dritten Hungerstreiks 1975, erinnerten die Gefangenen aus der RAF daran, daß es »hier nicht wie in Frankreich, Italien, Jugoslawien, Griechenland, Spanien, selbst Holland, massenhaften, bewaffneten antifaschistischen Widerstand gegeben« hat, um dann fortzufahren: »Ansätze dazu sind seit 45 von den Westalliierten sofort zerbrochen worden.« Im Interview wurde nicht verraten, aber auch seitens der ansonstens sehr interventionsfreudigen »Spiegel«-Interviewer nicht nachgefragt, was das denn für ein »massenhafter, bewaffneter antifaschistischer Widerstand« gewesen sein soll, dessen Ansätze von den Westalliierten »seit 45« zerbrochen worden sind. Unmißverständlich war auf jeden Fall die Absicht: Die Westalliierten wurden im nachhinein mindestens zu Mitverantwortlichen für das Ausbleiben einer militanten antinazistischen Opposition gemacht.

Die im Stammheim-Prozeß als »Erklärung zur Sache« von den Angeklagten Gudrun Ensslin, Jan Carl Raspe, Andreas Baader und Ulrike Meinhof vorgetragene »Geschichte der BRD« radikalisierte 1976 diese Interpretation: Selbst der Nationalsozialismus wurde dort zur Funktion in den Plänen der »Strategen des US-Imperialismus«, deren Kalkül gewesen sei, »die Sowjetunion durch die faschistischen Armeen vernichten zu lassen«. Erst als dieses Projekt offensichtlich gescheitert war, seien, so die RAF, die USA zum Kriegseintritt bereit gewesen, um zu verhindern, daß »die Gegenoffensive der sowjetischen Armee die Kräfteverhältnisse in Europa umwälzen würde«. Die »Erklärung zur Sache« blieb auch die Erklärung dafür nicht schuldig, warum die USA eigentlich den komplizierten Weg gingen, ihren eigentlichen Verbündeten, den Faschismus, erst zu besiegen, um ihn dann für die eigenen Interessen einzuspannen – angesichts des von der RAF konstatierten hohen Maßes an politischer Übereinstimmung und ökonomischer Verflechtungen hätte es ja näher gelegen, direkt zusammenzuarbeiten. Dagegen aber stand das deutsche Proletariat, weswegen die USA auch nicht »die deutschen Industrieanlagen, die übrigens teilweise sowieso den US-Konzernen ... gehörten«, bombardierten, sondern »die Wohnviertel der Bevölkerung« als Ziele für die »Terrorbombardements« auserkoren, um so »die Deutschen insgesamt mit dem faschistischen Staat zu identifizieren« und »die totale Demoralisierung und präventive Ausschaltung jedes Widerstandes in Deutschland gegen die Pläne des US-Imperialismus zu erreichen ... Die militärische Eroberung und Besetzung Westdeutschlands 1945 bedeutete für die Arbeiter, daß nach zwölf Jahren Faschismus, Gestapo und KZ's ihre Bedürfnisse weiterhin und erneut unterdrückt wurden – jetzt von den ›Besatzer-Bajonetten und den Gewehren des Terrors‹ des US-Imperialismus.«

Die RAF stellte sich mit dieser Sicht auf den Nationalsozialismus und die Nachkriegszeit nicht außerhalb der bundesdeutschen Linken. Schon Rudi Dutschke hatte unwidersprochen auf dem »Internationalen Vietnam-Kongreß« im Februar 1968 die US-Truppen in der Bundesrepublik als »amerikanische Besatzungsarmee« bezeichnet, und Bernd Rabehl hatte bereits 1967 die marxistische Linke dazu aufgefordert, »Ansätze des Nationalismus weiter(zu)treiben, gerade auf den neuralgischen Punkt, daß Deutschland geteilt wurde durch den Bundesgenossen USA«. Die Politisierung vieler Menschen in der APO gegen den Vietnamkrieg, in dem die USA als Aggressor auftraten und ihre Soldaten brutale Kriegsverbrechen begingen, war eine wichtige Ursache für die gegen die USA gerichtete Akzentsetzung militanter Politik in Deutschland. »Der Internationalismus der Studentenbewegung bestand im übrigen in aller Regel, was zumeist übersehen wird, darin, den nationalen Kampf eines Landes, das gleichzeitige Ringen um soziale Befreiung und nationale Unabhängigkeit, zu unterstützen. Die fast paradoxe Aufgabe internationaler Solidarität war es also, vor allem nationale Kämpfe zu stärken. Erreicht werden sollte die Beendigung von Fremdherrschaft«, erinnert der Historiker Wolfgang Kraushaar in einem Aufsatz über »Rudi Dutschke und die Wiedervereinigung – Zur heimlichen Dialektik von Nationalismus und Internationalismus«.

Die RAF, deren Kader sich im Rahmen ihrer Auseinandersetzung mit dem Faschismus als Herrschaftskonzept auch mit der Geschichte des Widerstands von Teilen der deutschen Arbeiterbewegung beschäftigt haben, machte keinen Unterschied zwischen der US-amerikanischen Politik gegenüber den lateinamerikanischen Staaten, dem Krieg, den die USA in Vietnam führten und der »Fremdherrschaft«, die sie in der Bundesrepublik ausgeübt hat. Umstandslos wird das begriffliche Instrumentarium des Theoretikers des afrikanischen nationalen Befreiungskampfes Frantz Fanon, mit dem er die Situation in kolonialisierten Staaten auf den Punkt gebracht hat, auf die Situation der BRD übertragen: »Der Begriff für die militärische Besetzung eines Landes und die Unterwerfung seiner Bevölkerung mit dem Ziel ihrer Ausbeutung. Kolonisierung ist immer wesentlich charakterisiert durch den Versuch der Besatzungsmacht, die Identität des unterworfenen Volkes zu vernichten, das Bewußtsein seiner historischen Existenz auszulöschen. Kolonisierung ist der Begriff für das, was die US-Besatzungsmacht nach 1945 in Westdeutschland gegen die Arbeiter durchgezogen hat ... Die Besatzungsmacht trat der deutschen Bevölkerung in der Reeducation-Kampagne nicht anders gegenüber als kolonialistische Eroberer der autochtonen Bevölkerung eines besetzten Landes in der Dritten Welt.« Das Resümee: »Mit dem BRD-Staat produzierte der US-Imperialismus 1945/49 seinen soundsovielten – damals wohl 31. – Bundesstaat.«

Die gegen die USA gerichtete Rhetorik zielte darauf, die bittere deutsche Erfahrung, daß nach der Niederringung des Nationalsozialismus in Westdeutschland die deutschen Verhältnisse restauriert wurden und keine gesellschaftliche Umwälzung stattfand, den Befreiern anzulasten, nicht der eigenen Bevölkerung. Dabei wurde die zutreffende Feststellung, daß vor allem die US-Militäradministration nach 1945 zielstrebig darauf hinarbeitete, die Bundesrepublik zum Frontstaat gegen die Sowjetunion auszubauen, zum alles erklärenden und gleichzeitig alles diskreditierenden Faktor stilisiert. Eine Auseinandersetzung mit den unterschiedlichen Fraktionen innerhalb der USA, z. B. zwischen den

»New Deal Liberals« um Henry Morgenthau und den Konservativen um den späteren Hohen Kommissar John McCloy fand nicht statt. Dabei hätte sich bei einer eingehenderen Beschäftigung mit den verschiedenen Konzepten der Besatzungspolitik gezeigt, daß die einfachen Gleichungen zu keinem sinnvollen Ergebnis führen. Der tendenziell antisemitischen und autoritären Vorstellungen verhaftete McCloy legte Wert auf möglichst große Freiräume und möglichst weitgehende Selbstständigkeit für die Deutschen, damit sie möglichst schnell aktiv an seiner antisowjetischen Eingrenzungspolitik teilnehmen konnten. Die weitaus weniger antikommunistisch geprägten »New Deal Liberals« setzten dagegen stärker auf konsequente Entnazifizierung, »Reeducation« und Zerschlagung der deutschen Großindustrie, damit von Deutschland für die Zukunft keine Gefahr mehr ausgehe. Die RAF blendete in ihrer Kritik an der Politik der Besatzungsmächte auch völlig aus, welche Situation diese in Deutschland vorgefunden hatten, dessen Gesellschaft durch die nationalsozialistische Herrschaft und ihre feste Verankerung in allen Schichten der Bevölkerung nachhaltig geprägt worden war. Mit ihrer unspezifischen Kritik an der Reeducation-Kampagne der USA verlor die RAF ihre ideologische Trennschärfe zu nationalrevolutionären Strömungen, wie sie beispielsweise Armin Mohler repräsentierte oder wie sie sich in den Texten Ernst von Salomons niedergeschlagen haben. Denn reflektiert wurde nicht, wie Menschen aus der Mitte der »autochtonen« deutschen Bevölkerung in den Jahren zuvor ganz selbstbestimmt Juden und Behinderte aus ihren Reihen verbannt und schließlich ermordet hatten, es wurde suggeriert, daß die deutsche Arbeiterbewegung, die in all den Jahren nationalsozialistischer Herrschaft nicht mehr als einen marginalen Widerstand zustande gebracht hatte, tatsächlich erst durch die USA zerschlagen worden sei.

Auch wenn in der Prozeßerklärung der Gefangenen aus der RAF immer mal wieder »die Arbeiter« oder »das Proletariat« als die eigentlichen Unterdrückten erwähnt werden, wurde offensichtlich, daß im Verständnis der AutorInnen der antiimperialistische Befreiungskampf und der Kampf um nationale Souveränität längst eine unauflösbare Symbiose eingegangen waren. Diese Entwicklung ist am Beispiel der Analyse der RAF, die aus einem starken, einflußreichen Metropolenstaat kommt, in dem ein aggressiver Nationalismus die politische Landschaft geformt hat, besonders augenfällig. Aber auch in den historisch weniger belasteten kleineren Ländern Lateinamerikas, Afrikas und Asiens hat sich gezeigt, daß das, was in den fünfziger und sechziger Jahren als Befreiungskampf begonnen wurde, später schnell in Gefahr geriet, in einen Kampf gegen Fremdherrschaft umzuschlagen, dem im glücklichen Fall des Erfolgs der antiimperialistischen Gruppen dann rasch die Minderheiten im eigenen Land zum Opfer fallen konnten.

Die verharmlosende und verfälschende Analyse des deutschen Nationalsozialismus als lediglich zugespitzter Herrschaftsform des Kapitalismus und ein vor allem auf die imperialistischen Interessen der US-Politik gerichteter Blick ergänzten und verstärkten sich so auf fatale Weise gegenseitig. Das Ergebnis war eine Sicht auf die Situation im Nachkriegs-Deutschland, die in verblüffender Weise der Selbstentlastung der meisten Deutschen damals entsprach, die auch ihre Misere nicht etwa mit dem Krieg und als Folge des von der überwiegenden Mehrheit der Deutschen geduldeten oder sogar unterstützten und entwickelten Nationalsozialismus erklärten, sondern als Fehler der Besatzungsmächte interpretierten.

Insofern wählte Lutz Taufer, zu diesem Zeitpunkt noch Gefangener aus der RAF, eine sehr volksnahe Formulierung, als er Anfang der neunziger Jahre (in einem Aufsatz für den Band »Odranoel«) in der Tradition der frühen RAF-Erklärungen schrieb: »Der Bevölkerung war in gewisser Weise bewußt, daß die Nazis ohne die Komplizenschaft der Deutschen Bank und Mercedes-Benz, von IG-Farben und Krupp nie an die Macht gekommen wären, nie ihre Verbrechen hätten begehen können.« In »gewisser Weise« mochte der Bevölkerung auch bewußt gewesen sein, daß auch sie selbst als Komplizin des Nationalsozialismus gehandelt hatte – ein Schuldbewußtsein folgte daraus so wenig wie die richtigen Konsequenzen. Taufer erwähnte zwar in seinem selektiven Abriß der deutschen Nachkriegsgeschichte die »über 70 Prozent der hessischen Bevölkerung, die sich in einer Volksabstimmung für die Sozialisierung der Schlüsselindustrien sowie staatliche Aufsicht über die Großbanken aussprachen«. Daß er die Verantwortung dafür, daß diese Programme nicht umgesetzt wurden, umstandslos allein auf das Konto der USA verbuchte – »selbstverständlich wischten die USA das Ergebnis vom Tisch« –, ist so kurzschlüssig, wie in diesem Fall das Ergebnis einer Volksabstimmung als Beweis dafür zu nehmen, daß sich »in der Arbeiterklasse und in der Bevölkerung« wenigstens im nachhinein »Antifaschismus und Antikapitalismus« entwickelt hätten, wären sie durch das Diktat der Siegermächte nicht verhindert worden.

Die historische Forschung über die Geschichte Deutschlands in den Nachkriegsjahren kann hier nicht einmal kursorisch wiedergegeben werden. Wichtig ist aber immerhin der Hinweis, daß es in den USA nach dem Tod von Präsident Roosevelt unter Präsident Truman zu einem Kurswechsel gekommen ist, und daß es zwischen War Department einerseits und State Department andererseits sowie innerhalb des OMGUS (Office of Military Government for Germany) und zwischen Teilen des OMGUS und den US-Wirtschaftseliten teilweise erbitterte Auseinandersetzungen über die Ausrichtung der Besatzungspolitik gegeben hat. Der Historiker John Gimbel bilanziert in seinem Aufsatz »Amerikanische Besatzungspolitik und deutsche Tradition«: »Erfolge traten ein, wenn die Politik der Amerikaner mit der der Deutschen übereinstimmte, Mißerfolge, wenn die Deutschen sich sträubten, nach amerikanischen Wünschen zu handeln.«

Unbezweifelbar ist auch, daß der allergrößte Teil der deutschen Bevölkerung nach der Niederlage alles unternahm, sich aus der Geschichte und der Verantwortung für die Verbrechen zu stehlen, von denen er, solange es ging, profitiert hatte. Die OMGUS-Surveys 1945–49 zeigten, daß mehr als 70 Prozent der Befragten eine Gesamtverantwortung der Deutschen für den Krieg ablehnten. Der SPD-Vorsitzende Kurt Schumacher, den die Nationalsozialisten zehn Jahre im Konzentrationslager inhaftiert hatten, machte sogar die Alliierten für Hitler mitverantwortlich, denn hätten, so seine schlichte Argumentation, die Alliierten damals Hitler so behandelt, wie sie jetzt die Deutschen behandelten, »wäre Hitler niemals eine Gefahr für die Welt geworden«. Charakteristisch für die Mentalität im Nachkriegsdeutschland ist auch der von 1946 stammende Bericht von Herman Knüfken, einem anarcho-syndikalistischen Widerstandskämpfer aus der Internationalen Transportarbeiter Förderation, der sich nach dem Krieg für einen Neuaufbau der Gewerkschaften ohne belastete Funktionäre des alten ADGB engagierte: »There is still a very strong Germanic sentiment amongst the workers, which seems to be growing, and unless curtailed now, might result in the adherence of the Workers Group to the old Nazi Organisations, unless the International Orgaisations get control of the re-building of the German Organisations« (zit. n. Dieter Nelles, Herman Knüfken, in »1999«, 3/92).

Es bedurfte nicht, wie die RAF damals und Lutz Taufer in den neunziger Jahren unterstellten, einer »Kollektivschuld-These«, um der Bevölkerung »einen ersten Anlaß (zu bieten), Auschwitz nach 45 so zu verdrängen, wie sie Auschwitz vor 45 sorgfältig übersehen, wo nicht begrüßt hatte« (Taufer). Die Verdrängung und spätere Relativierung der beispiellosen nazistischen Verbrechen war eine orginär deutsche Leistung, keine »amerikanische Verdrängungslösung« (Taufer). Es gab den Kollektivschuld-Vorwurf schon kurz nach dem Krieg nur noch in der Phantasie derer, die ihm entgegentraten. Der jeglicher Sympathien für den US-Imperialismus unverdächtige Günther Anders erklärte das so: »In der Tat führt Ihr Euch so auf, als wenn wir Euch pausenlos den Vorwurf der ›Kollektivschuld‹ entgegenschleuderten. Und das tut Ihr deshalb, weil Ihr den Begriff benötigt, weil Ihr wünscht, die Chance zu haben, ihn abweisen zu können und Euch durch diese Abweisung ins Recht setzen zu können. Gäbe es das Wort nicht, würdet Ihr es erfinden, um es zu bekämpfen.«

Für die RAF war die Abwehr des angeblichen Vorwurfs der Kollektivschuld nicht nur ein wichtiger agitatorischer Ansatzpunkt, um dem Widerstand gegen die USA eine zusätzliche, diesmal nationale Legitimation zu verschaffen. Sie war auch wichtig, weil diese Auseinandersetzung der RAF ermöglichte, das auf den Kampf zwischen Staat und Eliten auf der einen, Bevölkerung auf der anderen Seite reduzierte duale Gesellschaftsmodell auch mit Blick auf den deutschen Nationalsozialismus zu bewahren, denn gegenüber einer unterschiedslosen, kollektiven Schuld aller schien es das plausiblere Modell zu sein. Die Ausblendung der, die Gesellschaft insgesamt durchdringenden, deutschen Tradition des Mitläufertums, das ausgeprägte Interesse daran, die Schuldigen stets in den Reihen der »Fremden« zu suchen, sind wesentliche Bestandteile auch des Weltbilds der RAF, die sich hier nicht, wie ihr gelegentlich vorgeworfen wurde, als »Hitlers Kinder« erweist, aber als sehr deutsch geprägte Stadtguerilla-Gruppe. Die einzigartigen Verbrechen des Nationalsozialismus werden dadurch verharmlost, daß sie in eine glatte, alle Besonderheiten einebnende Analyse, in der »das imperialistische System« zum schlimmsten Feind der Menschheit wird, eingepaßt werden.

Die Aktion des »Schwarzen September«

»Der Nationalsozialismus war nur die politische und militärische Vorwegnahme des imperialistischen Systems der multinationalen Konzerne«, heißt es folgerichtig in der von Ulrike Meinhof 1972 in Isolationshaft verfaßten RAF-Schrift »Die Aktion des Schwarzen September in München / Zur Strategie des antiimperialistischen Kampfes«. Diese Stellungnahme ist so befremdlich wie das Geschehen bei den Olympischen Spielen 1972 in München ungeheuerlich. Das fünfköpfige palästinensische Kommando gehörte zum »Schwarzen September«[15], der von Arafats Al-Fatah-Organisation kontrolliert wurde. Am 5. September drangen die bewaffneten Palästinenser in die Unterkunft der israelischen Sportler ein, zwei Mitglieder der Olympiamannschaft wurden erschossen und neun weitere, die sich dort aufhielten, wurden als Geiseln genommen. Ziel der Aktion war es, 200 in israelischen Gefängnissen einsitzende Palästinenser freizupressen[16]. Zum Schein gingen die deutschen Unterhändler auf die Forderung der Geiselnehmer ein, sie mit den israelischen Sportlern nach Ägypten ausfliegen zu lassen. Auf dem Flughafen Fürstenfeldbruck, so der Plan, sollten die Geiseln auf dem Weg zur bereitgestellten Lufthansa-Maschine befreit werden. Die Befreiungsaktion mißlang, die neun Geiseln starben, auch von den Entführern überlebten nur drei.[17]

Der »Schwarze September« hatte zuvor durch Anschläge auf Ölanlagen in den Niederlanden und eine Pipeline in Triest / Italien von sich reden gemacht. Diese Aktionen, bei denen keine Menschen zu Schaden kamen, aber über 140.000 Tonnen Öl verbrannten oder ausliefen, waren gegen die »imperialistischen mit dem Zionismus verbundenen Interessen« gerichtet. Im Mai 1972 entführte der »Schwarze September« eine belgische Maschine und dirigierte sie zum Flughafen Lod auf palästinensischem Gebiet. Die Maschine wurde von einer israelischen Kommando-Einheit erfolgreich gestürmt. Bemerkenswert sind die zum Teil schriftlich, zum Teil telefonisch übermittelten durchweg pathetisch formulierten Erklärungen der jeweiligen Kommandos. »Die Aktion von Lod war ein voller Sieg: Unserem kämpfenden Volk mangelt es weder an Selbstverleugnung noch an Heldentum. Es hat die Erde mit dem Blut seiner besten Söhne gerötet.« Die Entführer von Lod hatten ein »Testament des Schwarzen September« verfaßt, das den schon damals nationalistisch geprägten Charakter ihres Vorgehens deutlich macht: »Rächt unsere Märtyrer, tötet die Marionetten ohne Gande ... Unsere Gedanken gehen nach Jerusalem, das in den Krallen der Besatzer ist. Wir denken an alle Dörfer, an alle Städte des heißgeliebten Palästinas.«[18] Auch die Fedajin, die die israelische Olympiamannschaft gefangennahmen und einzelne Sportler töteten, hatten vor der Aktion einen »Aufruf« verfaßt, der von der palästinensischen Nachrichtenagentur »Wafa« am 11. September 1972, also auf den Tag genau 29 Jahre vor dem Anschlag auf das

»World Trade Center«, veröffentlicht wurde. In dem Text beharren die Geiselnehmer darauf, keine Unschuldigen töten zu wollen. »Wir entschuldigen uns bei der Sportjugend der ganzen Welt, wenn unsere Aktion ihre Gefühle verletzt haben sollte. Aber wir wollen, daß sie weiß, daß es ein Volk gibt, dessen Vaterland seit 24 Jahren besetzt ist. Dieses Volk wird von einem Feind gequält, der in München mitten unter den Sportlern saß.« Die RAF nahm den Willen fürs Sein und konstatierte: »An der Aktion des Schwarzen September in München gibt es nichts mißzuverstehen. Sie haben Geiseln genommen von einem Volk, das ihnen gegenüber Ausrottungspolitik betreibt.«

Als Reaktion auf die Ereignisse in München wurden in der Bundesrepublik mehrere Organisationen arabischer Studenten verboten. Außerdem kam es zu Ausweisungen arabischer Studenten in großem Umfang, weil sie, so die Formulierung des Ausländergesetzes in der Fassung vom 28. April 1965, das die Behörden heranzogen, »die Belange der Bundesrepublik Deutschland beeinträchtigen«. Nicht nur in den schnell eingeleiteten polizeilichen und geheimdienstlichen Maßnahmen, wie der Gründung der GSG-9 oder der Schaffung einer Abteilung des Verfassungsschutzes, die gezielt Aktivitäten von Ausländern überwachen sollte, scheinen der Deutsche Herbst, aber auch die autoritär geprägten Maßnahmen der US-Regierung nach dem 11. September 2001 auf, ohne daß sie damals allerdings so umfassend und effizient umgesetzt werden konnten wie 29 Jahre später. Und auch damals wurde, wenngleich nur in den Medien, der Kriegszustand erklärt, beispielsweise von Henri Nannen in seinem Editorial im »stern«, dessen Formulierungen heute bemerkenswert aktuell klingen: »Die Bundesrepublik befindet sich im Krieg. Mit den arabischen Terroristen und mit den Regierungen jener Länder, in denen sie ihre Mordpläne ungehindert aushecken können ... Der Satz, daß es besser ist, zehn Schuldige davonkommen zu lassen, als einem Unschuldigen Unrecht zu tun, gilt nur im Frieden. Im Krieg gilt der umgekehrte Satz.«[19]

In der antiimperialistischen Linken stieß die Münchner Geiselnahme, bei aller Kritik an der Aktionsform im einzelnen, auf erstaunlich viel positive Resonanz. Angesichts der Lage in den israelisch besetzten Gebieten und der vielfachen Verstöße gegen Menschenrechte, die Israel zugeschrieben wurden, aber auch mit Blick auf den Vietnamkrieg der USA und Befreiungskämpfe in Lateinamerika, Afrika und Asien wurde die Gewaltfrage damals vorzugsweise allgemein erörtert. Die Verantwortung für die Erschießung der Geiseln wurde allein der Bundesrepublik und Israel zugeschoben, weil sie den Forderungen der Entführer nicht nachgekommen waren. Vor allem wurde aber hervorgehoben, daß die Gewalt des »Schwarzen September« nur eine Reaktion auf die Gewalt der imperialistischen Verhältnisse sei – die Empörung darüber mithin unangebracht.

In diesem Zusammenhang ist auch die Schrift der RAF zu lesen, die allerdings die in linksradikalen Zusammenhängen teilweise vertretene Position noch zuspitzte, nämlich die Gleichsetzung von Nationalsozialismus und Zionismus. Voraussetzung für diese Position war die Bewertung der antisemitischen Vernichtungspolitik des »Dritten Reiches« als Nebenwiderspruch, ja als taktisches, nicht durchdachtes Ungeschick des Kapitals: »Raffgierig wie die Kapitalistenklasse nun einmal ist ... ging sie das Bündnis mit dem alten absterbenden Kleinbürgertum ein, lud sich dessen irrationalen Antisemitismus auf.« Der Ton, der gegen Israel gerichtet wurde, klang schneidend: »Brandt, Genscher, Merck, Vogel, Daume ... hatten nur ein Ziel, nur ja dem Moshe-Dayan-Faschismus – diesem Himmler Israels – in nichts nachzustehen ... Israel vergießt Krokodilstränen. Es hat seine Sportler verheizt wie die Nazis die Juden – Brennmaterial für imperialistische Ausrottungspolitik.« Die Welt stand in dieser Polemik kopf: Deutsche Politiker müssen ihre Verbrechen israelischen Militärs abgucken, die Verbrennungsöfen werden indessen von Juden betrieben und von Palästinensern und möglicherweise deutscher Polizei erschossene Sportler sollen Brennmaterial imperialistischer Ausrottungspolitik sein. Die weiteren Überlegungen »zur Strategie des antiimperialistischen Kampfes«, wie das Papier im Untertitel heißt, gerieten streckenweise zur Ergebenheitsadresse: »Die Aktion des ›Schwarzen September‹ in München hat das Wesen imperialistischer Herrschaft und des antiimperialistischen Kampfes auf eine Weise durchschaubar und erkennbar gemacht wie noch keine revolutionäre Aktion in Westdeutschland und Westberlin.«

Politisch liest sich der Text, der im übrigen auch bittere Angriffe gegen den Soziologen Oskar Negt enthält[20], als Offenbarungseid: Angesichts der Geiselnahme und Ermordung der israelischen Sportler in Deutschland nationalsozialistischen Völkermord und israelische Politik gleichzusetzen, Moshe Dayan als Heinrich Himmler Israels zu denunzieren war eine beachtliche deutsche Verdrängungsleistung. Die damit verbundene Verwirrung der Begriffe und, indem die Geiselnahme von Israelis als »antifaschistische Tat« gelobt wurde, Umwertung linker Werte verhinderte auch die Wahrnehmung wichtiger Aspekte der deutschen Wirklichkeit, in der sich längst wieder antisemitische Tendenzen zeigten, und die nationalistische Rechte unter Führung von Franz Josef Strauß danach drängte, offen autoritäre Verhältnisse zu etablieren und den Kalten Krieg zu intensivieren, statt im Zuge der Ostpolitik nach Ausgleich zu suchen. Die Fehleinschätzung sowohl der Sozialdemokratie als auch der deutschnationalen Rechten wird evident in einer Art verschärfter Neuauflage der Sozialfaschismus-These: »Gerade nicht Strauß, sondern nur Brandt konnte das Verbrechen in Fürstenfeldbruck begehen: den Feuerschutz des westdeutschen Imperialismus auf einer amerikanischen NATO-Basis zur Unterstützung Israels.« Wie tragisch falsch das war, zeigte sich nicht nur im Engagement der Konservativen für schärfere Gesetze, dem die SPD nichts entgegenzusetzen hatte. Auch wenige Jahre später im Krisenstab strafte Strauß die RAF Lügen, als er auf Aufforderung von Bundeskanzler Helmut Schmidt, auch »exotische Lösungen« auf den Tisch zu bringen, die Möglichkeit der Gefangenenerschießung als eine Art Gegen-Geiselnahme diskutiert wissen wollte.

Während Israel vorgeworfen wurde, das neue, fast schlimmere Nazi-Reich zu sein, entlastete die RAF im Gegenzug die deutsche Bevölkerung, deren offener ausländerfeindlicher Rassismus und deren ausgeprägte Bereitschaft, auch rechtsextreme Parteien zu wählen, Ende der sechziger, Anfang der siebziger Jahre euphemistisch als mangelndes antiimperialistisches Bewußtsein diskutiert und mit den besonderen Schwierigkeiten der Meinungsbildung begründet wurde: »Antiimperialistisches Bewußtsein faßt angesichts der Perfektion von imperialistischer Herrschaft schwer Fuß. Die Massen kriegen jeden Tag die Bild-Zeitung um die Ohren geschlagen. Von allen Seiten mit vorfabrizierten Meinungen und Veranstaltungen eingedeckt, ist es schwer seiner Trauer und seinem Entsetzen (die RAF meint Trauer und Entsetzen über die Behandlung der Palästinenser, O.T.) Ausdruck zu geben.«

Globales Gleichgewicht und der Internationalismus nationaler Inhalte

Diese desolate Entwicklung, die 1972 ausgerechnet eine Gruppe, die aus der Studentenbewegung kam, deren Politisierung sich gegen das Verschweigen der nationalsozialistischen Verbrechen im Nachkriegsdeutschland und gegen die Verlängerung der nationalsozialistischen Geschichte in die Gegenwart hinein richtete, zu radikalen Verharmlosern der NS-Gesellschaft werden ließ, ist bereits im »Konzept Stadtguerilla« vom April 1971 angelegt. Dabei wurde dort in der Reflektion der Studentenrevolte anfangs durchaus das »übertriebene Pathos« der außerparlamentarischen Opposition und die »grobe Vereinfachung«, mit der sie agitiert hatte, kritisiert und »der Vergleich zwischen der Massenauflage der Bild-Zeitung hier und dem Massenbombardement in Vietnam« als unzulässig verworfen. Diese teilweise differenzierte Analyse, die dann insbesondere in der Auseinandersetzung mit Israel keinen Platz mehr hatte, wurde aber schon im »Konzept Stadtguerilla« von befremdlichen Tönen begleitet: »Der sozialistische Teil der Studentenbewegung nahm ... sein Selbstbewußtsein aus der richtigen Erkenntnis, daß ›die revolutionäre Initiative im Westen auf die Krise des globalen Gleichgewichts und auf das Heranreifen neuer Kräfte in allen Ländern vertrauen kann‹ (These 55 von il manifesto). Sie machten zum Inhalt ihrer Agitation und Propaganda das, worauf man sich angesichts der deutschen Verhältnisse hauptsächlich berufen konnte: daß gegenüber der Globalstrategie des Imperialismus die Perspektive nationaler Kämpfe internationalistisch zu sein hat, daß erst die Verbindung nationaler Inhalte mit internationalen, traditioneller Kampfformen mit internationalistischen revolutionäre Initiative stabilisieren kann. Sie machten ihre Schwäche zur Stärke, weil sie erkannt hatten, daß nur so erneute Resignation, provinzialistische Abkapselung, Reformismus, Volksfrontstrategie, Integration verhindert werden können – die Sackgassen sozialistischer Politik unter post- und präfaschistischen Bedingungen, wie sie in der Bundesrepublik und Westberlin bestehen.«

Die »post- und präfaschistischen Bedingungen« in der Bundesrepublik und Westberlin wurden also nicht in den Mittelpunkt der eigenen Politik gestellt, nicht sie zu beseitigen wurde zur Voraussetzuung für die Entfaltung eines revolutionären Kampfes genommen, die Internationalisierung des Engagements, das »Vertrauen in das Heranreifen neuer Kräfte in allen Ländern« sollten aus Sackgassen führen, die durch die objektive Situation in der BRD geschaffen worden waren. Daß dabei nicht nur »nationale Kämpfe« die Basis abgeben sollten, sondern auch behauptet wurde, diese müßten nicht näher bestimmte »nationale Inhalte« haben, führt vor Augen, daß Internationalismus von Beginn an nicht als eine gegen den Nationalismus gerichtete politische Linie verstanden wurde, sondern ihm, ganz im Gegenteil, die Perspektive vorgeben sollte.

Internationalismus und Antiimperialismus waren Anfang der siebziger Jahre, nicht nur in den Augen der RAF, konstituierende Momente des politischen Engagements. Der Ansatz, der nicht immer nur die deutschen Verhältnisse ins Visier nehmen wollte, sondern gerade auch die elende und miserable Lage der Menschen im Trikont, folgte angesichts des Profits, den bundesrepublikanische Unternehmen aus diesen Teilen der Welt zogen und angesichts der deutschen Politik für die Beibehaltung der Abhängigkeit dieser Länder einem emanzipatorischen Impuls. Bedenklich allerdings war, daß dabei die Entwicklung im eigenen Land, die keineswegs nur von oben betriebene Restauration, aus dem Blick geriet. Die Orientierung auf die Peripherie ließ in Deutschland Kampfformen legitim erscheinen, die mit den politischen Auseinandersetzungen hier nicht zu rechtfertigen waren. Sie drohte auch zusehends durch den Versuch, die eigene »Schwäche in Stärke« zu verwandeln, Unterstützung und Solidarität zu verselbständigen und in ihr Gegenteil zu verkehren: Die Ausbeutungsverhältnisse in Lateinamerika, Asien und Afrika wurden so ideologisch für die Legitimation des eigenen Handelns instrumentalisiert. Damit wurde den politischen und gesellschaftlichen Auseinandersetzungen dort zwar kein Schaden zugefügt, die Verhältnisse im eigenen Land konnten aber souverän ignoriert werden. So gesehen stellte sich der internationalistische und antiimperialistische Kampf von vornherein auch als eine Fluchtbewegung vor den deutschen Verhältnissen dar, die nicht mehr daraufhin untersucht wurden, inwieweit sie sich grundsätzlich von der Situation in den lateinamerikanischen, asiatischen oder afrikanischen Staaten unterschieden. Anders als die Opposition und die Befreiungsbewegungen in diesen Ländern sahen sich die RAF und andere linke deutsche Gruppen auch nie in der Verlegenheit, sich mit den Entwicklungen konkret auseinanderzusetzen, denn ein Erfolg auf breiter gesellschaftlicher Ebene war in Deutschland nicht zu erwarten und wurde von Deutschland nicht erwartet. Damit war in den bewaffneten Kampf in der Metropole Deutschland auch ein Element von Willkür inkorporiert, denn Anschlagsziele und politische Strategie ergaben sich nicht aus Notwendigkeiten. Das ist auch ein Grund dafür, daß die Strategie der RAF sich nach der Mai-Offensive 1972 so radikal umorientieren und auf die Freipressung der Gefangenen aus der eigenen Gruppe konzentrieren konnte. Vom Internationalismus blieb in dieser Phase, wie sich angesichts der Entführung der Lufthansa-Maschine »Landshut« zeigte, vor allem das, was auch in den Jahren zuvor und nicht nur seitens der RAF besonders stark ausgeprägt war: ein deutsch-palästinensisches Projekt.

Im Zentrum dieses Antiimperialismus stand damit auch die verzweifelte Suche nach Identifikationsmöglichkeiten. Das war nicht erstaunlich in einem Land, in dem gesellschaftlicher Aufbruch eher etwas alarmierendes hat und die Verfestigung der Verhältnisse das Tagesgeschäft bestimmte, in dem das Beste, was über die politische Entwicklung nach dem kurzen kulturrevolutionären politischen Frühling 1967/1968 gesagt werden konnte, war, daß sich »worst case scenarios« nicht realisiert hatten. Wie trostlos die Ansatzpunkte waren, ist im Abschnitt »Die Dialektik von Revolution und Konterrevolution« des »Konzepts Stadtguerilla« von der RAF treffend, wenngleich mit dem optimistischem Duktus des »alles hat auch seine guten Seiten« formuliert worden. Gegen die Kritiker ihres bewaffneten Kampfes gerichtet argumentierten sie dort: »Sie sehen in dem Bullen mit der MP nur den Bullen mit der MP, nicht das Ausbleiben faschistischer Massenaufmärsche; sie sehen in dem Terror gegen uns nur den Terror, nicht die Angst vor der sozialen Explosion, die sie ›im Keim ersticken‹ müssen ... sie sehen in der hohen Selbstmordquote des Proletariats nur den Akt der Verzweiflung, nicht den Protest. Sie sehen in unserer Isolierung von den Massen nur unsere Isolierung von den Massen, nicht die wahnwitzigen Anstrengungen, die das System unternimmt, um uns von den Massen zu isolieren.«

Der neue Antiimperialismus

Elf Jahre später veröffentlichte die RAF erneut einen grundlegenden Text, das sogenannte Mai-Papier, mit dem das Konzept der »Antiimperialistischen Front« propagiert wurde. Ulrike Meinhof, Andreas Baader, Jan Carl Raspe, Gudrun Ensslin und Ingrid Schubert waren da schon unter bis heute nicht restlos aufgeklärten Umständen, die eher gegen als für Selbstmord sprechen, in bundesdeutschen Gefängnissen gestorben[21]. Holger Meins und Sigurd Debus hatten die auf medizinisch fragwürdige Weise durchgeführte Zwangsernährung im Verlauf von Hungerstreiks nicht überlebt. Zwar wurde in der Einleitung des für den neuen Abschnitt der RAF grundlegenden Textes festgestellt, »nach 77 war nichts mehr wie vorher. Der Staat nicht, die Linke nicht, die Rolle der BRD in der internationalen Politik nicht«. Wer neugierig geworden sein sollte, wurde aber enttäuscht. Tatsächlich klang alles, wenn auch mit anderen Worten, ganz genauso wie zuvor. »Steilansteigende Selbstmorde« wurden zwar nicht mehr als Ausdruck des Protestes gewertet, sie bildeten nun aber die »Dimension des Elends (aus der) die existentielle Tiefe der Kämpfe und der Haß (kommt)«. Die BRD war zwar mittlerweile in der Sicht der RAF zum Kernstaat in Europa avanciert, aber die SPD schien immer noch der lange Arm der USA, die Konservativen waren bedeutungslose Spinner und nach wie vor »kann das nationale Kapital gegenüber der hegemonialen, der amerikanischen Linie keine eigene Politik formulieren ... wenn man nicht die provinziell-bornierten Varianten Kohls, Albrechts usw. oder das Grand Design von Strauß, aus dem seit über 20 Jahren nichts wird, dafür halten will«.

Verändert hatte sich allerdings die Zusammensetzung der Gruppe: Einige waren in der DDR abgetaucht, andere verhaftet worden. Die Neuzusammensetzung der RAF ging so schnell und so weit, daß nach 1984 niemand mehr dabei war, der das Mai-Papier 1982 mitverfaßt hatte. Verändert hatte sich auch die Einschätzung der internationalen Lage. Michi Dietiker, Bernhard Rosenkötter und Ali Jansen, Gefangene aus der antiimperialistischen Szene, faßten das in ihrem 1992 veröffentlichten, kritischen Text »Über das Schleifen von Messerrücken« zusammen: »Die Vorstellung einer auf Messers Schneide stehenden ›instabilität des imperialistischen systems‹ wurde von der RAF erst 1982 im sogenannten Mai-Papier zu einer grundlegenden und strategiebestimmenden Einschätzung erklärt.«

Alles, was in der bundesdeutschen Gesellschaft tatsächlich anders geworden war, fand im Mai-Papier nicht einmal Erwähnung: Massenarbeitslosigkeit, die Krise der sozialdemokratischen Regierungspolitik, Stimmengewinne für die CDU/CSU, die Parlamentarisierung der einstmals außerparlamentarischen Opposition, der Wechsel vom antimilitaristischen zum ökologischen Paradigma in der Anti-AKW-Bewegung, das nationale Erwachen der Friedensbewegung[22].

Was sich beim fehlgeschlagenen Attentat des »Kommando Andreas Baader« 1979 auf den NATO-Oberbefehlshaber Alexander Haig und 1981 bei den Angriffen auf das Hauptquartier der US-Air-Force in Ramstein und später auf den US-General Kroesen andeutete, wurde von der RAF 1982 mit dürren Worten festgeschrieben: Nicht einmal der Deutsche Herbst, die innere Mobilmachung der Deutschen und ihre bedingungslose Bereitschaft, die Diktatur des Krisenstabs als ihre Demokratie zu loben, die freiwillige Selbstausschaltung der kritischen Öffentlichkeit und die Gnadenlosigkeit der Verantwortlichen, selbst einem der ihren wie dem früheren SS-Offizier Hanns-Martin Schleyer gegenüber, der erste bundesdeutsche Truppeneinsatz, der der GSG 9 in Mogadischu, haben die RAF ihre Sichtweise auf Deutschland als US-Kolonie, als besetztes Land revidieren und seine kaum gebändigte, ganz eigenen Interessen folgende Aggressivität erkennen lassen.

Zwar wurde im Mai-Papier gegen Ende eingeräumt, in Stammheim und Mogadischu sei »der offen reaktionär auftretende imperialistische Staat, der den Vergleich mit seiner faschistischen Vergangenheit nicht mehr scheute, sondern feierte«, aufgetreten – angesichts des vagen Faschismusbegriffes der RAF hieß das allerdings wenig und hatte tatsächlich auch keine Konsequenzen für den Hauptteil des Papieres oder gar die Ausrichtung des für die achtziger Jahre als Strategie entwickelten Front-Konzeptes, das darauf zielte, die vermeintlich günstige Gelegenheit, daß der »US-Imperialismus ... in seiner historischen Krise, in der es seit 40 Jahren zum ersten Mal um seinen Existenz geht«, aufzugreifen. Die Einschätzung, daß das »imperialistische System« als Ganzes auf Messers Schneide stehe, erwies sich so als antiimperialistisches Pendant zum damals grassierenden Katastrophismus der Umweltschützer und dem zusehends auf den »nuklearen Holocaust« fixierten Blick der Friedensbewegung.

Was seit »Stadtguerilla und Klassenkampf« ohnedies nicht mehr getan wurde, »die inneren Veränderungen hier im einzelnen zu analysieren« (Mai-Papier), befand die RAF jetzt auch programmtisch als unnötig: »Wir stellen einfach fest: Fundamentalopposition ist mit diesem System wie nie zuvor grundsätzlich fertig.« – »Damit waren dem Front-Konzept von vornherein die Grenzen gesetzt, an denen es auflaufen mußte«, konstatierten 1992 Michi Dietiker, Ali Jansen und Bernhard Rosenkötter in »Über das Schleifen von Messerrücken«. Sie konnten der Guerilla aber auch einen positiven Aspekt abgewinnen: »Trotzdem hat sich auf dieser Grundlage in den 80iger Jahren breiter Widerstand entwickelt, Ansätze zu einer revolutionären Bewegung wie in keinem anderen europäischen Land zu dieser Zeit. Eine Entwicklung, die ohne den Kampf der Guerilla so sicher nicht stattgefunden hätte. Trotz der Fehler in der Analyse, der fehlenden wirklichen Verankerung, war der Kampf der RAF eine wichtige Orientierung für viele: Die Existenz einer grundlegenden und unversöhnlichen Opposition in einem System, das alle Veränderungsimpulse, alle Subkulturen so umfassend aufschluckt ... umbiegt oder abblockt.«

Dem ist entgegenzuhalten, daß zu einer »revolutionären Bewegung« sicher mehr gehört als Dutzende fallender Strommasten und Hunderte kleiner Anschläge auf Tankstellen, SPD-Filialen oder militärische Einrichtungen im weitesten Sinn. Von dem, was das Autoren-Trio als »revolutionäre Bewegung« bezeichnete, ist zudem, außer ein paar längst legalisierten Hausprojekten, wenig geblieben. Auch daß der Kampf der RAF in den achtziger Jahren für »viele« eine »wichtige Orientierung bot«, trifft, wenn man mit viele nicht einfach »mehr als tausend« meint, nicht zu. Bemerkenswert ist aber tatsächlich, daß es Anfang und Mitte der achtziger Jahre eine relativ breite Protestbewegung gegeben hat, die Anschläge, so lange keine Menschen getötet oder verletzt wurden, wohlwollend toleriert hat und die, bei allen unversöhnlichen Unterschieden zwischen den einzelnen Teilbereichbewegungen und den politischen Grundströmungen, gemeinsame Zielsetzungen hatte.

Allerdings ist aus heutiger Sicht zu fragen, ob diese vergleichsweise gute Verankerung eines militanten politischen Protests in dieser Phase nicht auch zu einem wesentlichen Teil darauf zurückzuführen ist, daß es in Deutschland ein die politischen Szenen und gesellschaftlichen Gruppen übergreifendes, gemeinsames Feindbild gab, über das die Linke in anderen europäischen Ländern nicht in dieser Weise verfügte: die als Besatzungsmacht empfundenen USA. Das »Konzept Stadtguerilla« vor Augen muß man sich also fragen, ob nicht auch der deutsche linksradikale Widerstand seine Mobilisierungsfähigkeit zu einem guten Teil aus nationalen Quellen speiste. Das könnte auch erklären, wieso die Linke heute, da Deutschland wieder zu einem weitgehend ungebrochenen nationalen Selbstbewußtsein findet, ohne daß die Kriegsgefahr geringer geworden oder die Verhältnisse sonst sich freundlicher entwickelt hätten, in Ermangelung eines zugkräftigen und gleichzeitig äußeren Feindbildes ihre Orientierung verloren und ihre (relative) Stärke eingebüßt hat.

Der Antiimperialismus der RAF, der auch ihre Anschläge bestimmte, hat jedenfalls, aus den Bekennerschreiben läßt sich das ohne große Mühe herauslesen, einen national-revolutionären Unterton – auch wenn die RAF sich selbst sicherlich jederzeit von nationalrevolutionärem Gedankengut strikt distanziert hätte. Mit ihrer Kritik an der »Fremdherrschaft« über Deutschland und mit ihrer eindimensionalen Sichtweise auf die USA war sie dem mainstream der Friedensbewegung und deren Zielen, zu denen an prominenter Stelle die »Souveränität Deutschlands« gehörte, näher, als man eigentlich vermuten möchte. »Ami go home« war ein zutreffender Ausdruck für die Stimmung der einen wie der anderen. Der bewaffnete Kampf war in seinen Mitteln zwar extrem und kompromißlos und insofern propagandistischer Gegner Nummer 1 der BRD. Tatsächlich erwies sich die Opposition der RAF gegenüber den deutschen Verhältnissen aber an entscheidenden Punkten als weniger grundlegend, als sie selbst es gewünscht haben mochte. Dies gilt vor allem, weil sie an den Grundlagen der Politik seit der »Wende«, an dem Versuch, Deutschland »aus Hitlers Schatten treten« zu lassen und ein deutsches Nationalbewußtsein wiederherzustellen, das erlaubt, ein »stolzer Deutscher« zu sein, zu keinem Zeitpunkt gerührt hat, ja die Grundlagen dieser Entwicklung nicht einmal erkennbar wahrgenommen hat.

Die RAF schrieb in ihrem Papier vom August 1992 zwar, ab 1984 habe sie die »Angriffsrichtung« verändert: »Es wurde damals immer deutlicher, daß Westeuropa mit der BRD an der Spitze zur Weltmacht aufsteigen wird.« Tatsächlich wurden ab 1985 mit dem MTU-Manager Ernst Zimmermann, dem Diplomaten Gerold von Braunmühl und dem Siemens-Vorstandsmitglied Karl-Heinz Beckurts Vertreter der deutschen politischen und ökonomischen Elite Opfer der RAF-Anschläge[23]. Die harte Haltung gegenüber den Gefangenen wurde aber weiterhin als »die US-Linie« qualifiziert (so in der auf den 2. Februar 1985 datierten Aufforderung an die Hungerstreikenden, den Streik zu beenden) – als ob der traditionsreiche deutsche Sicherheitsapparat nicht selbst über ein ausreichendes Reservoir an Erfahrungen im Umgang mit gefangenen politischen Gegnern verfügte.

Im Aufstieg der BRD und Westeuropas wurde auch jetzt nicht die Gefahr einer späten Realisierung deutscher Großmachtpläne gesehen, so wenig, wie er als Resultat der Auseinandersetzungen konkurrierender imperialistischer Staaten verstanden wurde. Die USA blieben in dieser Sicht die Führungsmacht, die schematische Vorstellung von einem statischen »imperialistischen Weltsystem« prägte weiterhin das Denken. Dessen Funktionsweise blieb in den weitschweifigen Erklärungen der RAF unklar. Beispielsweise wurde in der Erklärung zum Anschlag auf Kurt Beckurts, um die Ausbreitung des Siemens-Konzerns nachzuzeichnen, festgestellt: »Anfang der 70er, als sich die Niederlage des US-Imperialismus in Vietnam abzeichnete und das internationale Kapital durch die Offensive der Befreiungskämpfe auf seine politischen Grenzen gestoßen ist, hat es seine Entwicklung auf die entwickeltsten Länder der

3. Welt konzentriert, um Riesenprofite durch billige Arbeitskräfte und Rohstoffe zu realisieren und neue Absatzmärkte zu schaffen.« Wie konnte das »internationale Kapital« aber gerade in dem Moment, in dem es an eine »politische Grenze« gestoßen war, seinen Einfluß vergrößern? Und wieso, wenn es um billige Arbeitskräfte ging, hat es sich in den »entwickeltsten Ländern der 3. Welt« ausgeweitet und nicht in den ärmeren, die sich noch besser hätten ausbeuten lassen?

Der ökonomische und politische Hegemonieverlust, den die RAF bei den USA konstatierte, blieb in ihrer Beschreibung ähnlich folgenlos wie die Grenzsituation, der sich das »internationale Kapital« in den siebizger Jahren gegenübersah. Aber auch die Ursachen für den Hegemomieverlust haben in der Analyse der RAF keine Konturen gewonnen. Die RAF stellte im Bekennerschreiben nach dem Anschlag auf Karl-Heinz Beckurts fest, der Verlust der politischen Hegemonie der USA resultierte »aus der (internationalen, O.T.) Dialektik der Klassenkämpfe und der Zuspitzung des Elends, der Widersprüche gegen Völkermord, Hunger und Zerstörung menschlicher Substanz in der imperialistischen Lebensrealität« – ein bunter Strauß von Ursachen, der vor allem aber den Eindruck erweckt, daß die Autorinnen und Autoren nicht in der Lage waren, so gegensätzliche Momente wie Klassenkämpfe und Zunahme der Verelendung oder Widersprüche gegen Völkermord und Hunger in irgendeiner Weise analytisch zu gewichten. Daß en passent noch behauptet wurde, die heutige »Informationsgesellschaft« (Anführungszeichen im Bekennerschreiben) sollte in Westeuropa realisieren, »was im Nazi-Faschismus durch blutigen Terror gegen die organisierte Arbeiterbewegung und die Völker erreicht wurde«, liefert einen weiteren Beleg dafür, daß die RAF zu diesem Zeitpunkt nicht über ein begriffliches Instrumentarium verfügte, das eine differenzierte Analyse und Wahrnehmung möglich gemacht hätte. Die Erfassung eines persönlichen Datensatzes für überwiegend statistische Zwecke, wie es im Zuge der Volkszählung versucht wurde (und scheiterte), wird hier nicht nur mit entsprechenden Erfassungsversuchen des NS-Regimes im Vorlauf der Vernichtungspolitik gleichgesetzt, sondern mit der Vernichtung selbst. Daß im NS-Regime dabei nicht die Erfassung der organisierten Arbeiterbewegung, sondern die der Juden und Behinderten im Vordergrund stand, ist angesichts dieser Argumentation schon fast eine Nebensächlichkeit.

Im Bekennerschreiben zum Anschlag auf den Vorstandsvorsitzenden der Deutschen Bank Alfred Herrhausen wurde, ein Novum in der Geschichte der RAF, der US-Imperialismus nicht einmal erwähnt. Dafür spielten auch hier wieder die »Leiden der Völker« eine wichtige Rolle, gerade so, als handelte es sich bei einem Volk um ein homogenes Subjekt, das überhaupt in der Lage wäre, als eines zu leiden. Und auch mit Blick auf die historische Belastung der Deutschen Bank beschränkte sich das »Kommando Wolfgang Beer« auf die allgemeine Feststellung, es ziehe sich »die Blutspur zweier Weltkriege« durch ihre Geschichte. Dabei bietet gerade die »Deutsche Bank« ein Beispiel für historische und gegenwärtige Konflikte zwischen Deutschland und den USA. Das »Office of Military Government for Germany, United States Finance Division« war es, das nach der Niederschlagung des Nationalsozialismus die Liquidierung der Deutschen Bank gefordert hatte. Die Chance jetzt, angesichts der Entwicklung eines sich zur alten Größe befreienden Deutschlands, die eigene Version von der Besetzung Deutschlands durch die USA zu korrigieren und festzustellen, daß das Engagement der »unmilitärischen Captains aus dem Finanzministerium Morgenthau« die »bankpolitische Restauration für Jahre in eine Warteposition abgedrängt und damit wenigstens eine Fraktion des OMGUS eine ›bruchlose Kontinuität‹ verhindert hatte« (Karl Heinz Roth im Nachwort zum OMGUS-Bericht über die Deutsche Bank), hat die RAF genauso vertan, wie sie es versäumte, sich Gedanken über die unterschiedlichen Finanzstrategien gegenüber den Ländern der Dritten Welt zu machen, die die Deutsche Bank unter Herrhausen im Gegensatz zu den US-Banken oder der Weltbank entwickelt hatte.

Herrhausen wurde »hingerichtet«, weil seine »Pläne gegen die Länder im Trikont ... die Leiden der Völker (verlängern und verschärfen)« und weil unter seiner Regie die »Deutsche Bank (sich) zur europaweit größten Bank aufgeschwungen (hat). Sie hat ihr Netz über ganz Europa geworfen und steht an der Spitze der faschistischen Kapitalstruktur, gegen die sich jeder Widerstand durchsetzen muß.« Noch deutlicher wurde die Haltung der RAF gegenüber dem neuen Deutschland nach dem gescheiterten Anschlag auf den Staatssekretär im Innenministerium Hans Neusel, der im ausführlichen Bekennerschreiben in einer knappen Bemerkung als Mitverantwortlicher für die »menschenverachtende Flüchtlingspolitik« benannt wird, der »wenn auch indirekt die personelle Kontinuität des deutschen Faschismus vom 3. Reich zum ›Großdeutschland‹, das auf das 4. Reich zusteuert (verkörpert)«. Nun läßt sich eine personelle Kontinuität nicht indirekt verkörpern – es wäre dann eine politische Kontinuität, die zu behaupten die RAF aber zu vorsichtig ist. Deswegen schreibt die Gruppe nicht einfach vom 4. Reich, sondern vom 4. Reich, auf das »zugesteuert wird«. Andere Gruppen und Personen aus dem autonomen, antiimperialistischen und kommunistischen Spektrum lehnen den Begriff 4. Reich sogar ganz ab. Nun ist Zurückhaltung bei Faschismusanalogien angebracht (wenngleich der Begriff »4. Reich« ja gerade die deutsche Kontinuität vom 1. über das 2. und das 3. Reich deutlich macht, also auf die Restauration verweist und keineswegs die Identität von wiedervereinigtem und nationalsozialistischem Deutschland behauptet). Eigentümlich mutet aber an, daß vor allem die, die in früheren Jahren so großzügig mit dem Etikett Faschismus umgegangen sind, nach der Wiedervereinigung ängstlich bemüht scheinen, sich auf keinen Fall zu weit vorzuwagen. »Der dritte Überfall, den das deutsche Kapital in diesem Jahrhundert auf die Völker Europas führt, wird nicht mit militärischen Mitteln, sondern mit Mitteln der Wirtschaft und Politik geführt ... Es werden diesmal nicht Millionen Tote und ausgelöschte Dörfer sein, sondern Millionen entwürdigte und unterdrückte Menschen, die an der Zerstörung ihrer Lebensstrukturen und menschlichen Beziehungen verzweifeln und innerlich – in ihrer Seele – zugrundegehen sollen.« Wer sollte an verzweifelten und seelisch zugrundegegangenen Menschen, die nicht mehr produktiv sind, aber als Kostenfaktoren ins Gewicht fallen, ein Interesse haben?

Die RAF scheut die Konsequenzen ihrer Erkenntnis. War sie angesichts der Stationierung von Mittelstreckenraketen in der BRD schnell dabei, vor »fünf Millionen Toten bei uns« zu warnen, befürchtete sie in den neunziger Jahren, da die Bundeswehr wieder kriegsfähig gemacht wurde, keine Toten, sondern prophezeit statt dessen »entwürdigte Menschen«. Eine Sorge, die angesichts der anstehenden Kriegseinsätze, die begründet werden als Einsätze gegen Terrorismus und vor allem für Menschenrechte, nicht nur bemerkenswert unspezifisch, sondern auch wenig überzeugend ist: Denn die Entwürdigung von Menschen in diktatorischen Verhältnissen aufzuheben, wird ja gerade als Grund für einen Kampfeinsatz genannt. Hier zeigt sich das prinzipielle Problem einer durch Phrasen verstellten Geschichtsbetrachtung: Den modernen Begründungen von Politik kann sie nichts entgegensetzen. Wenn Militär zum Einsatz kommt, weil das, wie Außenminister Joschka Fischer mitteilt, eine »Lehre aus Auschwitz« sei, dann müssen Linke ihrem Genossen aus den Tagen des »Revolutionären Kampfes«, wollen sie den Bellizismus bremsen, eine treffendere Analyse von »Auschwitz« und was daraus zu lernen ist, entgegenhalten. Wer aber auf das Bemühen der Bundesregierung, die Lehren aus der Geschichte möglichst unspezifisch zu ziehen und »Auschwitz« einfach als Exempel für brutale Herrschaftsausübung zu verwenden, nur mit noch allgemeineren Begriffsauslegungen zu reagieren vermag und »Auschwitz« als Synonym für »gewalttätigen Imperialismus« verwendet, hat die Auseinandersetzung bereits verloren.

Der Kriegseinsatz der Bundeswehr auf dem Balkan und in Afghanistan ist auch keiner, der vom »deutschen Kapital« allein vorangetrieben wird – noch weniger als es die beiden Kriege 1914 und 1945 waren. Die deutschen Industriellen trugen zwar eine erhebliche Verantwortung für den Nationalsozialismus und dessen Politik, der Erste und Zweite Weltkrieg wurden aber nicht von ihnen alleine geführt. Eine kriegsbegeisterte deutsche Bevölkerung im Ersten Weltkrieg, eine siegeswillige Armee im Zweiten, die planerische Intelligenz, die ihre Großraum-Planspiele in die Realität umsetzen wollte, etliche Berufs- und Bevölkerungsgruppen, die bereitwillig bis begeistert jeweils von einzelnen Erfolgen des nationalsozialistischen Deutschlands profitierten und sich dafür an allen seinen Verbrechen beteiligten ... Der Gegensatz zwischen »deutschem Kapital« und den »Völkern Europas«, der so aufgebaut wird, sagt wenig über das deutsche Kapital, die ersten beiden Weltkriege oder den Nationalsozialismus und die Gegenwart aus, aber viel über das starre Weltbild der RAF: Das Kapital gegen die Völker Europas, hier das kalte Geld und die böse Macht, dort das menschliche Leben. Stimmig ist das so wenig wie die Beschreibung des Jugoslawienkrieges, der ersten machtvollen außenpolitischen Intervention Groß-Deutschlands, als »Aufteilungskampf um Ressourcen, der Konkurrenzkampf um eine Chance für die Anbindung an den kapitalistischen Weltmarkt, (der) zum blutigen Nationalitätenkrieg eskaliert (ist)« (August-Papier 1992).

Gerade für eine Gruppe, die den »Befreiungskampf der Völker« zu einem ihrer zentralen Anliegen gemacht hat, wäre es notwendig, die dem nationalen Bewußtsein innewohnende Aggression zu untersuchen, zu fragen, wie der Kampf um die Weltmarktanbindung zu einem Nationalitätenkrieg eskalieren kann. Am Beispiel Jugoslawiens traf aber schon die Beschreibung der Ausgangssituation durch die RAF nicht zu: Der Konflikt zwischen Kroaten, Bosniern, Serben und Albanern war von vornherein nationalistisch bestimmt und keiner ökonomischen Logik untergeordnet. Es geht in den Auseinandersetzungen auch nicht in erster Linie um die Weltmarktanbindung, sondern z.B. um die Teilhabe an der Formierung Mitteleuropas durch Kroatien. Ein Krieg, der zunehmend von marodierenden Söldnerhaufen geführt wurde, in dem Neonazis Legionen bildeten, »ethnische Säuberungen« und Internierungslager auf allen Seiten existierten, läßt sich nicht einfach in den schematisierten ökonomischen Kategorien erfassen, wenngleich ökonomische Motive eine wichtige Rolle spielen.

Auch das Interesse des deutschen Staates an dem Konflikt – »(er) will aus diesem Krieg die Rechtfertigung für militärische Einsätze der Bundeswehr ziehen« – wurde so nur unzulänglich beschrieben. Die Bundesrepublik, die diese Auseinandersetzung gegen den erklärten Willen der USA und einiger EU-Mitgliedstaaten forciert hat, hat die Auseinandersetzung innerhalb der Bündnisse NATO und EU geprobt, sie versuchte damit, die Position der deutsch-dominierten WEU gegen die NATO zu stärken und hat damit begonnen, die Kräfteverhältnisse in Europa weiter so zu ihren Gunsten zu verschieben, daß langfristig eine Abkoppelung von den USA möglich erscheint. Es stimmt also eigentlich, wenn die RAF schreibt: »Die Politik der EG wie auch der NATO gegenüber diesem Krieg hat selbst für sie nicht mehr die Qualität einer Krisenbewältigung« – falsch ist nur das »mehr«: Auf dem Balkan tobte kein außer Kontrolle geratener Krieg, der als Krise zu bewältigen wäre. Die Auseinandersetzungen dort waren auch Teil einer sich abzeichnenden innerimperialistischen Konfrontation – und zeigten eine Bundesrepublik Deutschland, die sich langfristig und zielstrebig eine Interessensphäre gesichert hat: durch Unterstützung Kroatiens und Bosnien-Herzegowinas bei der Loslösung, durch Hilfe für die UCK, um das Kosovo aus Rest-Jugoslawien herauszulösen, durch Interventionen zugunsten der serbischen Opposition, um schließlich, wenn auch erst nach Jahren erfolgreich, das Milosevic-Regime abzusetzen.

Auch der im August-Papier der RAF von 1992 enthaltene Verweis auf den Golf-Krieg, der in gewisser Weise als Vorläufer des Bürgerkriegs im ehemaligen Jugoslawien dargestellt wird, war unzutreffend. In beiden bewaffneten Konflikten ging es für Deutschland immer mehr um die doppelte Entlastung von der eigenen Geschichte, als darum, selbst an der Intervention beteiligt zu sein: Der Nationalsozialismus wurde durch die beharrlichen Gleichsetzungen überall verortet (nur nicht in Deutschland) – gleichzeitig fielen im Inneren die letzten Beschränkungen und so wurden alte Großmacht-Pläne modernisiert und damit diskutabel.

Die RAF mühte sich unterdessen darum, die neuen Beobachtungen und ihr altes Weltbild zu harmonisieren. So wurde zwar in dem Bekennerschreiben zur Aktion der »Konkurrenzkampf der imperialistischen Kern-Staaten« immerhin erwähnt, der BRD sogar, zu Recht, unterstellt, »Groß-Deutschland (will) endlich wieder freie Hand für die militärische Unterwerfung und Ausplünderung der Völker schaffen«, der Anschlag zum Golfkrieg, die Schüsse auf die US-Botschaft in Bonn am 13. Februar 1991, richteten sich aber dennoch, wie selbstverständlich, gegen die USA. Verantwortlich gemacht für den Krieg wurde »das imperialistische System«, und im August-Papier war ebenfalls wieder nur von der »one world des Kapitals« die Rede. Passend zu dieser Theorie vom »Moloch Imperialismus« formulierte das Bekennerschreiben zu den Schüssen auf die Botschaft: »Diesem System ist jeder Hitler, Shamir, Özal, Pinochet, Cristiani und wie sie alle heißen, ein Freund, solange er – egal mit welchen Mitteln – die Interessen des internationalen Kapitals durchsetzt«[24]. Daß direkt auf Hitler folgend der damalige israelische Staatschef Shamir genannt wurde, daß die Angriffe des Iraks auf Israel, bei denen Giftgas, das mit Hilfe deutscher Firmen hergestellt wurde, zum Einsatz kam, nicht erwähnt wurden, zählte zu den charakteristischen Verdrängungsleistungen, die es auch möglich machten zu behaupten, daß »all die als Rassisten und Antisemitisten (Wortlaut im Orginal, O.T.) denunziert werden, die gegen diesen Völkermord aufgestanden sind«.

Daß der Antisemitismus-Vorwurf keineswegs nur von Staatsseite oder aus dem Lager der KriegsbefürworterInnen erhoben wurde, scherte die RAF nicht – und auch nachdem selbst Teile der RZ sich selbstkritisch zur militanten Praxis und Rhetorik der deutschen Linken gegenüber Juden und Israel geäußert hatten, war die RAF nicht zur Überprüfung ihrer Positionen bereit. Stattdessen wurde die Intifada gelobt, »Solidarität mit den Völkern im Nahen Osten« beschworen und Israel beschuldigt, die Gelegenheit zu nutzen, »Krieg und Terror gegen das palästinensische Volk zu verstärken«.

Ähnlich wie in ihren Bemerkungen zum jugoslawischen Bürgerkrieg zeichnete die RAF in ihrem Bekennerschreiben zur

Golfkriegs-Aktion auch im übrigen ein Bild, das keine Grautöne und fließenden Übergänge kennt, sondern nur klar umrissene schwarz und weiß gefärbte Blöcke. Daß der irakische Staat »einen Ausrottungsfeldzug gegen die Kurden geführt (hat)«, wurde zwar registriert, auf die aktuelle Analyse hatte das aber keinen Einfluß. Daß der Golfkrieg kein »Völkermord« war, daß am ehesten noch die Massaker des irakischen Regimes am Ende des Kriegs (die von den Alliierten hingenommen wurden) diese Bezeichnung verdienten – das wurde auch später nicht eingestanden.

Statt dessen bewertete die RAF das Engagement der Friedensinitiativen als großen Erfolg, gerade so, als hätte es sich kontinuierlich gehalten und wäre nicht rasch wieder abgeflaut[25]. Der vermeintliche Erfolg habe »den Herrschenden« signalisiert, »daß 100.000ende hier nicht bereit sein werden, eine zukünftige militärische Interventionspolitik zu tragen« (August-Papier 1992) – eine Behauptung, die gewichtiger klingt als sie ist, denn »nicht tragen« ist bestenfalls ein politisches Minimalprogramm, vom entschiedenen Protest oder gar effizienten Widerstand weit entfernt, und auch die »100.000ende« waren ja alles andere als eine massenhafte Opposition. Die Zustimmung eines solch verschwindend kleinen Teils der Bevölkerung zur militärischen Interventionspolitik ist entbehrlich, so lange die anderen mittlerweile etwa 79 Millionen Bundesbürger sie bereitwillig akzeptieren – was sie offensichtlich tun, wie sich angesichts des ausbleibenden Protests oder gar Widerstands gegen die Entsendung der Bundeswehrtruppen nach Kambodscha und der Zerstörer in die Adria gezeigt hat, oder nun auch angesichts des Bundeswehreinsatzes in Afghanistan.

Der schiefe Blick auf das Engagement der Bundesrepublik Deutschland im Ausland und den möglichen Widerstand dagegen paßt zu einer Analyse der Wiedervereinigung, die die Bewohner der DDR zu ihrem eigenen Besten als unmündig darstellte. Die Restauration Deutschlands wurde im Bekennerschreiben zum Attentat auf den Treuhandchef Detlev Karsten Rohwedder Anfang April 1991, wie in vielen linksradikalen Kreisen üblich, als »Annektion der DDR« beschrieben. Seitdem sei »die Ex-DDR faktisch Kolonie der Bundesrepublik ... Land und Leute (soll) die Struktur aufgezwungen werden, die das internationale Kapital für seine Herrschaft braucht«. Die Analogie zur RAF-Darstellung der Kolonisierung Deutschlands nach 1945 durch die Besatzungsmacht USA zeigt eindrucksvoll, wenngleich von der RAF wahrscheinlich nicht beabsichtigt, wie durch eine schematische Betrachtung der Geschichte, in der die Bevölkerung immer nur als Opfer erscheint, alle Unterschiede verwischen, analytische Kategorien unbrauchbar und moralische Wertungen zweideutig werden.

Besonders offensichtlich wurde das in den Versuchen der RAF, den offenen Rassismus weiter Teile der Bevölkerung zu erklären und zu bewerten, der seit der Wiedervereinigung und insbesondere in den neunziger Jahren durch Anschläge und Überfälle die regierungsoffizielle Ausländerpolitik ergänzt. Nicht nur daß der Rassismus im Bekennerschreiben zum Rohwedder-Anschlag, in dem er als »offen ausgebrochen« beschrieben wurde, zu einer Krankheit mutierte. Als eine Ursache wurde, getreu der bundesdeutschen antikommunistischen Doktrin, ausgemacht, »daß in der Zeit des SED-Staates Solidarität und Gleichberechtigung von Frauen staatlich verordnet war«. Für den westlichen Teil galt hingegen: »Auf der anderen Seite ist Rassismus und Frauenunterdrückung im kapitalistischen System nicht wegzudenken. Es war und ist die staatliche Politik, die Nationalismus wieder salonfähig gemacht hat.« Der Staatsapparat konnte aber nur etwas »salonfähig« machen, was bis dahin nicht im Salon, sondern z. B. auf der Straße vorhanden war. Ein Ressentiment wird nicht konstruiert oder beschlossen, sondern bestenfalls geweckt – in Deutschland bei den Deutschen erweist sich das als leichte Aufgabe.

Wie dem deutschen Rassismus und Nationalismus zu begegnen ist, war für linksradikale Politik seit einigen Jahrzehnten die schwierigste, noch nicht ansatzweise befriedigend beantwortete Frage. Die bisherigen Versuche jedenfalls, die im wesentlichen darin bestanden, die Bevölkerung als Verführte zu behandeln, die nicht wissen können, was sie tun, und dementsprechend die Politik daran auszurichten, auf ihren niedrigen Bewußtseinsstand erstmal Rücksicht zu nehmen, haben sich als fatal erwiesen: Letzten Endes haben diese Versuche, statt die Bevölkerung zum Umdenken zu bewegen, Ressentiment und Nationalismus auch in der linken Politik durchgesetzt.

Im Rohwedder-Bekennerschreiben konzipierte die RAF einen anderen Ansatz: »Wir begreifen unsere Aktion gegen einen der Architekten Großdeutschlands auch als Aktion, die diese reaktionäre Entwicklung an einer Wurzel trifft. Es ist klar und gerade an der deutschen Geschichte bis zum 3. Reich deutlich, daß Verarmung, Verelendung und Massenarbeitslosigkeit nicht von alleine zu einer Mobilisierung für menschliche Ziele und gegen die Herrschenden führen.« Das war ein bemerkenswerter, aber auch inkonsequenter Abschied von der Theorie, die von einer zwangsläufigen Verknüpfung von Verelendung und revolutionärem Engagement ausgeht. Trotzdem müssen die Verhältnisse, wie die RAF sie darstellte, auf die Füße gestellt werden: Verarmung, Verelendung und Massenarbeitslosigkeit führen nicht nur nicht »von alleine« zu einer Mobilisierung für menschliche Ziele, von alleine führen sie sehr viel eher in die Barbarei – wobei fragwürdig auch an dieser Feststellung die Qualifizierung »von alleine« ist: Denn Massenarbeitslosigkeit, Verelendung und Verarmung sind nicht »von alleine«, bleiben nicht von alleine und führen deswegen auch nicht von alleine irgendwohin. Richtig wäre allenfalls festzustellen: Gelingt es nicht, gegen die Politik, die für einen beträchtlichen Teil der Bevölkerung in die ökonomische Misere führt, eine starke emanzipatorische Gegenkraft zu entwickeln, verwandelt sich in engem Zusammenhang damit auch die Gesellschaft in eine barbarische.

Auf die deutschen Verhältnisse 1992 ließ sich aber auch dieser auf die Füße gestellte Leitsatz nur eingeschränkt anwenden: Zwar prägte unbezweifelbar Massenarbeitslosigkeit die Situation in der Bundesrepublik (in den neuen Bundesländern mit Arbeitslosenquoten um 20 Prozent teilweise noch weitaus dramatischer als im Westen), von Verelendung konnte ernsthaft und angesichts der Verhältnisse in den östlichen und südlichen Nachbarstaaten Deutschlands allerdings nicht gesprochen werden. Das Anwachsen rassistisch motivierter Gewaltakte, das Aufkommen der vor allem Alte und Behinderte bedrohenden »Euthanasie«-Debatte, die Attacken gegen die Selbstbestimmungsrechte der Frauen waren und sind auch nur teilweise in Zusammenhang mit der sich verschärfenden ökonomischen Situation zu bringen. Zumal als Gewalttäter nicht die in Erscheinung treten, denen es hierzulande am schlechtesten geht: arbeitslose Frauen, Flüchtlinge oder in Werkstätten gezwungene Behinderte, sondern zumeist junge Männer, die Ausbildungsstellen oder Arbeit haben.

Tatsächlich bewirken also noch andere, weniger präzise bestimmbare, gleichwohl aber für die Entwicklung von Gegenstrategien wesentliche Faktoren die Eskalation der Gewalt: die Sehnsucht nach starker Gemeinschaft und klarer Ordnung, der Ekel vor dem Elend anderer, das Ressentiment gegen Fremde.

Tödliche Schüsse auf einen, der als »Architekt Groß-Deutschlands« bezeichnet wird, zielten, selbst wenn diese Zuschreibung zuträfe, nicht auf die Wurzel dieser »reaktionären Entwicklung«, die auch nicht allein »von oben« diktiert werden muß, sondern lenkten den Blick in die falsche Richtung. Selbst die von der RAF im August-Papier behauptete »emotionale Nähe« der Aktion zu den »vielen, (die) sich über diese Aktion gefreut haben«, muß in Frage gestellt werden. Es war vermutlich nur die Schadenfreude darüber, daß es »die da oben« auch mal trifft, eine Schadenfreude, die nicht nur deswegen kein emanzipatorisches Engagement vorangetrieben hat, weil die Erfahrungen zwischen Ost und West so unterschiedlich sind, sondern auch weil die Stimmung, die angesprochen wurde, an sich eine reaktionäre war – wenn es mir nicht gut geht, warum soll es »denen« besser gehen. Einen Unterschied zwischen Rohwedder und dem Flüchtling, auf den einer Wut hat, weil er sich vorstellt, daß dieser ohne zu arbeiten Sozialhilfe kassiert, gibt es in dieser Perspektive nicht, in der das eigene triste Leben nicht in erster Linie motiviert, es zu verändern, sondern irgendeinen Schuldigen dafür zu suchen.

Die wirkliche Schwierigkeit, mit der alle linken Fraktionen konfrontiert sind, besteht darin, daß die gesellschaftliche Basis für die Entwicklung einer emanzipatorischen Kraft weitgehend zerstört ist und die traditionellen Vorstellungen, wie eine linke Mobilisierung zu erreichen wäre, sich als wenig hilfreich für die Entwicklung neuer Strategien erwiesen haben. Die »sozialen Aneignungsprozesse«, die die RAF in ihrem August-Papier als Ansatzpunkt für die Entwicklung von »Gegenmacht« nannte, waren schwach entwickelt, und es gab gute Gründe zu bezweifeln, daß sie tatsächlich für die Herausbildung einer neuen Kraft taugen. Das Beispiel des Protestes in der Hamburger Stresemannstraße, wo, nachdem ein Mädchen von einem Laster überfahren worden war, über mehrere Tage Blockaden stattfanden, bis eine Busspur eingerichtet und Tempo 30 eingeführt wurde, macht eher die Grenzen dieses Ansatzes deutlich. »Wenn sich die Leute gegen den ständig anwachsenden Verkehr zur Wehr setzen ... stoßen sie darauf, daß die kapitalistische Organisation mit der Ausrichtung auf Profit kaum einen Raum für sie läßt. Die Frage liegt auf der Hand, für wessen Interesse der Transportverkehr ins Unermeßliche steigt ...« Tatsächlich mögen Menschen dort auf diese Frage gestoßen sein, den Protest gegen den Verkehr in der Stresemannstraße hat das nicht davor bewahrt, nach einiger Zeit zum ohnmächtigen Ritual zu erstarren und schließlich aufgegeben zu werden. Eine Erfahrung, die schon bei sehr viel größeren Bewegungen gemacht wurde. Nur in ganz seltenen Fällen ist es gelungen, aus so einem Protest heraus einen längerfristigen, weiterreichenden Widerstand zu entwickeln. Die Angst vor der Bedrohung der bislang als im wesentlichen »heil« oder wenigstens »erträglich« empfundenen Welt von außen ist eben ein fragwürdiger Ansatz für emanzipatorisches Handeln.

Wie nah beieinander Protest und Ressentiment liegen können, wurde anläßlich der Auseinandersetzungen um den jüdischen Friedhof in Hamburg-Ottensen im Frühjahr 1992 deutlich. Auf dem Gelände des von den Nazis weitgehend, aber nicht völlig zerstörten Friedhofes wollte die Investorengemeinschaft Büll und Liedtke ein Einkaufszentrum errichten. Gegen diese Planung engagierte sich ein breites Bündnis von Gruppen und Einzelpersonen im stark szene-beeinflußten Staddteil. Als die ersten Bauarbeiten begonnen hatten, intervenierten zusätzlich orthodoxe jüdische Gruppen, unterstützt von Juden in aller Welt, und besetzten den Bauplatz: Sie wollten die verbliebenen, von den Nazis nicht zerstörten Gräber schützen, um damit die Störung der Totenruhe zu verhindern. Wo bislang die Investorengruppe der Feind »in unserem Viertel« war, gerieten jetzt die orthodoxen Juden ins Blickfeld der kritischen Öffentlichkeit. Am Bauplatz wurden von AnwohnerInnen offen antisemitische Klischees – denen geht es doch nur ums Geld – und antizionistisch verklausulierte Ressentiments – wir können doch nicht mit Leuten zusammenarbeiten, die für die Vertreibung der Palästinenser aus der Westbank verantwortlich sind – verbreitet.

Innerhalb der Bürgerinitiative kam es zu scharfen Auseinandersetzungen über die Frage, ob der Protest der Juden, der dem Widerstand gegen das Einkaufszentrum mit einemmal bundesweit Beachtung, aber kaum nennenswerte Zustimmung sicherte, unterstützt werden sollte oder nicht. »Es geht nicht nur um die deutsche Geschichte ...«, versuchte ein Flugblatt von Anwohnerinnen und Anwohnern die Dimension der Auseinandersetzung herunterzuspielen. Nein, es ging nicht nur um deutsche Geschichte, sondern vor allem auch um die Zunahme des Verkehrs in »unserem Viertel« und um »Konsumismus«. Selten überschneiden sich Interessen und Konfliktlinien so offensichtlich wie in diesen Wochen in Ottensen – das zugrundeliegende Problem existiert aber fast überall in Deutschland[26].

Die RAF versuchte im August-Papier an einem anderen Beispiel, dem der Auseinandersetzungen um den Erhalt der besetzten Häuser in der Hamburger Hafenstrasse[27], eine weitere Eingriffsmöglichkeit für linke Politik aufzuzeigen: »Es hat bei uns viele Diskussionen ausgelöst und uns ins Nachdenken gebracht, wie die Leute es dort geschafft hatten, einen entschlossenen Kampf für ihr Ziel, ihre Lebensperspektive zu führen und mit der gleichen Entschlossenheit, mit der sie dem Staatsapparat gegenüberstanden, auch um die Verbindung mit Tausenden Menschen in der Stadt und darüber hinaus gekämpft haben. Es war nicht diese alte Art Bündnispolitik, in der alles nach dem Prinzip funktioniert, welche Position kann sich durchsetzen ... sie haben diesen Prozeß bis zu ihrer Durchsetzung mit großer Offenheit anderen gegenüber gemacht. Mit dieser Stärke haben sie sich gegen die Politik der ›harten Haltung‹ des Staates durchgesetzt. Das war nach 77, wo der Staat mit der Ermordung von Gudrun (Ensslin), Andreas (Baader) und Jan (Raspe) eine absolute Grenze dagegen, daß Widerstand hier durchkommen kann, setzen wollte, das erste Mal, daß es wieder die Erfahrung gab, daß ein Kampf sich gegen den Staat durchsetzen konnte.« Nüchtern betrachtet wurde die Legalisierung eines Wohnprojekts durchgesetzt, in gewisser Hinsicht war das ein später Abschluß des Häuserkampfes der frühen achtziger Jahre. Es ist eine Mystifizierung, vom ersten Kampf, der sich nach dem Deutschen Herbst gegen den Staat durchsetzen konnte, zu sprechen (zumal man sich fragt, welcher Kampf sich eigentlich 1977 und davor durchsetzen konnte).

Wirklich neu an den Auseinandersetzungen um die Hafenstraße und zukunftsweisend war allerdings die Entstehung des »Initiativkreises für den Erhalt der Hafenstraße«, dessen undogmatische politische Interventionen für die Durchsetzung von Mietverträgen für die besetzten Häuser wesentlich waren und der in der Folge, worauf auch die RAF verwies, mit seinem Aufruf für die Zusammenlegung der politischen Gefangenen einen »großen Schritt dazu getan (hat), daß die Kriminalisierung der Forderung zurückgedrängt worden ist«. Selbst dieses erfolgreiche Bündnis, dem gelungen ist, aus den Erfahrungen zur Unterstützung eines Projekts im Häuserkampf weitere Schritte zu entwickeln, ist aber wenig später auseinandergebrochen und seit der Wiedervereinigung, insbesondere in den Versuchen, sich Wiedervereinigung und grassierendem Rassismus entgegenzustellen, als Bündnis nicht mehr in Erscheinung getreten.

Ohne diese Auflösung hier im einzelnen erklären zu können oder ein Resümee der Arbeit des Initiativkreises ziehen zu wollen (das aus dessen Reihen gezogen, sicher von einigem Wert wäre), läßt sich zumindest sagen, daß es auch mit den außerordentlichen Schwierigkeiten des antirassistischen Engagements im wiedervereinigten Deutschland zu tun hatte, das sich eben nicht so einfach bewerkstelligen ließ, wie es die RAF am Ende ihres August-Papier nahelegt:

»In Mannheim, wo es vor kurzer Zeit eine rassistische Mobilisierung aus der Bevölkerung eines Stadtteils gegen Flüchtlinge gab, war die Situation vorher so: In dem Stadtteil, wo die Flüchtlinge hingekommen sind und angegriffen wurden, hatten vorher Jugendliche einen Raum für sich gefordert, der ihnen von der Stadt verweigert wurde. In genau dieses Gebäude mußten die Flüchtlinge einziehen. Hätte es vorher eine Auseinandersetzung um die Situation im Stadtteil gegeben, hätten die Jugendlichen von z.B. Antifas in der Region, die dann auch später den Schutz für die Flüchtlinge übernommen haben, Unterstützung bekommen, und hätte sich dort schon etwas gemeinsames solidarisches entwickelt, dann hätte das Kommen der Flüchtlinge auch etwas ganz anderes auslösen können, denn wo Flüchtlinge hinkommen, da ist auch schnell die Auseinandersetzung daran da, warum sie hierher fliehen müssen und in ihren Ländern nicht mehr leben können: Daran, daß die Ursachen für das weltweite Elend im gleichen System liegt, das hier Jugendlichen keine Räume läßt. Dann hätte es die Auseinandersetzung daran geben können, wie sie sich zusammen den Raum für das Leben erkämpfen können.«

Zwischen den Zeilen enthält dieser Passus eine Idealisierung der Flüchtlinge, die als Ansatz für eine Intervention die Niederlage bereits in sich birgt und auf den schematischen Antiimperialismus zurückzuführen ist. Keineswegs fliehen die Flüchtlinge nämlich notwendigerweise vor dem gleichen System, das auch die hier Lebenden unterdrückt – andererseits sind die Probleme von Jugendlichen, die hier kein Jugendzentrum bekommen, auch nicht ansatzweise mit dem Elend oder der Unterdrückung in den Herkunftsländern der Flüchtlinge gleichzusetzen. Islamische Fundamentalisten aus dem sozialistisch regierten Algerien, bürgerlich-oppositionelle Irakis, aus dem türkisch unterdrückten Teil Kurdistans geflohene Nationalisten, dem Rassismus in mehreren Ländern zum Opfer gefallene staatenlose Roma bilden weder eine politisch noch sonstwie homogene Gruppe, die gegen den deutschen Nationalismus und sein völkisches Selbstverständnis in Schutz genommen werden müssen, die dennoch in einer anderen als der deutschen politischen Landschaft oftmals Gegner sind.

Gravierender ist aber die Verharmlosung der rassistischen Gewalt, indem die vergebliche Bemühung von Jugendlichen, eigene Räumlichkeiten zu bekommen, und die rassistische Mobilisierung der Mannheimer in einen ursächlichen Zusammenhang gebracht werden. Solidarisches Handeln und rassistische Attacken sind nicht einfach Alternativen, deren Wahl von glücklichen Umständen oder einer geschickten Taktik abhängt. Ein Klima, das so von Ressentiments bestimmt ist, daß es sich in Gewalt entlädt, wenn Flüchtlinge in ein Gebäude eingewiesen werden, das man für sich selbst gefordert hat, ist nicht mit einer »Auseinandersetzung über die Situation im Stadtteil« zu entspannen oder gar in die richtige Richtung zu lenken. Daß, wie die AutorInnen der Dokumentation »Hoyerswerda in Mannheim-Schönau?« feststellen, auch viele Nicht-Deutsche Teil des Mobs gegen die Flüchtlinge waren, änderte nichts an dessen rassistischer Qualität, sondern sagte lediglich etwas darüber aus, daß sich in deutschen Verhältnissen eben nicht nur gebürtige Deutsche brutalisieren. Selbstverständlich lassen sich, auch darin ist den Broschüre-AutorInnen recht zu geben, »›rassistische Denkweisen‹ eben nicht von den sozialen Verhältnissen ablösen«, die sozialen Verhältnisse bestimmen sich aber nicht nur durch die Höhe (oder Tiefe) des Einkommens und die Klassenlage – diesem Reduktionismus ist die Linke schon einmal aufgesessen.

Die Entwicklung emanzipatorischen Bewußtseins ist Arbeit an sich selbst, ist eine Herausforderung, kein Angebot, so wie auch die rassistische Aggression nicht einfach Folge einer Verführung, sondern eine Entscheidung ist, zu der es bei jedem Schritt eine Alternative gibt. Ein neuer gesellschaftlicher Entwurf kann deswegen, gerade angesichts der volksgemeinschaftlichen Mobilisierung, nur aus kompromißloser Abgrenzung entwickelt werden, nicht aus dem Rückgriff auf eine, wie weit auch zurückliegende oder wie tief verborgene Gemeinsamkeit mit den militanten RassistInnen und ihren MitläuferInnen, sondern aus der konsequenten und weitreichenden Entwicklung des Gegensatzes.

Das Problem eines Aufbaus der »Gegenmacht von unten«, auf die die RAF bei ihrer Suche nach sozialrevolutionären Wegen aus der Militarisierung des eigenen Kampfes und der Niederlage der Linken insgesamt setzt, ist also vor allem in der konzeptionellen und tatsächlichen Schwäche der linken Fraktionen zu suchen, im unklaren Verhältnis zum Volk und zu den Völkern, zu den potentiellen TrägerInnen der Gegenmacht – nicht so sehr darin, »daß der Staat keinen Raum zuläßt, in dem sich sowas organisieren läßt« (August-Papier).

Die einen und die anderen Toten

Am Ende der RAF steht aber nicht diese Erkenntnis, sondern die Überleitung in ein neues Projekt, das zum Zeitpunkt der Erklärung noch nicht in die Praxis umgesetzt war. Die RAF macht einen neuen Hauptfeind aus: »Die ganze Welt (ist) mit den Folgen des Neoliberalismus konfrontiert. Der internationale Kampf gegen Vertreibung, gegen Ausgrenzung und für eine gerechte und grundsätzlich andere Realität steht gegen die gesamte Entwicklung des Kapitalismus.« Die »Globalisierung« erscheint in der Sicht der ans Ende ihrer Geschichte gestoßenen Militanten nun als der große Monolith, gegen den sie nun allerdings keine Strategie mehr wissen: »Es ist kein Widerspruch, sondern entspricht vollkommen der Logik des Systems, daß wir in dieser Phase überall auf der Welt die Krisen der politischen Systeme und das Auseinanderbrechen der Gesellschaften ... erleben und gleichzeitig die transnationalen Konzerne mächtiger sind denn je und größere Gewinne abzocken als jemals zuvor.« Daß sich immer alles zu einem geschlossenen Ganzen fügt, in dem sich keine Widersprüche auftun, und daß der Gegner stets mächtiger wird, obwohl man dem eigenen Ansatz wichtige Erfolge zubilligt, gehört dabei zu den paradoxen Selbstverständlichkeiten eines bei aller revolutionären Rhetorik statischen Konzepts von Politik.

Dieser Blick auf die politischen Verhältnisse, den die RAF nicht als einzige entwickelt hat, der sich in ihren Attentaten und Erklärungen aber mit besonders fatalen Konsequenzen niedergeschlagen hat, ist mit der Auflösung der Stadtguerilla nicht verschwunden. Gerade in den Betrachtungen zum 11. September haben sich eine Bewertung der US-Politik und eine Analyse der Globalisierung verfestigt, die auf ähnliche Stereotypen zurückgreifen, wie die RAF in ihren Texten. Diese Herangehensweise hat bemerkenswerte Konsequenzen für die Sicht auf die Taten, die zwar nicht entschuldigt werden sollen, für die aber reichlich verständnissinnige Erklärungen bereitgehalten werden. Statt der vielen tausend Opfer werden so »die Verhältnisse« ins Zentrum des Interesses gerückt. Hatte 1977 der Mescalero, der nach dem Attentat der RAF auf Generalbundesanwalt Buback große Empörung auf sich zog, weil er »klammheimliche Freude« äußerte, tatsächlich eine scharfe Kritik an der RAF in den Mittelpunkt seines als »Rülpser« titulierten Nachrufs gestellt, zeichneten sich 2001 viele eloquente Analysen dadurch aus, daß sie ihre Kritik an den Taten in wenige nüchterne Worte faßten und ihr Engagement auf die Auseinandersetzung mit dem Gegner konzentrierten, den wohl auch die Attentäter als Feind ansahen: Die neoliberale Globalisierung und insbesondere deren Protagonisten, die USA.

Diese Tendenz ist in diesem Fall besonders unangemessen, weil es zwischen den Opfern und den ins Visier genommenen Verhältnissen keine besondere Verbindung gibt: Die Toten des 11. Sepember zeichnet nichts besonderes aus, sie haben auch untereinander wenig mehr gemeinsam, als daß sie sich zufällig an diesem Tag an einem Ort aufgehalten haben, dem die Attentäter eine besondere Bedeutung zugeschrieben haben. Es sind Muslime, Christen und Juden unter ihnen, Menschen, die keine US-amerikanische Staatsangehörigkeit haben und US-Bürger, es werden Freunde Israels, aber auch Bewunderer der Intifada gewesen sein. Ihr Leben und Handeln hat die Politik der USA nicht mehr und nicht weniger beeinflußt als das von Hunderttausenden anderen Menschen in den USA. Sie sind tatsächlich, um einen Begriff Adornos aufzunehmen, nicht als Individuen, sondern als Exemplare ermordet worden, als Exemplare, die US-Politik verkörpern sollten.

Im globalisierungskritischen Diskurs wird an diesem Punkt, wenn er denn überhaupt beachtet wird, stets auf die Millionen Toten verwiesen, die der Ausbeutung des Südens durch den Norden, der Plünderung der Dritten Welt durch die Erste, der Unterjochung des Trikonts durch die Metropole zuzurechnen sind. Nun lassen sich Opfer schlecht gegen Opfer aufrechnen, insbesondere nicht, wenn sie nicht in ein und demselben Konflikt gestorben sind. Die Toten aus dem World Trade Center stehen nicht auf der anderen Seite der Hungertoten aus Bangladesch oder der Opfer der Giftgaskatastrophe von Bhopal. Wer den 16.000 Toten von Bhopal Gerechtigkeit und Respekt erweisen will, wer will, daß für ihr Schicksal die Verantwortlichen zur Verantwortung gezogen werden, erreicht das nicht mit einer betont nüchternen Haltung, die angesichts der 3000 Toten nur kaltblütig auf andere, größere Opferzahlen in anderen Situationen verweisen mag. Dem Hinweis darauf, daß auch ansonsten Mord und Totschlag in der Welt herrschten, haftet in dieser Situation nichts aufklärendes an; er bezieht seine Wirkung aus einem Denken, das glaubt, um Lehren zu ziehen, müsse man Schlimmes hautnah erleben: »So könnt ihr sehen, wie schlecht es sonst den anderen geht.«

Wer dem Entsetzen über die 3000 Toten durch Aufzählung anderer großer Verbrechen und Katastrophen begegnet und damit dafür eintritt, die Ereignisse des 11. September als »normales« Geschehen wahrzunehmen, weil ihm oder ihr angesichts der Ungeheuerlichkeiten der Verhältnisse in dieser Welt andere Tote wichtiger oder die Aufregung über diese Toten aus anderen Gründen übertrieben erscheinen, gerät zumindestens in Gefahr, dem Kalkül der Terroristen entsprechend zu denken und zu reden: Er hält das Verbrechen an diesen Menschen, ihren Tod für einen akzeptablen Anlaß, die politische Kritik an den USA auf die Agenda zu setzen – und sei es auch nur, um dem angeblich politisch verordneten Zwang zu trauern etwas entgegenzusetzen. Geht man nicht davon aus, daß es eine »Kollektivschuld« der US-Amerikaner für die Politik ihrer Regierung und das Handeln US-amerikanisch dominierter Konzerne gibt, ist aber gerade das nicht plausibel.

Auch die klammheimliche oder offene Feindschaft, die den USA als Staat in diesem Kontext entgegengebracht wird, erweist sich als Ressentiment, weil die den USA hier zugewiesene Rolle als einsame Supermacht, die verfügen und handeln könne, wie sie wolle, die deswegen hinnehmen müsse, daß ihr mit aggressivsten Mitteln begegnet werde, von ihr nicht ausgefüllt wird und auch nicht ausgefüllt werden kann. Zwar sind die USA nach wie vor die modernste Militärmacht der Welt, die über das schlagkräftigste Interventionspotential verfügt. Aber die USA werden es womöglich nicht mehr lange sein – und das wissen nicht nur sie. Vor allem im asiatischen Raum modernisieren Großmächte wie Indien und die Volksrepublik China ihre Armeen. Sie verfügen über Atomwaffen und werden schon auf mittlere Sicht den USA zumindest als Regionalmächte in ihrer jeweiligen Einflußsphäre Konkurrenz machen. Die Länder der Europäischen Union, insbesondere Deutschland und Frankreich, sind schon längst nicht mehr nur Verbündete, sondern zunehmend auch Konkurrenten – immer offener auch mit militärischen Ambitionen.

Das Bemühen der USA um Kooperationspartner in ihrer »Allianz gegen den Terror« war also keineswegs nur taktischer Natur. Die USA waren politisch zwar in der Lage, den Krieg gegen das Taliban-Regime, der, so wie er geführt wurde, von ihrem völkerrechtlich verbrieften Selbstverteidigungsrecht nicht gedeckt war, gegen viele Widerstände durchzusetzen, aber sie brauchten dafür sowohl auf politischer als auch auf militärischer Ebene Bündnispartner. Auch insofern erweist sich die von Präsident Bush beabsichtigte Fortsetzung des großangelegten Feldzugs als so schwierig – weil im Nahen und Mittleren Osten die Interessenlagen weitaus komplexer sind und deswegen die erforderliche Unterstützung auch der westeuropäischen Verbündeten hier weitaus schwieriger zu erlangen ist. Das heißt selbstverständlich nicht, daß es den USA nicht gelingen kann, auch noch den Krieg gegen den Irak zu eröffnen, es zeigt aber, daß das Bild, das Autoren wie Baudrillard, Roy oder andere von den USA als alleinig verbliebener, nahezu omnipotenter Supermacht zeichnen, angesichts der tatsächlichen politischen Verhältnisse eine Projektion ist. Dies gilt umso mehr, als die US-Gesellschaft pluralistischer ist als die Gesellschaften in den meisten anderen UN-Mitgliedsstaaten, und daher auch auf mögliche Proteste im Inneren schnell reagiert werden muß. Nach den Anschlägen vom 11. September ist das in den Versuchen der Bush-Administration deutlich geworden, trotz des militärischen Vorgehens gegen die Taliban und der drastischen Maßnahmen gegen Flüchtlinge aus arabischen Ländern, die muslimische Community von der Richtigkeit ihres Vorgehens zu überzeugen. Dafür wurden auch Anti-Diskriminierungs-Regelungen und Maßnahmen auf Ebene der Förderation, aber auch der Bundesstaaten beschlossen. Diese Maßnahmen werden sicher weniger positive Wirkung entfalten als die repressiven schädliche; bemerkenswert ist aber, daß sie überhaupt ergriffen werden.

Auch am Beispiel der in diesem Kontext attackierten Israel-Politik der USA zeigt sich, daß die Behauptung, sie verfolgten dort einen klaren, strikt gegen die Palästinenser gerichteten Kurs, nicht zutrifft. Schon die Interessen der USA im Nahen Osten sind im Gegensatz zu dem, was die US-Kritiker wahrhaben wollen, ambivalent: Zwar gibt es in den USA aufgrund der starken jüdischen Lobby innenpolitische Motive, Israel zu unterstützen. Mit George Bush ist aber ein Vertreter der ebenfalls einflußreichen, traditionell araber-freundlichen Öllobby ins Präsidentenamt gekommen – und er muß angesichts des zunehmenden pro-arabischen Engagements der EU-Staaten bemüht sein, hier auch seinen Einfluß stärker geltend zu machen. Mit dem Ende des Ost-West-Konflikts ist ein weiteres Motiv, Israel zu unterstützen, entfallen: Die USA haben heute und für die absehbare Zukunft ein deutlich geringeres Interesse an Israel als Militärbastion im Nahen Osten.

Vor allem aber wird von den Kritikern des US-Engagements im Nahen Osten ausgeblendet, daß Israel in seiner heutigen Gestalt und auch mit seinem ausgeprägten Sicherheitsbedürfnis als jüdischer Staat heute kaum existieren würde, hätte nicht das nationalsozialistische Deutschland die systematische Vernichtung der Juden ins Werk gesetzt und damit die lange Phase der Assimilation der europäischen Juden auf schlimmste Weise zum Scheitern gebracht und Juden damit auf Dauer jede Zuversicht genommen, daß sie einmal woanders als in einem starken jüdischen Staat würden halbwegs sicher leben können. Diesen Hintergrund auszublenden zeugt zumindest von einer bemerkenswert geschichtslosen Wahrnehmung der gegenwärtigen Verhältnisse.

Daß nach den terroristischen Anschlägen vom 11. September 2001 nichts mehr so sei wie zuvor, ist eine der Redewendungen, die Kommentatoren als Textbaustein in ihre Betrachtungen aufgenommen haben. Das Gegenteil ist der Fall: Läßt man die Debatten nach dem 11. September Revue passieren und analysiert, wie die Staaten reagiert haben, fällt auf, daß sich viele intellektuelle und politische Entwicklungen der letzten Jahre zugespitzt haben – aber nirgendwo hat sich etwas Grundlegendes verändert. Die starken Staaten haben die Anschläge, wie sonst andere Gelegenheiten, genutzt, um ihre Gesetze und Polizeimaßnahmen weiter zu verschärfen (dazu mehr im nächsten Kapitel), die GlobalisierungskritikerInnen, die oft genug mehr die USA als die Globalisierung ins Visier nehmen, sehen sich in ihrer Einschätzung der Verhältnisse bestätigt, und im Nahen Osten prägt die Gewalt zwischen israelischem Staat und Palästinensern die Verhältnisse. Dabei lag nach den Morden des 11. September eine Abkehr von dieser Routine des Weitermachens tatsächlich weitaus näher – nicht weil die Motive der Attentäter nachvollziehbar und ihre Anschläge, wenn auch nicht zu billigen, so doch zu erklären gewesen wären, sondern weil sich in ihnen schärfer als in jedem anderen politischen Ereignis der Nachkriegsjahrzehnte die Unzulänglichkeit und Unangemessenheit dieser konsequenten dualistischen Teilung der Welt in gut und böse, reich und arm, Norden und Süden, USA und Nicht-USA gezeigt haben.

Feindstrafrecht und Krieg

Am 20. Januar 1976 stellte der Verteidiger von Ulrike Meinhof, Axel Azzola, der an der Universität Darmstadt Öffentliches Recht lehrte, im Stammheimer Verfahren einen bemerkenswerten Antrag. Der Prozeß gegen die Gründerinnen und Gründer der RAF sollte abgebrochen und die Angeklagten künftig nach den Regeln der Genfer Konvention behandelt werden. Azzola argumentierte in seinem Antrag: »Die Angeklagten befanden sich im Kriegszustand.« Der Krieg, in dem sie gekämpft hätten, werde ausgetragen zwischen dem »Imperialismus des internationalen Kapitals und seinen Agenten« auf der einen und den »proletarischen Internationalismus praktizierenden Befreiungsbewegungen« auf der anderen Seite. Die RAF bezeichnete sich als Verbündete der FNL (Vietnam), der NLH (Laos), der PLO, der IRA und der Frelimo (Mosambik). In seinen Ausführungen, die ersichtlich mit den Angeklagten abgestimmt waren, nahm Azzola auch auf die damals im Völkerrecht geführten Debatten über den Charakter von Terrorismus Bezug und zitierte ausführlich die Stellungnahme des chinesischen UN-Delegierten Bi Dje Lung, der vor der UNO-Generalversammlung, gegen die westlichen Industrienationen gerichtet, festgestellt hatte, daß man als »internationalen Terrorismus die gnadenlose Bombardierung durch die amerikanischen Imperialisten in Vietnam« verstehen müsse. Dagegen seien »die Kämpfe des palästinensischen Volkes, der arabischen und afrikanischen Völker zur Erringung und Wahrung der nationalen Unabhängigkeit gerechte Kämpfe, an denen die breiten Volksmassen aktiv teilnehmen«.[1]

Der Antrag Azzolas, dem sich die anderen Verteidiger in Stammheim, die Rechtsanwälte Hans Heinz Heldmann und Otto Schily, damals nicht anschlossen, konnte sich auf keine gefestigte rechtliche Basis stützen, er folgte aber einer Richtung in der internationalen politischen und völkerrechtlichen Diskussion, die seit den siebziger Jahren an Bedeutung gewonnen hat.

Zwar ist internationales Recht grundsätzlich Staatenrecht und das internationale Kriegsrecht gilt prinzipiell nur bei bewaffneten internationalen Konflikten zwischen mindestens zwei souveränen Nationalstaaten. Aber in der UN-Generalversammlung wurde schon frühzeitig darauf gedrungen, daß auch andere Akteure des internationalen politischen Geschehens einen eigenen Status erhalten. Beispielsweise erhielt die Palästinensische Befreiungsorganisation (PLO) 1974 von der UN-Generalversammlung einen Status als Beobachterin, der ihr außer dem Stimmrecht alle Rechte zubilligte[2]. Um auch Angehörigen von Befreiungsbewegungen für Kampfhandlungen den Schutz der internationalen Verträge zu sichern, wurde auf Druck der afrikanischen und asiatischen Länder sowie der realsozialistischen Staaten in den sechziger und siebziger Jahren der Geltungsbereich der Genfer Abkommen ausgeweitet. In der Resolution 3102 forderte die UN-Generalversammlung die Vertragstaaten der Genfer Abkommen auf, die nationalen Befreiungsbewegungen in die Verhandlungen über die Weiterentwicklung des humanitären Kriegsvölkerrechts einzubeziehen. Deren Mitwirkung hat die Zusatzprotokolle zu den Genfer Abkommen, die im Juni 1977 unterzeichnet wurden, sichtbar beeinflußt. Auf ihr Insistieren ist es zurückzuführen, daß das 1. Zusatzprotokoll die Wirkung der Genfer Abkommen nun auch auf »internationale bewaffnete Konflikte« erstreckt, »in denen Völker gegen Kolonialherrschaft und fremde Besetzung sowie gegen rassistische Regimes in Ausübung ihres Rechts auf Selbstbestimmung kämpfen«. Zwar hatten die Befreiungsbewegungen und viele Staaten der Dritten Welt den Geltungsbereich noch weiter ausdehnen wollen[3] – aber schon diese Formulierung ging weit über die bis dahin übliche formale Bestimmung eines Kriegszustandes hinaus und erweiterte sie durch die Einbeziehung inhaltlicher Begriffe wie »Kolonialherrschaft« oder »rassistisches Regime« erheblich.

Im Zusatzprotokoll 1 wurde dieses Bemühen, die Stellung der Guerilla-Organisationen aufzuwerten und ihren Kämpfern die völkerrechtlichen Garantien der Genfer Abkommen zugute kommen zu lassen, weitergetrieben. Das läßt sich besonders deutlich an Artikel 44 des Zusatzprotokolls 1 zeigen, das den Kombattanten- und Kriegsgefangenenstatus regelt: Guerilla-Kämpfer brauchen beispielsweise keine Uniformen zu tragen, es reicht, wenn sie sich durch das offene Tragen der Waffe während ihres Einsatzes von Zivilisten unterscheiden. Selbst Kombattanten, die diese Anforderungen nicht erfüllen und die deswegen nach ihrer Gefangennahme nicht den förmlichen Status von Kriegsgefangenen zugesprochen bekommen, müssen dem Zusatzprotokoll zufolge aber wie Kriegsgefangene behandelt werden.

Seit den siebziger Jahren haben sich die internationalen politischen Verhältnisse weiter verändert. Heute, da der Begriff des Krieges weitgehend durch den allgemeineren und weiterreichenden des »bewaffneten Konflikts« abgelöst wurde, sind die Beteiligten an den Kampfhandlungen meist nicht mehr treffsicher mit den etablierten Kategorien des Kriegsvölkerrechts zu erfassen. Auch ob es sich um internationale Konflikte handelt oder um interne Auseinandersetzungen innerhalb eines Staates, ist, zumal in zerfallenden Staatengebilden, bisweilen nur noch schwer zu bestimmen. Das Internationale Kriegsverbrechertribunal für das frühere Jugoslawien (ICTY) hat in seiner Rechtsprechung im Tadic-Verfahren am Beispiel des Bürgerkriegs in Jugoslawien auch dieses Merkmal äußerst weit ausgelegt und damit in seiner Bedeutung gemindert. Auf der anderen Seite sind viele Schutzrechte des humanitären Völkerrechts auch auf Beteiligte an Konflikten innerhalb eines Staates ausgedehnt worden.

Trotz dieser schon zu Zeiten des ersten großen Prozesses gegen die Mitglieder der RAF sich abzeichnenden Tendenz im Völkerrecht, den Anwendungsbereich der Regeln des Kriegsrechts und dann auch die des neugeschaffenen internationalen Strafrechts nicht mehr auf Kriege im klassischen Sinn zu beschränken, war nicht vorstellbar, daß die Gefangenen aus der RAF es erreichen könnten, wie Kriegsgefangene behandelt zu werden. Zwar richteten sich die ersten Anschläge, wegen denen die Angeklagten in Stammheim vor Gericht standen, überwiegend gegen militärische Einrichtungen der US-Armee[4]. Aber schon aus damaliger Sicht mußte fragwürdig erscheinen, daß es die in Azzolas Antrag skizzierte Frontstellung des »Imperialismus des internationalen Kapitals« gegen »die den proletarischen Internationalismus praktizierenden Befreiungsbewegungen« in dieser Form überhaupt gab. Dagegen sprach nicht nur, daß die Befreiungsbewegungen ausdrücklich einen nationalen Befreiungskampf führten, auch wenn sie sich in vielen Fragen einer internationalistischen Rhetorik bedienten. Die militärischen Auseinandersetzungen in Vietnam waren aber auch mit denen in Mosambik oder gar mit der Konstellation im Nahen Osten nicht gleichzusetzen. Zudem ist das »internationale Kapital« weder ein Völkerrechtssubjekt noch überhaupt ein einheitlicher politischer oder ökonomischer Akteur. Seine umstandslose Gleichsetzung mit den westlichen Nationalstaaten erscheint überdies willkürlich, auch wenn der Einfluß der großen Konzerne auf die Politik nicht unterschätzt werden darf. Im übrigen unterschied sich die RAF von den anderen Gruppierungen, die sie als ihre Alliierten anführte, auch dadurch, daß in den Befreiungsbewegungen große Teile der Bevölkerung aktiv waren, während bei der RAF auch in ihren Hochzeiten kaum jeweils mehr als ein paar Dutzend Menschen, denen keinerlei Repräsentativität zukam, aktiv waren.

Das Bemühen der Gefangenen aus der RAF, wie Kriegsgefangene behandelt zu werden, machte insofern eher politisch als juristisch Sinn: Es war ein Versuch, der Prozeßstrategie der Bundesanwaltschaft und der Anti-Terrorismus-Strategie der Bundesregierung insgesamt etwas entgegenzusetzen und so die angestrebte Entpolitisierung der Verfahren zu verhindern. Denn gerade weil kein Zweifel daran bestehen konnte, daß die RAF Überlegungen, die es in weiten Teilen der Studentenbewegung Ende der sechziger Jahre gegeben hatte, in die Praxis umsetzen wollte und daß sie den bewaffneten Kampf als Mittel zur Veränderung der politischen Verhältnisse verstand, legten die Ankläger großen Wert darauf, die Aktionen der öffentlich deswegen auch regelmäßig als »Baader-Meinhof-Bande« bezeichneten Gruppe als ganz gewöhnliche kriminelle Taten darzustellen.

Es gab aber noch einen weiteren wichtigen Grund für die RAF-

Gefangenen, einen Kriegsgefangenen-Status für sich zu reklamieren. So sehr sich die Justiz bemühte, sie als normale Kriminelle erscheinen zu lassen, so wenig entsprach das ihrem tatsächlichen Vorgehen gegen die Gruppe und die Gefangenen. Vor allem mußten die verhafteten RAF-Mitglieder unter besonders harten Haftbedingungen leben. Die Anerkennung des Kriegsgefangenen-Status hätte zur Folge gehabt, daß diese verschärften Sonderhaftbedingungen erheblich schwerer hätten durchgesetzt und beibehalten werden können, weil sie nicht internationalen Standards entsprachen und weil internationale Organisationen wie die UNO oder das Rote Kreuz die Lebensbedingungen der Gefangenen hätten kontrollieren können.

Angesichts der damaligen Auseinandersetzungen um den Kriegsgefangenen-Status für die RAF-Gefangenen in Deutschland könnte überraschen, daß die USA nach den Anschlägen vom 11. September 2001 keine Anstrengungen unternahmen, die mutmaßlichen terroristischen Attentäter als gewöhnliche Kriminelle zu verfolgen. Statt dessen verkündete US-Präsident George W. Bush, sein Land sei Opfer eines Angriffs geworden und erklärte: »Wir befinden uns im Kriegszustand«. Diese Ansicht wurde auch von den NATO-Staaten geteilt, die wenig später nach einer Sitzung des NATO-Rates zum ersten Mal seit Unterzeichnung des Nordatlantik-Vertrages den Bündnisfall verkündeten. Als Gegner wurde der »internationale Terrorismus« ausgemacht, der insbesondere in Gestalt der Al-Qaida-Organisation von Osama bin Laden in Erscheinung getreten sein soll. Abgesehen davon, daß zwar etliche Indizien dafür sprechen, daß Al-Qaida-Mitglieder im Auftrag ihrer Organisation die Anschläge begangen haben, daß aber bis heute dafür wichtige Einwände, die gegen diese These sprechen, nicht ausgeräumt und Beweisstücke der Öffentlichkeit bisher vorenthalten wurden[5], ist die Konstruktion des Gebildes »Internationaler Terrorismus« ähnlich ideologielastig wie 1977 die Behauptung, es gebe einen Krieg zwischen dem »Internationalen Kapital« auf der einen und den »proletarischen Internationalismus praktizierenden Befreiungsbewegungen« auf der anderen Seite. Schon die Streitigkeiten über eine Definition dessen, was Terrorismus sein soll, aber auch die völlig unterschiedlichen sozialen und politischen Zusammenhänge, in denen Terrorismus konstatiert wird, zeigen, daß es sich hierbei um ein vielgestaltiges und keineswegs einheitliches Gewaltphänomen handelt.

Allerdings waren die USA, anders als die RAF 1977, in der Lage, das von ihnen beschworene Szenario selbst in die Tat umzusetzen und mit dem Angriff auf das von den Taliban regierte Afghanistan und durch die Ankündigung weiterer Militäraktionen gegen die sogenannte »Achse des Bösen« einen Kriegszustand tatsächlich herbeizuführen. Daß Präsident George W. Bush mit dem »Militärbefehl über Festnahme, Behandlung und Verfahren gegen bestimmte Nicht-Staatsbürger im Krieg gegen Terrorismus« vom 13. November 2001 überdies ankündigte, gefangene Al-Qaida-Mitglieder unter bestimmten Voraussetzungen nicht vor zivilen Gerichten anklagen zu lassen, sondern sie vor eigens einzurichtende Militärtribunale zu stellen, erscheint insofern nur folgerichtig. Folgt man dieser Logik, bleibt allerdings rechtlich problematisch, daß sich Kriegsgegner durch ihre im Krieg begangenen Handlungen im Prinzip nicht strafbar machen. Das gilt allerdings nicht, wenn sie Kriegsverbrechen verübt haben sollten. Artikel 51 des 1. Zusatzprotokolls zu den Genfer Abkommen verbietet »Anwendung von Gewalt ... mit dem hauptsächlichen Ziel, Schrecken unter der Zivilbevölkerung zu verbreiten«. Die Anschläge vom 11. September gegen das World Trade Center und das Pentagon hatten erkennbar das Ziel, Schrecken zu verbreiten. Sieht man die terroristischen Aktionen als kriegerische Akte oder bewaffnete Angriffe[6], waren sie mithin auch ein Kriegsverbrechen. Außerdem stellt zumindest das WTC auch ein ziviles Objekt dar, das durch Artikel 52 unter den allgemeinen Schutz des Kriegsrechts gestellt ist[7]. Die USA werden dadurch aber nicht ohne weiteres ermächtigt, besondere Militärtribunale einzurichten, denn als Reaktion auf schwere Verstöße gegen das Zusatzprotokoll[8] soll, so sieht es das internationale Vertragswerk vor, in Zusammenarbeit mit den Vereinten Nationen eine Internationale Ermittlungskommission gebildet werden. Und auch wenn man das 1. Zusatzprotokoll nicht direkt anwenden will, bestimmen doch die Genfer Abkommen, daß gefangene Kombattanten, die sich wegen Verstößen gegen das Kriegsrecht zu verantworten haben, vor ein Kriegsgericht gestellt werden müssen, das die Garantie für Unabhängigkeit und Überparteilichkeit bieten muß. Und auch Kriegsteilnehmer, die nicht als Kombattanten anerkannt werden sollten, beispielsweise Söldner[9], haben nach geltendem Völkerrecht Anspruch auf menschliche Behandlung und ein unabhängiges Verfahren. Das ergibt sich nicht nur aus den Zusatzprotokollen zu den Genfer Abkommen, sondern auch aus den umfassenderen Vorschriften des Internationalen Pakts über bürgerliche und politische Rechte.

Die Bush-Administration hat statt dessen erklärt, die gefangenen mutmaßlichen Taliban- und Al-Qaida-Mitglieder, die auf den kubanischen US-Stützpunkt Guantanamo gebracht worden sind, hätten keinen Kriegsgefangenenstatus. Damit hat die Bush-Administration ihnen den formalen Schutz des staatlichen Strafrechts genommen, ohne ihnen die Gewährleistung des internationalen Rechts zuzugestehen. Damit haben die USA sie faktisch rechtlos gestellt und, sieht man die Fotos der in Käfige gesperrten mutmaßlichen Al-Qaida-Kämpfer und hört von ihren Hungerstreiks wegen der als unerträglich bezeichneten Haftbedingungen, auch über Wochen und Monate so behandelt. Außerdem sollen die mutmaßlich an den Anschlägen Beteiligten nach dem Erlaß von Präsident Bush nicht vor den regulären US-Militärgerichten angeklagt werden, sondern vor Sonderkammern, die auch einer eigenen Prozeßordnung unterliegen (siehe dazu weiter unten).

So unterschiedlich die Wege Deutschlands 1977 und der USA 2001 sind, sie folgen doch einer gemeinsamen Logik: Die Anschläge werden genutzt, das eigene Staatswesen zu formieren, seine Einheit zu festigen. Die Anwendung des Kriegsrechts unter Ausschluß wichtiger Schutzvorschriften, die durch das humanitäre Völkerrecht vorgegeben sind, und der Einsatz des regulären Strafrechts in einer durch neue Prozeß- und Strafvollzugsbestimmungen verschärften Variante folgen der Logik bürgerlicher Nationalstaaten, deren Einheit nach wie vor durch das Recht konstituiert wird, Krieg zu führen, das ius belli, und das Recht zur hostis-Erklärung, der innerstaatlichen Feinderklärung. Der autoritär-konservative, aber in vielen Fragen hellsichtige Staatsrechtslehrer Carl Schmitt hat in seiner Schrift »Der Begriff des Politischen« prägnant entwickelt, wie der Staat seine nach außen und nach innen gerichtete Einheit herzustellen versucht: »Zum Staat als einer wesentlich politischen Einheit gehört das ius belli, d. h. die reale Möglichkeit, im gegebenen Fall kraft eigener Entscheidung den Feind zu bestimmen und ihn zu bekämpfen ... Das ius belli bedeutet die doppelte Möglichkeit: von Angehörigen des eigenen Volkes Todesbereitschaft und Tötungsbereitschaft zu verlangen, und auf der Feindesseite stehende Menschen zu töten. Die Leistung eines normalen Staates besteht aber vor allem darin, innerhalb des Staates und seines Territoriums eine vollständige Befriedung herbeizuführen, ›Ruhe, Sicherheit und Ordnung‹ herzustellen ... Diese Notwendigkeit innerstaatlicher Befriedung führt in kritischen Situationen dazu, daß der Staat als politische Einheit von sich aus, solange er besteht, auch den ›inneren Feind‹ bestimmt.« Sowohl die innerstaatliche als auch die nach außen gerichtete Feinderklärung können zum Krieg führen: zum »Bürgerkrieg« oder zum »Territorialkrieg«.

Die innerstaatliche Feinderklärung gegen die RAF

Als Anfang der siebziger Jahre die ersten Mitglieder der RAF verhaftet wurden, war deutlich, daß die Stadtguerilla in der Bundesrepublik über keinerlei logistische Basis und politische Unterstützung verfügte, die ihren bewaffneten Kampf aus dem Untergrund zu einem für die Bundesrepublik bedrohlichen Projekt hätten machen können. Innerhalb des linksradikalen Spektrums polarisierte die RAF eher, als daß sie in der Lage gewesen wäre, nennenswerte Kräfte zu mobilisieren. Über die Szene hinaus gab es zwar gewisse Sympathien, die aber nicht in politisch relevante Unterstützung hätten umgemünzt werden können. Der bundesdeutsche Staatsapparat hätte also auf die Anschläge der RAF gelassen reagieren können, zumal die RAF mit der Verhaftung aller ihrer wichtigen Kader in der Folge der Mai-Offensive 1972 faktisch aufgehört hatte zu existieren. Zwar bestand noch ein gewisses Risiko, daß weitere Anschläge durchgeführt werden würden, der bewaffnete Kampf, wie er im Konzept Stadtguerilla 1970 von der RAF entworfen worden war, befand sich zwei Jahre später aber bereits am Ende.

An der Behandlung der inhaftierten RAF-Mitglieder in dieser Phase wurde deutlich, daß die Anti-Terrorismus-Strategen im BKA und in den politischen Gremien aber mehr und anderes im Sinn hatten als die möglichst effiziente Abwehr einer drohenden Gefahr. An den Gefangenen wurden neue Vollzugsformen erprobt. Was nach außen hin mit drohender Fluchtgefahr und der über die Jahre hin beharrlich aufrechterhaltenen Legende von der Steuerung der Anschläge aus den Zellen heraus begründet wurde, war in Wirklichkeit der Versuch, die RAF-Mitglieder mürbe zu machen. Sie wurden nicht nur in der Haft voneinander getrennt[10], sondern auch von anderen Gefangenen isoliert. Wo es möglich war, kamen sie in Zellen, die allein in einem Trakt lagen oder deren Nachbarzellen nicht belegt waren. Die Gefangenen konnten nicht, wie andere Inhaftierte, mit Zellennachbarn kommunizieren. Sie lebten in einer Welt, in der sie fast nur ihre eigenen Geräusche hören konnten. Sichtblenden und oftmals eine rund um die Uhr eingeschaltete Neonbeleuchtung störten die optische Wahrnehmung. Der Austausch mit anderen Menschen wurde weitgehend reduziert, weil die Besuchszeiten kurz, die Auflagen für BesucherInnen aber erheblich waren – es blieb den Gefangenen im wesentlichen nur der Kontakt mit ihren Anwälten. Und als sie sich gegen die Isolation, gegen ihre Unterbringung in Toten Trakten und den Versuch einer Psychiatrisierung[11] Ulrike Meinhofs mit Hungerstreiks wehrten, wurde ihnen, um sie »zur Besinnung zu bringen«, tagelang das Trinkwasser entzogen, da, so die Begründung, »Wasseraufnahme für einen Hungernden gesundheitsschädlich ist«[12]. Das Landgericht München, bei dem ein Gefangener Beschwerde gegen diese Maßnahme eingelegt hatte, argumentierte in einem Beschluß vom 5. Juni 1973 anders – hielt die Maßnahme aber für rechtens: »Die Kammer (ist) der Auffassung, daß es sich bei der beantragten Maßnahme des Trinkwasserentzugs um einen Eingriff in die körperliche Unversehrtheit handelt, weshalb es hierzu eines Gesetzes bedarf ... § 119 Absatz 3 StPO[13] (kann) als solche Grundlage angesehen werden ... Die Verlegung des Beschuldigten in eine Trockenzelle und damit der Entzug des Trinkwassers ist eine geeignete Maßnahme, um ihn baldmöglichst wieder zur Nahrungsaufnahme zu veranlassen.«

Ulrike Meinhof schrieb in einem Brief, wie sie die Haftsituation im sogenannten Toten Trakt erlebte:

»das Gefühl, es explodiert einem der Kopf (das Gefühl, die Schädeldecke müßte eigentlich zerreißen, abplatzen) –

das Gefühl, es würde einem das Rückenmark ins Gehirn gepreßt,

das Gefühl, das Gehirn schrumpelt einem allmählich zusammen, wie Backobst z. B.

das Gefühl, man stünde ununterbrochen, unmerklich unter Strom, man würde ferngesteuert –

das Gefühl, die Assoziationen würden einem weggehackt –

das Gefühl, man pißte sich die Seele aus dem Leib, als wenn man das Wasser nicht halten kann

das Gefühl, die Zelle fährt. Man wacht auf, macht die Augen auf; die Zelle fährt; nachmittags, wenn die Sonne reinscheint, bleibt sie plötzlich stehen. Man kann das Gefühl des Fahrens nicht absetzen.

Man kann nicht klären, ob man vor Fieber oder vor Kälte zittert –

man kann nicht klären, warum man zittert –

man friert.

Um in normaler Lautstärke zu sprechen, Anstrengungen, wie für lautes Sprechen, fast Brüllen –

das Gefühl, man verstummt –

man kann die Bedeutung von Worten nicht mehr identifizieren, nur noch raten –

der Gebrauch von Zischlauten – s, ß, tz, z, sch – ist absolut unerträglich ...«

Daß in der Bundesrepublik Haftbedingungen entwickelt wurden, die die Gesundheit der Gefangenen und ihre psychische Integrität gefährdeten und die deswegen von Kritikern als »weiße Folter« bezeichnet werden konnten, löste keinen öffentlichen Skandal aus. Selbst viele Linke blieben bei ihrer gerade vom Marsch durch die Institutionen, dem entbehrungsreichen K-Gruppen-Alltag oder sonstigen politischen Beschäftigungen diktierten Tagesordnung. »Die meisten von uns haben die grauenhaften Berichte der Anwälte und Angehörigen«, schrieb später der Arzt und Historiker Karl Heinz Roth in einer Serie der linksradikalen Theorie-Zeitschrift »Autonomie«, »glatt verdrängt, sie sind den Dementis der Staatsschutzbehörden und der Medien hilfesuchend nachgejagt ... Wir haben die RAF-Gefangenen 1972–74/75 ihrem Schicksal überlassen, der aberwitzigen Situation aufsitzend, daß das, was wir nicht wahrhaben wollten, in der bundesrepublikanischen Wirklichkeit auch tatsächlich nicht vorkommt.«

Die Verteidiger der Gefangenen, selbst von Berufsverbot und Strafverfahren bedroht, versuchten juristisch gegen die Isolationshaft anzugehen. Sie blieben erfolglos. »Für die Behauptung des Beschwerdeführers, die angeordneten Beschränkungen verfolgten das Ziel, ihn in seiner physischen Existenz zu vernichten, liegen keinerlei Anhaltspunkte vor«, befand der 2. Senat des Bundesverfassungsgerichts am 14. März 1973 und sicherte damit die scharfen und zerstörerischen Haftbedingungen rechtsstaatlich ab.

Hier kann und soll nicht im einzelnen der Umgang von Justiz, Polizei und Regierungspolitik mit den RAF-Gefangenen nachgezeichnet und bewertet werden. Um sich einen Begriff davon zu machen, wie der Staat in diesen Jahren in Aktion getreten ist und was daraus für die gegenwärtigen Diskussionen über den »Kampf gegen den internationalen Terrorismus« zu lernen sein könnte, soll im folgenden kurz umrissen werden, was den Herbst 1977 zum Deutschen Herbst, zur bislang schärfsten Konfrontation des bundesdeutschen Staates mit seinen Feinden gemacht hat.[14]

Erklärtes Ziel der neukonstituierten RAF seit 1975 war, die Gefangenen zu befreien. Wesentlich motiviert wurde die Gruppe durch die scharfen Haftbedingungen, den ungeklärten Tod von Ulrike Meinhof 1976 in ihrer Zelle[15], durch den Tod von Holger Meins im Hungerstreik nach brutaler medizinischer Behandlung und durch das Sterben des 1975 bei der gescheiterten Geiselnahme in Stockholm lebensgefährlich verletzt aus Stockholm nach Stammheim transportierten Siegfried Hausner. Die von der RAF 1977 als »Big Raushole« bezeichnete Aktion sollte gleichzeitig den BRD-Staat an seinen Wurzeln treffen. Erstes Opfer der RAF war Generalbundesanwalt Siegfried Buback. Dann sollte der Chef der Dresdner Bank, Jürgen Ponto, entführt werden. Der Versuch mißlang – Ponto wurde erschossen. Die Geiselnahme des Präsidenten des Arbeitgeberverbandes und früheren SS-Offiziers und Heydrich-Assistenten Hanns-Martin Schleyer am 5. September 1977 sollte dann die Entscheidung für die Freilassung der Gefangenen bringen.

Was sich auf Seiten der Bundesregierung, der Justiz und der Polizei in diesen Tagen und Wochen genau ereignet hat, ist bis heute nur in groben Zügen bekannt. Die Protokolle des Kleinen Krisenstabes sind immer noch nicht öffentlich zugänglich, obwohl mit Otto Schily ein ehemaliger Anwalt von Gudrun Ensslin, der nach 1977 selbst schwere Vorwürfe gegen den Staatsapparat erhoben hatte, heute Bundesinnenminister ist. Auch sonstige Materialien, die es mit an Sicherheit grenzender Wahrscheinlichkeit gibt, zum Beispiel die Bänder von Abhöraktionen in den Zellen der Gefangenen, die befreit werden sollten, werden der Öffentlichkeit bis heute vorenthalten.

Aber schon die wenigen bekannten Fakten zeigen einen starken Staat, der an die autoritäre, antiliberale Tradition Deutschlands anknüpfte. Als erstes wurde die Presse aufgefordert, freiwillig ihre Funktion, Öffentlichkeit herzustellen und Kontrolle auszuüben, aufzugeben: »Intendanten, Chefredakteure und Redakteure haben diese Bitte der Bundesregierung (um »Zurückhaltung bei der Berichterstattung«, wie es verklausuliert heißt, O.T.) respektiert ... Für diese freiwillige Leistung hat die Bundesregierung zu danken.« Der Nachrichtensperre wurde während der gesamten Dauer der Entführung von den deutschen Medien zuverlässig entsprochen – eigene Recherchen, sie zu durchbrechen, haben ihre Redakteure gar nicht erst angestellt.

Der erste Politiker, der nach der Entführung des Arbeitgeberpräsidenten Hanns-Martin Schleyer zur besten Sendezeit zum deutschen Volk sprach, war Oppositionsführer Helmut Kohl: »Ich meine in dieser Stunde: Wir alle müssen jetzt begreifen, daß es fünf vor zwölf ist.« Die Rhetorik der Apokalypse machten sich Jahre später die Umwelt- und die Friedensbewegung zu eigen. Während die außerparlamentarische Opposition aber davon ausging, daß »fünf vor zwölf« ein dauerhafter Zustand bleiben kann, drängte Kohl darauf, »ungewöhnliche Maßnahmen« zu ergreifen, um zu verhindern, daß es tatsächlich zwölf schlägt. Der Rechtsstaat rüstete auf, die innere Mobilmachung erfolgte, noch bevor die Forderungen der Entführer bekannt waren. In der damaligen Hauptstadt Bonn, in der es eben keineswegs immer so rheinländisch-gemütlich zuging, wie es nach der Wiedervereinigung anläßlich der Debatte um Berlin als Hauptstadt der neuen Republik behauptet wurde, richtete der frühere Wehrmachtsoffizier Helmut Schmidt als Bundeskanzler den Großen und den Kleinen Krisenstab ein – und hebelte damit, ohne daß es dafür eine gesetzliche Grundlage gegeben hätte, die Gewaltenteilung aus. Damit nutzte die Regierung in dieser sicherlich krisenhaften, keineswegs aber den Staat oder die Gesellschaft als solche bedrohenden Situation Instrumente, die nicht einmal in den Notstandsgesetzen vorgesehen waren[16]. An einen auch nur punktuellen Abschied von der Gewaltenteilung hatte der Gesetzgeber damals so wenig gedacht wie die Bundesregierung. Eine parlamentarische Kontrolle der Exekutive fand 1977 im Deutschen Herbst aber nicht mehr statt – und auch im nachhinein wurde das, was in diesen Wochen vom Krisenstab beschlossen und durchgeführt wurde, keiner eingehenden Überprüfung durch das Parlament oder durch ein Gericht unterzogen. Faktisch wurde damit, wenn auch nur für wenige Wochen, ein autoritäres Kanzlerregime errichtet. Bis heute sind die Konsequenzen dieses so glatten und schnellen Übergangs in den Ausnahmezustand nicht eingehend analysiert oder nachhaltig kritisiert worden.

Bundeskriminalamt und der Bundesinnenminister forderten die Landesjustizverwaltungen am 6. September 1977 auf, jeden Kontakt der Häftlinge untereinander und mit ihren Angehörigen und Verteidigern zu unterbinden. Der Generalbundesanwalt hatte parallel dazu beim Ermittlungsrichter am Bundesgerichtshof einen ähnlichen Antrag gestellt, allerdings sollten die Verteidiger weiterhin ihre Mandanten besuchen dürfen. Über hundert Gefangene, die in Zusammenhang mit politisch motivierten Delikten, insbesondere nach § 129 StGB inhaftiert waren, sollten von diesen Maßnahmen betoffen sein. Der Ermittlungsrichter am Bundesgerichtshof entschied, dem Antrag des Generalbundesanwaltes stattzugeben, allerdings hielt auch er die Unterbrechung des Kontakts zwischen Verteidigern und inhaftierten Mandanten für unzulässig. Trotz dieses richterlichen Beschlusses weigerten sich Landesjustizministerien und Gefängnisleitungen, die Anwälte zu ihren MandantInnen vorzulassen: Damit wurde der Rechtsstaat ganz offiziell suspendiert – zumindest knapp drei Wochen lang. Dann war mit dem »Kontaktsperregesetz«, das bereits im Bundesgesetzblatt abgedruckt war, bevor es beschlossen wurde, der Rechtsbruch Gesetz. Lediglich Dieter Lattmann, Manfred Coppik, Karl-Heinz Hansen und Klaus Thüsing stimmten gegen das Gesetz – von ihnen saß bald keiner mehr für die SPD im Parlament – das Gesetz ist dagegen als 4. Abschnitt des Einführungsgesetzes zum Gerichtsverfassungsgesetz (§§ 31–38), wenngleich leicht modifiziert[17], immer noch in Kraft.

Während der gesamten Dauer der Schleyer-Entführung waren 72 politische Gefangene vollständig isoliert. Sie konnten keine Briefe mehr nach draußen schreiben, ihnen wurde keine Post von außen mehr zugestellt, weder Freunde noch Verteidiger durften sie sehen. Sie waren der Staatsgewalt vollständig ausgeliefert, lediglich Angehörige des Staatsschutzes, der Justizverwaltung und Beauftragte des Krisenstabes hatten überhaupt noch Zutritt zu ihnen. »Das Kontaktsperre-Gesetz ist nicht bloß ein Kontaktsperre-Gesetz, auch nicht bloß ein Isolationsgesetz; es ist ein Gesetz zur Gegengeiselnahme«, schrieb damals der Publizist Peter Lister. Der Begriff Gegengeiselnahme war treffender, als es zu diesem Zeitpunkt jemand außerhalb des Krisenstabes wissen konnte. In diesem vom Kanzler zusammengerufenen Gremium wurden nämlich nach Erlaß der Kontaktsperre, aber vor der Durchsetzung des Gesetzes auch »exotische Lösungen«, wie Bundeskanzler Helmut Schmidt sie nannte, diskutiert. Vorschlag Nummer 6 lautete dem »Spiegel« zufolge, dem zehn Jahre später Ausschnitte aus dem Krisenstabsprotokoll zugespielt wurden: »Der Bundestag ändert unverzüglich Artikel 102 des Grundgesetzes, der lautet: ›Die Todesstrafe ist abgeschafft‹. Statt dessen können nach Grundgesetzänderung solche Personen erschossen werden, die von Terroristen durch menschenerpresserische Geiselnahme befreit werden sollen. Durch höchstrichterlichen Spruch wird das Todesurteil gefällt. Keine Rechtsmittel möglich.« Auch die Vorschläge Nummer 7 und Nummer 8 zeugen von beachtlicher Bereitschaft zu autoritären und polizeistaatlichen Lösungen: »Nummer 7: Das vorhergehende Modell wird öffentlich als Absicht der Bundesregierung oder des deutschen Bundestages angekündigt. Die Geiselnehmer sollen zum Nachgeben bewegt werden, um das Leben der RAF-Häftlinge nicht zu gefährden. Nummer 8: Für Terroristen wird ein erweitertes Haftrecht geschaffen. Sie werden in einem ›Internierungslager‹ festgehalten.«

Generalbundesanwalt Kurt Rebmann und CSU-Chef Franz Josef Strauß waren nach heutigem Kenntnisstand entschiedene Verfechter dieser Vorschläge.

Am 18. Oktober 1977 frühmorgens, in der Nacht war die vom Kommando Martyr Halimeh nach Mogadischu entführte Lufthansa-Urlaubermaschine »Landshut« von der GSG 9 gestürmt worden, waren die gefangenen RAF-Mitglieder Jan Carl Raspe, Gudrun Ensslin und Andreas Baader tot, Irmgard Möller schwerverletzt aufgefunden worden. Von den noch kurz zuvor im Krisenstab diskutierten »exotischen« Szenarien war nun nicht mehr die Rede: »Die zu lebenslanger Freiheitsstrafe verurteilten Terroristen ... haben sich am Dienstagmorgen das Leben genommen«, meldete dpa. Und dabei blieb es – zumindest in Deutschland. Offenkundige Widersprüche zwischen der offiziellen Tatversion und den kriminaltechnischen Untersuchungen wurden nicht zur Kenntnis genommen oder als Pannen abgetan, Fragen nach dem Sinn eines solchen kollektiven Selbstmordes wurden nicht ernstlich gestellt, und Informationen, zum Beispiel über die 1976/77 gezahlten Spendengelder der deutschen Industrie an den BND, die antiterroristische Sonderfahndungsaktionen ermöglichen sollten, mochte niemand mit den Todesfällen in Zusammenhang bringen.

Um nur an einem Punkt die Zweifel an der staatlichen Version deutlich zu machen[18]: Jan Carl Raspe und Andreas Baader sollen sich selbst erschossen haben. Dafür müßten sie aber Waffen gehabt haben. Selbst wenn es der RAF gelungen sein sollte, die Waffen in den Hochsicherheitstrakt in Stammheim zu schmuggeln, bleibt die Frage offen, wo sie von den Gefangenen versteckt worden sein sollten. Andreas Baader soll der offiziellen Version zufolge die Selbstmordwaffe in einem Plattenspieler plaziert haben. Dieser Plattenspieler wurde ihm zu Beginn der Kontaktsperre aber zusammen mit allen anderen technischen Geräten abgenommen, gründlich durchsucht und dann erst wieder zurückgegeben. Jan Carl Raspe soll seine Pistole in einer Maueraussparung verborgen haben. Dagegen spricht nicht nur, daß an der Waffe keine Mörtelspuren entdeckt werden konnten, obwohl loser Mörtel in der Maueraussparung lag. Raspe ist außerdem während der Kontaktsperre von Zelle 716 in Zelle 718 verlegt worden, er hätte also die Waffe bereits vorher in einer anderen Zelle versteckt haben oder sie beim Umzug während der Kontaktsperre mit sich nehmen und sie dann erneut wieder verstecken müssen – und das alles unter den Hochsicherheits-Bedingungen während der Schleyer-Entführung. Keine dieser Möglichkeiten erscheint plausibel.

Die staatliche Selbstmordversion wirft aber noch weitaus mehr Fragen auf beziehungsweise verlangt, weitaus mehr Unwahrscheinlichkeiten hinzunehmen, wie zum Beispiel den Todeszeitpunkt. Erst um 0.38 Uhr kam die erste Rundfunkmeldung über die Erstürmung der »Landshut« in Mogadischu – der früheste Todeszeitpunkt, den die deutschen Experten für möglich halten, ist aber bereits 0.15 Uhr, einige ausländische Experten meinen sogar »vor Mitternacht«. Die Gefangenen, die auf ihre Auslieferung hofften, werden sich aber kaum vor Bekanntwerden des Scheiterns der Befreiungsaktion umgebracht haben. Routinemäßige gerichtsmedizinische Tests wurden nicht durchgeführt. Die Schußkanäle der Geschosse, die Baader und Raspe getötet haben, können nicht erklärt werden, es sei denn, die Gefangenen hätten abenteuerliche Verrenkungen vollführt, um sich zu töten. Bei Gudrun Ensslin wurden Verletzungen festgestellt, die offensichtlich nicht von der Strangulation herrührten, und die einzige Überlebende dieser Nacht, Irmgard Möller, bestreitet vehement, sich selbst die tiefen Stichverletzungen ins Herz mit einem einfachen, ziemlich stumpfen Frühstücksmesser zugefügt zu haben. Gegen Irmgard Möller, die bereits verurteilt worden war und zum Zeitpunkt der Entführung kurz vor ihrer Entlassung stand, wurde dann nach dem Deutschen Herbst ein neues Verfahren eingeleitet, das sich lediglich auf Aussagen eines fragwürdigen Kronzeugen stützte. Das Urteil lautete dieses Mal lebenslange Haft.

»Zehn Jahre nach Stammheim haben die offenen Fragen nichts an Brisanz verloren«, haben Detlef zum Winkel und ich 1987 in »nix gerafft« geschrieben. Uns wurde damals entgegengehalten, einen Mythos hochhalten zu wollen – fünfzehn Jahre nach Stammheim, zwei Jahre nach der Wiedervereinigung haben die Unterstützer der staatlichen Selbstmordthese das Thema offenbar selbst für brisant genug gehalten, es wieder aufzubringen. Die Aussagen der nach dem Deutschen Herbst in der DDR untergetauchten RAF-Aktiven Monika Helbing und Susanne

Albrecht und schließlich die Angaben von Peter Jürgen Boock über die angeblichen Selbstmorde der RAF-Kader wurden in den Zeitungen und den Rundfunknachrichten jeweils gut plaziert. Der Tenor war stets derselbe: Jetzt sei endlich bewiesen ... – was doch, in der Logik der Regierung und der staatstragenden Publizistik, gar nicht mehr hätte bewiesen werden müssen. Schließlich war schon am Tag nach der Stammheimer Todesnacht, glaubte man der Regierung und den Medien, alles so eindeutig und klar, wie es den neuen Berichten zufolge angeblich jetzt durch die Aussagen der Aussteiger erst wurde.

»Suicide Action« hatte der »Spiegel« seinen Bericht über die angebliche Zerstörung der »Stammheim-Legende« überschrieben. Die darin wiedergegebenen Aussagen von Monika Helbing und Susanne Albrecht waren allerdings eher dürftig. Keine der beiden konnte von Fakten berichten, die die Widersprüchlichkeiten und offenen Fragen des offiziellen Todesermittlungsverfahrens erklären oder beantworten konnten. Susanne Albrecht hat der Bundesanwaltschaft zufolge ausgesagt: »Aus den Gesprächen mit der Mohnhaupt habe ich entnommen, daß die Stammheimer Gefangenen vorhatten, Selbstmord zu begehen, wenn die Freipressungsaktion nicht klappt.« Auch Monika Helbing berichtete, daß sie von Brigitte Mohnhaupt von den Selbstmordplänen erfahren habe. Selbst wenn das stimmen sollte, wäre damit nichts bewiesen als: Gefangene haben über Selbstmord nachgedacht. Kein überzeugender Beweis, denn auch das stimmt: Angehörige des Krisenstabes haben über Mord an Gefangenen räsoniert.

Die Aussagen Peter Jürgen Boocks, nachzulesen in einem ausführlichen Interview der »taz«, sind einerseits vager, da er nicht Brigitte Mohnhaupt als Quelle für die Informationen über den angeblichen geplanten Selbstmord nannte, sondern nur »eine Frau«, andererseits konkreter, denn er behauptet, er selbst habe die Waffen präpariert, die »in sechs oder sieben Transporten reingegangen waren«.

Boocks Aussage war nicht ganz so überraschend, wie es beim ersten Lesen scheinen konnte. Tatsächlich war er nun der dritte

Zeuge der Bundesanwaltschaft, der angab, gewußt zu haben, daß sich im 7. Stock des Stammheimer Gefängnisses Waffen im Besitz der Häftlinge befanden. Der erste war Volker Speitel, der am 2. Oktober 1977 verhaftet wurde und sofort als Kronzeuge aussagte, daß den Gefangenen zwischen März 1977 und Juni 1977 Waffen übergeben worden seien. Bei den Zellendurchsuchungen, die im Anschluß an diese Aussagen durchgeführt wurden, konnten allerdings keine Waffen gefunden werden. Als nächster teilte der RZ-Aussteiger Hans-Joachim Klein, der 2001 als notorisch unglaubwürdiger Kronzeuge der Bundesanwaltschaft aufgetreten und wegen seiner Mitwirkung beim OPEC-Anschlag zu neun Jahren Haft verurteilt worden war, in einem 1979 geführten Interview mit der französischen Tageszeitung »Liberation« mit, er habe bereits »seit 1975 gewußt, daß sie Waffen im Knast hatten«. Klein, dessen Aussage in offenem Widerspruch zu der von Speitel stand, wurde dazu nie öffentlich befragt oder vernommen. Boocks Angaben waren vage genug, um zu keiner der beiden Versionen in Widerspruch zu geraten – sie lieferten auch keinen Aufschluß darüber, wieviel Waffen er präpariert hat, und wie genau es ihm gelungen sein könnte, die Waffen so zu präparieren, daß die Metalldetektoren bei der Anwaltskontrolle nicht angeschlagen haben und die Waffen nicht einmal bei der Blattkontrolle der Anwaltsakten aufgefallen waren.

Aber selbst den unwahrscheinlichen Fall angenommen, Boocks Angaben erwiesen sich diesmal als wahr, sind die Selbstmorde damit noch lange nicht bewiesen: »Aus den Verhandlungen des Untersuchungsausschusses wird hinreichend klar, daß die Gefangenen weder Einfluß darauf hatten, in welche Zelle sie verlegt würden, noch wann und wie lange sie ihren Plattenspieler behielten, von denen einer als Waffenversteck ... gedient haben soll«, faßt Karl-Heinz Weidenhammer zusammen: »Somit standen die beiden Tatwaffen, selbst dann, wenn sie im 7. Stock vor dem 18. Oktober vorhanden gewesen sein sollten, den beiden Gefangenen nur dann zur Verfügung, wenn sie durch die Anstaltsleitung oder sonstige Staatsdiener dazu in die Lage versetzt wurden.«

Wenn also die relativ belanglosen Aussagen von Helbing und Albrecht und die vagen Angaben von Boock mehr als ein Jahrzehnt nach der Todesnacht in Stammheim als Legenden-Killer aufbereitet werden, dann steht es um die angebliche Legende offensichtlich besser als um das, was als Wahrheit durchgesetzt werden soll. »Man kann die Perfidie auch so weit treiben«, zitiert der »Spiegel« 1990 Innenminister Maihofer mit einem Statement von 1977, »daß man seine eigene Tötung zur Hinrichtung macht.« Was aber hieße das im umgekehrten Fall, wenn die Hinrichtung als Selbstmord dargestellt wird?

Ein Sicherheitsstaat gegen alle?

Am Stammheim-Komplex wird ein zum äußersten entschlossener Staatsapparat erkennbar, der nicht nur die rechtsstaatlichen Normen, wenn es ihm sinnvoll erscheint, restriktiv und repressiv faßt, sondern der sich auch bereit zeigt, die selbstgesetzten Grenzen zu überschreiten – in einer Krisensituation, die aber, angesichts der offensichtlichen Schwäche der RAF und ihrer eng begrenzten Handlungsmöglichkeiten, keineswegs den Charakter eines klassischen staatsrechtlichen Notstandes hatte.

Trotzdem wurden von Staatsseite zur Bekämpfung der RAF – denn um eine bloße Strafverfolgung handelte es sich nicht – routinemäßig illegale Methoden beziehungsweise rechtlich fragwürdige Mittel eingesetzt. Dazu gehören die Einvernahme von Kronzeugen ohne entsprechende gesetzliche Grundlagen, die Suspendierung von Richterentscheidungen durch Justizminister, die Schaffung eines dauerhaften Sonderrechtssystems wie des Paragraphen 129a StGB, der ein Oganisations- und Kommunikationsdelikt ist, dessen Anwendung einen Nachweis individuell begangener materieller Straftaten weitgehend entbehrlich macht, Haftbedingungen, die als Menschenrechtsverletzung beschrieben werden müssen und den Tod von mindestens sieben politischen

Gefangenen zur Folge hatten, illegale Geheimdienstaktionen wie das »Celler Loch« oder, Jahre später, Zwangsmaßnahmen gegen den drogensüchtigen ehemaligen V-Mann Siegfried Nonne, um ihn als Kronzeugen gegen ein RAF-Kommando zu gewinnen.

Offensichtlich ist auch, daß der Protest gegen diese, wesentliche Grundrechte verletzenden, geheimen und weniger geheimen Staatsaktionen seit den Anfangsjahren der RAF zunehmend schwächer geworden ist – wobei allerdings zu bezweifeln ist, daß die von Infas 1971 erhobene, seitdem häufig zitierte Zahl von »17,5 Prozent aller Interviewten«, die sich bereit erklärten, »Mitgliedern der Baader-Meinhof-Gruppe praktische Unterstützung zu gewähren – und zwar selbst im Bewußtsein der Strafbarkeit solcher Handlungen«, tatsächlich ausschließlich Sympathie mit der antiimperialistischen, militanten Politik der RAF ausdrückte, oder ob sie nicht, zumindest teilweise, schon damals Zeichen »heimlicher Systemopposition« war, die sich aus Unzufriedenheit mit der eigenen Situation, heimlich und ohne Nachteile befürchten zu müssen, auf die Seite des entschiedensten Gegners stellte. In den Jahren nach 1971, besonders zugespitzt im Deutschen Herbst 1977, zeigte sich jedenfalls kein Widerspruch weiter Teile der Bevölkerung gegen die Staatsmethoden zur Bekämpfung der RAF, sondern die Zustimmung. Die »Terroristenjagd« diente als Katalysator für gesellschaftliche Aggressionen und ließ eine Bereitschaft erkennen, SystemgegnerInnen um jeden Preis zu bekämpfen, die für eine autoritäre Gesellschaft, nicht aber für eine freiheitlich verfaßte Demokratie charakteristisch ist. Die RAF hat, so gesehen, nicht nur die bereits vorhandenen, wie sie es nennt, »post- und präfaschistischen« Strukturen des Staatsapparats freigelegt, sondern auch das entsprechende Bewußtsein der Gesellschaft insgesamt.

Dennoch hatte der Deutsche Herbst nicht zur Folge, daß die linken StaatskritikerInnen ihre Ende der sechziger und Anfang der siebziger Jahre begründete Analyse, daß es im Staatsapparat und in der Gesellschaft eine Tendenz zur Faschisierung gebe, weiterentwickelt oder präzisiert hätten. Statt dessen setzte sich in den folgenden Jahren die Vorstellung durch, daß die Verhältnisse hierzulande als »Sicherheitsstaat« beziehungsweise »präventiver Sicherheitsstaat« zutreffend beschrieben seien. Das Interesse daran, die Restauration autoritärer ordnungsstaatlicher Vorstellungen aufzudecken, schien nun, da diese Tendenzen offen zutage traten, verschwunden – die deutschen Verhältnisse wirkten auch auf die meisten linken Kritiker als »normal« und vor allem den Verhältnissen in anderen westlichen Staaten ohne nazistische Vergangenheit ähnlich.

Der Abschied von der Kritik der »Faschisierung« und die Hinwendung zur Warnung vor einem die gesamte Bevölkerung bedrohenden »Sicherheitsstaat« erfolgten in engem Zusammenhang mit dem Paradigmenwechsel in den politischen Bewegungen, der die Ökologie in den Mittelpunkt der Auseinandersetzungen rückte und, zum Beispiel in der Anti-AKW-Bewegung, die gegen eine mögliche atomare Bewaffnung Deutschlands zielende Kritik auf einen Platz am Rande verbannte.

Beschleunigt und verstärkt wurde diese Entwicklung durch die Hoffnung vieler Linker, die neuen sozialen Bewegungen könnten den Keim eines neuen systemoppositionellen Massenprotestes in sich tragen. Im Kurzschluß wurden die eigenen Wünsche mit den Befürchtungen des Staatsapparats gleichgesetzt und daraus eine Analyse der Repressionspolitik abgeleitet. Die Möglichkeiten des »Sicherheitsstaates«, Hunderttausende durch den Einsatz der elektronischen Datenverarbeitung zu überwachen, gerieten so ins Zentrum der Kritik. Die Warnung davor, daß die »Sicherheitsmaßnahmen« des Staates sich gegen jeden richten könnten, ergänzten die auf reine Betroffenheit zielende Agitation.

»Schließlich wird das diffuse Syndrom der Sicherheitsideologie auch dadurch erschüttert, daß es der Staat selber ist, der permanent Unsicherheit verbreitet, sei es durch eine in der Tat abenteuerliche Atompolitik oder symbolisch anläßlich großmaßstäblicher inszenierter Terroristenjagden«, schreibt Joachim Hirsch in seiner grundlegenden, 1980 veröffentlichten Arbeit zum »Sicherheitsstaat«. »Der ›innere Feind‹ scheint jedoch zwangsläufig vage bestimmt und zugleich allgegenwärtig. Wenn aber jeder zum potentiellen ›Verfassungsfeind‹ wird, treibt diese Form der ideologischen Integration zugleich Irritation und Angst hervor.«

Je deutlicher wurde, zum Beispiel anläßlich der großen Friedensdemonstrationen Anfang der achtziger Jahre in Bonn, daß sich keineswegs »jeder« als potentieller Verfassungsfeind fühlen mußte und die überwiegende Mehrheit der Demonstranten sich auch nicht so fühlte, desto eindringlicher versuchten maßgebliche Teile der Linken, genau dieses theoretisch »alle« bedrohende Moment der staatlichen Repression in den Vorgrund zu stellen, eine Volksgemeinschaft der von staatlicher Verfolgung Bedrohten zu konstruieren – wobei die Produktion »existentieller Unsicherheit ... im Gefolge einer forcierten Großtechnologie« durch Staat und Industrie und die »immer aufwendigeren Sicherheitsmaßnahmen ... die dann jedoch in erster Linie dazu benutzt wurden, die außerparlamentarische Opposition gegen die Zerstörung der Lebensgrundlagen zu kriminalisieren und in Schach zu halten« als einander bedingend gesehen wurden und in einem dramatischen Szenario einer von einem verselbständigten Apparat total in Griff genommenen Bevölkerung kulminieren: »Wir sehen uns gegenwärtig konfrontiert mit einer modernen Ausdifferenzierung staatlicher Mittel und Methoden der Kontrolle und Überwachung, die nicht mehr nur wenige verdächtigte Menschen betreffen, sondern verdachtsunabhängig orientiert sind auf die gesamte Bevölkerung« (Rolf Gössner, Das Anti-Terror-System).

Die Kritik ist fixiert auf die Technik des Polizeiapparates und lenkt damit von seiner aktuellen Praxis, den politischen Plänen, die ihn leiten und deren Realisierung der Einsatz repressiver Mittel erleichtern soll, ab. Der Staat erscheint so als weitgehend unberechenbarer Moloch – die Unterschiede zwischen der tatsächlichen Anwendung von Staatsgewalt und ihrem theoretisch möglichen Einsatz verschwimmen.

Dabei liefert gerade die Vorgehensweise des Staates gegen die RAF – die Isolationshaftbedingungen, Verhöre Schwerverletzter, das Einsperren schwerkranker Gefangener zum Teil über fünfzehn Jahre, die Präparierung von Zeugen – ein anschauliches und bedrückendes Beispiel dafür, daß nicht die technischen Mittel, sondern die politischen Zielsetzungen die Intensität und Stoßrichtung staatlicher Strafverfolgungspolitik dirigieren. Aus der Verfolgung der RAF ist auch zu lernen, daß »Sicherheit«, also die Gefangennahme der Kader mit dem Ziel, die Anschläge zu stoppen, nur ein und möglicherweise nicht einmal das wichtigste Ziel der Staatssicherheitspolitik ist, in der folgerichtig geheimpolizeiliche Maßnahmen eine zunehmend größere Rolle spielen. Der Versuch, die Bevölkerung in die Fahndung einzuspannen, das vehemente Engagement dafür, die gefangengenommenen Feinde zum »Abschwören« zu bewegen, sie in der Haft nicht nur in dem Sinne zu resozialisieren, daß sie keine Straftaten mehr begehen, sondern sie als Botschafter der Reue einzuspannen, zeigen, daß die Bekämpfung des »politischen Verbrechers« gleichzeitig die Strukturen innerhalb des Systems, die gegenseitigen Loyalitäten stärken soll.

Eine Analyse der Entwicklung politischer Herrschaft, die den Ausbau des »Überwachungsstaats« in den Mittelpunkt rückt, ist hierzulande auch deswegen falsch, weil sie in der Regel einen systembedingten Gegensatz zwischen Apparat und Bevölkerung konstruiert, statt herauszuarbeiten, wie Feindgruppen definiert und schließlich, wenn es opportun erscheint, unter Einbeziehung der Bevölkerung bekämpft werden können. Deren Zusammenarbeit mit dem Staatssicherheitsapparat erfolgt dabei keineswegs nur, wie Staatsfeinde und Staatskritikerinnen meinen, aus irregeleitetem Bewußtsein – sie will von Ruhe und Ordnung, von der Machtausweitung des Regimes im Inneren (und nach außen) selbst profitieren.

Das beantwortet, zumindest zum Teil, auch die von Rolf Gössner am Schluß seiner Analyse des »Anti-Terror-Systems« gestellte, angesichts der von ihm selbst beschriebenen Duldung rechtsterroristischer Gruppen durch den Staatsapparat und der materialreich belegten Anknüpfung der bundesdeutschen Justiz an ihre autoritären Vorläufer erstaunliche Frage: »Wann endlich wird sich die historische Erkenntnis durchsetzen, daß die wirklichen und systematischen Gefahren für die Menschen und die

Menschenrechte nicht zuletzt von staatlicher Seite, vom staatlich organisierten Gewaltapparat drohen?«

Der Politologe Joachim Hirsch, der immerhin einräumt, daß »die Menschen« nicht einfach gut oder unterdrückt, sondern auch Reaktionäre sein können, konstruiert dennoch einen unauflösbaren Widerspruch zwischen Staat und politischen Bewegungen an sich: »Das Dilemma des Sicherheitsstaates besteht darin, daß wegen der gesellschaftlichen Ausgrenzungs- und Spaltungsprozesse, auf denen er beruht und die er reproduziert ... auf umfassende Massenmobilisierungskampagnen, um die Risse im Herrschaftssystem zu schließen, verzichtet werden muß – die bestehende Form des Staates würde auch von einer reaktionären Massenbewegung bedroht.«

Nach der Wiedervereinigung zeigte sich offen, was bis dahin nur notdürftig zu belegen war und deswegen unterstellt werden mußte: Die reaktionäre Bewegung, die die im Grundsatz emanzipatorischen sozialen Bewegungen der achtziger Jahre ablöste, bedrohte mit ihrem Ressentiment gegen Ausländer und ihrer chauvinistischen deutschen Grundeinstellung den Staat in keiner Weise – und wurde dementsprechend lange toleriert. Der »Überwachungsstaat« und seine Polizei arbeiten eben keineswegs »verdachtsunabhängig« und ungezielt – ihre Stärken sind gerade die Fähigkeit und ein hohes Maß an Bereitschaft zur Selektion und zu taktischer Flexibilität. Das Legalitätsprinzip, ohnedies längst alles andere als ein Prinzip, wurde faktisch durch den Opportunitätsgrundsatz abgelöst. Erst als zum Beispiel im August 1992 in der dritten Nacht der Angriffe auf das Ausländerwohnheim in Rostock ein offener Autoritätsverlust drohte, versuchte die Polizei, die Lage in den Griff zu bekommen, nicht ohne auch in dieser Situation deutlich zu machen, daß für sie der eigentliche Feind im linken, antifaschistischen Spektrum angesiedelt war. Vorfelderfassung, Einkesselung auf dem Weg nach Rostock – diese Maßnahmen galten den DemonstrantInnen, die zum Schutz der Angegriffenen angereist waren, um zu zeigen, daß den nazistischen Gruppen und ihren Claqueuren die Straße eben noch nicht ganz gehört.

»Die Brüchigkeit der ideologischen Legitimationsbasis wird zusätzlich dadurch verstärkt, daß eine nationalistische, rassistische und chauvinistische ideologische Mobilisierung angesichts der Weltmarktabhängigkeit und Weltmarktverflechtung des westdeutschen Kapitals nicht ohne weiteres möglich ist«, heißt es bei Joachim Hirsch in der 1986 überarbeiteten Fassung des »Sicherheitsstaates«. Diese Aussage traf schon damals die Zustände im sich erneuernden Deutschland nicht mehr, weil sie den Übergang vom tatsächlich sehr viel stärker (keineswegs ausschließlich) technokratisch geprägten Sicherheitsverständnis der Sozialdemokratie der siebziger Jahre zum wertebewußten der Konservativen ausblendete. Nach den Erfahrungen der neunziger Jahre mit der rassistischen Mobilisierung der Straße und angesichts der parlamentarischen Kontroversen in der Legislaturperiode 1998 bis 2002 um ein äußerst restriktives Einwanderungsgesetz, das nach Ansicht der Unionsparteien Ausländern immer noch zu viele Rechte einräumt, erweist sich die Aussage vollends als überholt: Die ideologische Mobilisierung wird schon lange von einer tatsächlichen flankiert – »Ausländer raus!«-Parolen sind längst nicht mehr nur Material für die ersten Seiten der »National-Zeitung« und nazistischer Kleinstblätter, sie sind in Hoyerswerda, Rostock-Lichtenhagen oder Mannheim-Schönau unter den Augen des Staates praktische Politik geworden, die durch Verschärfungen des Ausländer- und Asylrechts seitdem auch eine offizielle Dimension hat – eine allerdings, die auch in anderen europäischen Staaten und in den USA erheblich an Terrain gewonnen hat. Das wiedervereinigte Deutschland fühlt sich durch seine Weltmarktabhängigkeit allein nicht mehr an die Einhaltung großzügiger zivilisatorischer Standards gebunden – eine Entwicklung, die nicht nur im Inneren Konsequenzen zeitigt, sondern auch in einer selbstbewußten und expansiven Außenpolitik ihren Niederschlag gefunden hat, in deren Zentrum zwar rhetorisch die Verteidigung der Menschenrechte steht, praktisch aber wohl eher das Interesse an der Erweiterung der internationalen politischen Handlungs- und Einflußnahmemöglichkeiten.

Krieg gegen das Verbrechen

Der Afghanistan-Krieg, der ganz offen im Namen der Bekämpfung des internationalen Terrorismus geführt wurde und nicht mehr wie noch die NATO-Luftangriffe auf Jugoslawien und das Kosovo, um »ethnischen Säuberungen« oder sonstwie grundlegenden Menschenrechtsverletzungen entgegenzuwirken, ist ein Beispiel dafür, wie im beginnenden 21. Jahrhundert die Herstellung der inneren und der äußeren Sicherheit ein großes gemeinsames Projekt derjenigen wird, die über die Machtmittel dazu verfügen. Neu ist, daß sich dabei militärische und polizeiliche Vorgehensweisen zunehmend durchdringen. Soldaten sichern, während sie ein Territorium besetzen, gleichzeitig Beweise, sie nehmen im Auftrag internationaler Gerichte Straftäter fest, das Strafrecht wird internationalisiert und soll Kriegsverbrechen ahnden und sein Einsatz Frieden schaffen. Die Feinderklärung, die dem Feindstrafrecht vorgeschaltet ist, führt zu einer Verbrechensbekämpfung, die einem Feldzug gleicht – der Einsatz des Militärs wird dafür immer öfter mit dem Hinweis auf Verstöße gegen die nationale und internationale Rechtsordnung begründet. Daß in dem Maße, in dem Militär hinzugezogen wird, auch der Anteil der Geheimdienste an der Verfolgung dieser Straftaten, die in den Rang eines Angriffs erhoben werden, wächst, überrascht nicht. Die Geheimdienste verfügen über enormes Wissen, und sie können, wenn es darum geht, ein eng umrissenes klares Ziel zu erreichen, effizienter arbeiten als Armee oder Polizei, da sie in viel geringerem Maß gesellschaftlicher Kontrolle unterliegen. Der Einsatz von Geheimdiensten zur Sicherung von Beweismitteln, zur Erlangung von Informationen und zur Gewinnung von Zeugen zeigt aber deutlicher als alles andere, wie gravierend die Veränderungen sind, die aus der Verschmelzung von Krieg und Justiz, von innerer und äußerer Sicherheit resultieren. Wer sich im Krieg befindet, orientiert sich nicht an den Grundsätzen eines fairen Verfahrens. Im Krieg geht es nicht um die Wahrung von (Waffen-)Gleichheit, sondern um das Ausspielen von Überlegenheit. Förmlichkeiten sind in Zeiten des Krieges und des Notstands fehl am Platze, in diesen Phasen geht es um die Niederschlagung des Feindes, um die Herbeiführung des eigenen Erfolgs um fast jeden Preis. Die Regeln des humanitären Völkerrechts, so detailliert sie auch gefaßt worden sind, markieren einen unteren Level dessen, was gar nicht hinzunehmen ist, sie setzen keine fortschrittlichen oder gar, im Wortsinn, humanitären Verfahrensstandards. Wird der Krieg aber nicht mehr länger nur als Machtmittel betrachtet, als Fortsetzung der Politik mit anderen Mitteln, sondern auch als Instrument zur Sicherung von Normen und zur Unterdrückung unerwünschter Verhaltensweisen, also zur Herstellung eines Rechtszustandes, verändert sich damit auch der Charakter dieses Rechts. Es wird ein formloses Recht, ein Recht des Stärkeren.

In der Logik dieser Entwicklung liegt es auch, Unterschiede zwischen Bürgern des eigenen Staates und Nicht-Staatsbürgern zu machen, selbst wenn diese jeweils gleichartiger oder sogar identischer Delikte verdächtigt werden. Gegenüber den eigenen Bürgern hat der Staat erheblich weiterreichende Schutzverpflichtungen als auch nach internationalem Recht gegenüber Nicht-Staatsbürgern. Umgekehrt können die eigenen Bürger dem Staat gegenüber Abwehrrechte geltend machen, die »Fremde« nicht für sich reklamieren können. Mit dieser Ungleichbehandlung von »eigenen« und »fremden« Verdächtigen wird ein für das liberale Strafrecht zentrales Prinzip abgeschafft, daß es nämlich ein Tatstrafrecht ist, das auf Taten reagiert und sich nicht gegen bestimmte Typen von Tätern richtet. Die Sonderbehandlung von Nicht-Staatsbürgern orientiert sich an ihrer Person, nicht an den Folgen ihrer Handlungen, ihren Taten.

Der von US-Präsident George W. Bush erlassene »Militärbefehl über Festnahme, Behandlung und Verfahren gegen bestimmte Nicht-Staatsbürger im Krieg gegen Terrorismus« vom 13. November 2001 bündelt diese Entwicklung auf idealtypische Weise. Bush konnte dabei auf historische Vorläufer, die Militärtribunale gegen deutsche Saboteure, die im Zweiten Weltkrieg in die USA eingedrungen waren, verweisen. Damals hatte der Oberste

Gerichtshof der Vereinigten Staaten im Verfahren »Ex Parte Quirin« (317 U.S. 1, 1942) entschieden, daß es zulässig sei, in Kriegszeiten gegen kriegerische Angehörige des Feindstaates, die wegen Verstößen gegen das Kriegsrecht keinen Kombattantenstatus beanspruchen können, wegen krimineller Akte vor Militärtribunalen zu verhandeln, auch wenn den Angeklagten dadurch grundlegende Rechte, wie die Verhandlung vor einer unabhängigen Jury, nicht gewährt würden.

Allerdings unterscheidet sich die Situation nach dem 11. September 2001 von der während des Zweiten Weltkriegs in mehrfacher Hinsicht. Während Präsident Bush am 14. September 2001 zwar den nationalen Notstand, aber auch seitdem nicht offiziell den Verteidigungsfall ausgerufen hat, hatten die USA damals Deutschland offiziell den Krieg erklärt. Die Saboteure der Wehrmacht waren erst danach in die USA eingedrungen und hatten zum Zeitpunkt ihrer Verhaftung keine Uniformen getragen.

Vor allem aber hat sich das internationale Recht seit 1942 erheblich weiterentwickelt. Mit dem Internationalen Pakt über bürgerliche und politische Rechte ist ein internationales Vertragswerk geschaffen und auch von den USA ratifiziert worden, das den Angeklagten grundlegende und weitreichende Verfahrensrechte sichert. Dazu gehören beispielsweise die Unabhängigkeit des Gerichts, Öffentlichkeit der Verhandlung, die Gleichbehandlung von Angeklagten, die Möglichkeit, eine Verhaftung unverzüglich durch ein ordentliches Gericht überprüfen zu lassen, die freie Wahl eines Verteidigers, die Möglichkeit, ein Urteil durch ein Gericht höherer Instanz überprüfen zu lassen, die Möglichkeit, an Belastungszeugen Fragen zu stellen, und ausreichend Zeit und Möglichkeit zu haben, seine Verteidigung vorzubereiten. Zwar sieht auch dieser internationale Pakt vor, daß im Falle eines öffentlichen Notstandes, der das Leben der Nation bedroht und der offiziell verkündet worden ist, die Vertragsstaaten die Mindestgarantien für Strafverfahren außer Kraft setzen können – sie sind aber verpflichtet, über den Generalsekretär der Vereinten Nationen mitzuteilen, welche Garantien wie lange außer Kraft gesetzt werden. Bislang haben die USA eine solche Mitteilung nicht gemacht.

Neben dem Pakt wurden, unter anderem auf Drängen der USA, in den neunziger Jahren durch den UN-Sicherheitsrat internationale und zivil besetzte Ad-hoc-Kriegsverbrechertribunale geschaffen, die zum Teil in laufenden Auseinandersetzungen begangene schwerste Kriegsverbrechen aburteilen sollen. Deshalb ist schwer einzusehen, wieso der Präsident der USA in seiner Order in Sektion 1 Absatz (e) feststellt, daß zur Sicherung effizienter Militäraktionen und für die Prävention weiterer Terror-Attacken Individuen vor Militärgerichten angeklagt werden müßten. Auch die Schaffung des Ständigen Internationalen Strafgerichtshofes durch ein breites Staatenbündnis signalisiert, daß Verstöße gegen Kriegsrecht, selbst wenn sie von Militärangehörigen begangen wurden, vor ordentlichen, zivilen Gerichten verfolgt werden sollten[19].

Die wenige Monate nach Bekanntgabe der Präsidentenorder am 21. März 2002 vom US-Verteidigungsministerium erlassene Verfahrensordnung für die Militärtribunale wurde in der Öffentlichkeit zwar als positive Reaktion der Bush-Administration auf die vielfältige öffentliche Kritik an dem Projekt, hier eine Sondergerichtsbarkeit zu schaffen, gewertet, tatsächlich verweigert die Administration den Angeklagten mit dieser Verfahrensordnung aber entscheidende Rechte. So ist die Dauer der Untersuchungshaft nicht begrenzt, die Verhängung der U-Haft an keinerlei näher spezifizierten Voraussetzungen gebunden. Auch das Prinzip des gesetzlichen Richters findet keine Anwendung. Für jedes Verfahren werden eigens Richter bestellt, von denen im übrigen nur einer (von drei bis sieben Richtern) Jurist sein muß, alle Gerichtsangehörigen müssen dagegen Offiziere sein. Auch als Verteidiger sind Offiziere der US-Armee vorgesehen. Nur ausnahmsweise soll die Hinzuziehung ziviler Verteidiger möglich sein, die aber auch einer Vielzahl von Anforderungen des Militärs genügen müssen. Entsprechend weitreichend sind auch die Möglichkeiten ausgestaltet, die Öffentlichkeit vom Verfahren auszuschließen – auch zivile Verteidiger und der Angeklagte selbst können, um Staatsgeheimnisse zu wahren oder nationale Interessen zu sichern, vom Verfahren ausgeschlossen werden, lediglich der militärische Verteidiger kann nicht aus dem Gerichtssaal gewiesen werden. Dem Vorsitzenden Offizier stehen auch umfassende Möglichkeiten zu, Beweismittel abzulehnen beziehungsweise auch Beweismittel aus zweiter oder dritter Hand oder Zeugen vom Hörensagen zuzulassen. Selbst telefonische Erklärungen oder Aussagen per E-Mail werden nicht ausgeschlossen. Eine unabhängige Jury gibt es vor dem Militärtribunal so wenig wie eine unabhängige Revisionsinstanz. Statt dessen hat ein Kontrollgremium, bestehend aus drei Offizieren, die die Protokolle der Verhandlung und eventuelle schriftliche Eingaben der Verteidigung oder der Anklage einsehen, die Aufgabe, Rechtsfehler festzustellen. Die letzte Entscheidung über ein gefälltes Urteil bleibt aber dem US-Präsidenten oder dem Verteidigungsminister vorbehalten, die allerdings keinen Freispruch in einen Schuldspruch umwandeln dürfen.

Kernstück der Verfahrensordnung sind aber die vielfältigen Möglichkeiten, die dem Vorsitzenden Offizier an die Hand gegeben werden, um sicherzustellen, daß der Prozeß zu einem schnellen Ende kommt. Um das Tempo der Verhandlungen zu beschleunigen, ist vom Deal mit dem Angeklagten bis zur Einschränkung der Verteidigungsrechte fast alles möglich. Angesichts der absehbaren Komplexität der Materie, der Schwierigkeiten, Beweismittel zu gewinnen, zu überprüfen und zu gewichten, ist dieser Grundsatz des schnellen Verfahrens nicht nur eine zusätzliche Besonderheit, sondern etwas, was den Charakter des Prozesses vor den Militärtribunalen an sich bestimmt. Der namhafte »New York Times«-Kommentator William Safire, der zu den Kritikern dieser militärischen Sondergerichtsbarkeit gehört, kann diesem verfahrensprägenden Beschleunigungs-Grundsatz allerdings auch Positives abgewinnen: »Wenn die Behörden dringend Informationen über einen bevorstehenden terroristischen Anschlag benötigen, kann eine schnelle Anklage und ein ebenso schnell abgeschlossener Deal den Angeklagten leicht zu Aussagen motivieren. Das ist wohl auch der Grund, warum die Tribunale für sinnvoll gehalten werden: Nicht so sehr, weil sie der Gerechtigkeit dienen, sondern um lebensrettende präventive Geheiminformationen zu bekommen.«[20]

Beschleunigte Sondergerichtsverfahren werden als eine Art Polizeimaßnahme verstanden, die in erster Linie nicht Schuld erfassen und ahnden, sondern bei der Informationsbeschaffung helfen soll. Diese Ansicht ist bemerkenswert und, auch wenn sie angesichts der Auswirkungen der Anschläge vom 11. September verständlich klingen mag, das etwas zivilisiertere Pendant zu den Diskussionsbeiträgen in US-amerikanischen Medien, die nach dem 11. September im »Kampf gegen den internationalen Terrorismus« auch Folter wieder für eine gute Idee hielten. Daß ein wichtiger Diskussionsbeitrag in den USA der gerade ins Englische übersetzte Aufsatz war, den ein deutscher Rechtswissenschaftler ein gutes Jahr vor dem 11. September 2001 in der angesehenen akademischen Juristenzeitung veröffentlicht hatte[21], ist immerhin der Erwähnung wert, um zu zeigen, daß auch auf diesem Feld Deutschland keineswegs gezwungen ist, US-amerikanische Vorschläge nachzubeten, sondern selbst einiges im Angebot hat.

Bedenklich erscheint mit Blick auf die Auseinandersetzung um die Sondergerichtsbarkeit aber vor allem, daß die Rhetorik, mit der sich Präsident Bush und andere Befürworter der Schaffung von Militärgerichten so rückhaltlos für die schnelle und effiziente Aburteilung von mutmaßlichen ausländischen Terroristen und ihren vermeintlichen Unterstützern stark machen, auch als prinzipielle Attacke gegen ein freiheitliches Strafrecht verstanden werden müssen, in dem sich Verfahren über Monate und Jahre hinziehen können und das sicherstellen soll, daß eher ein Schuldiger freigesprochen als ein Unschuldiger verurteilt wird. Von Befürwortern der Militärtribunale werden die beiden Verfahren wegen der 1993 verübten Anschläge auf das World Trade Center auf Grund der langen Verfahrensdauer und der enormen Kosten, die die Einvernahme von mehr als 200 Zeugen verursacht hat, deswegen auch als Beispiel dafür herangezogen, daß terroristische Akte besser, weil effizienter, durch eine Militärjustiz, die keine Rücksicht auf förmliche, sehr weitreichende prozessuale Formalien nehmen muß, geahndet werden können. Der US-Starverteidiger und Harvard-Professor Alan Dershowitz warnte angesichts dieser Stimmen in einem Kommentar für »The Village Voice«: »Der sichtbare Erfolg, den eine militärische Herangehensweise an Gerichtsverfahren haben kann, wird viele Amerikaner ermuntern, diesen Weg für den besseren Weg zu halten, der Normalfall sein sollte, nicht die Ausnahme.« Daß in mehreren repräsentativen Meinungsumfragen unter US-Amerikanern im November 2001 jeweils etwa zwei Drittel der Befragten die Einrichtung von Militärtribunalen befürworteten und noch weitaus mehr sich für das Abhören von Gesprächen zwischen mutmaßlichen Terroristen und ihren Verteidigern und für die unbefristeten Festnahmen von mutmaßlichen Zeugen, die keine Aussagen machen wollen, ausgesprochen haben, signalisiert, auf wieviel mehr Zustimmung ein hartes, nur der effizienten Durchsetzung der Anklage verpflichtetes Vorgehen derzeit stößt als die konsequente Wahrung von strafprozessualen Errungenschaften aus der Zeit des liberalen Strafrechts.

Es ist alarmierend, daß ausgerechnet in den USA, die ein hochentwickeltes System strafprozessualer Rechtsgarantien haben[22], als Reaktion auf den 11. September ein Sonderrecht etabliert worden ist, das den kurzen Prozeß der Standgerichte zum Leitbild hat. Es darf aber nicht ausgeblendet werden, daß die Formierung der US-Gesellschaft selbst angesichts dieser Entwicklung längst nicht so weit fortgeschritten ist wie die der Bundesrepublik zu Zeiten des Deutschen Herbstes – und das, obwohl die Intensität des Angriffs vom 11. September die Bedrohung, die 1977 von der RAF ausging, qualitativ und quantitativ um ein Vielfaches übersteigt. Es gibt keine Selbstgleichschaltung der Medien wie im Deutschen Herbst, keine Nachrichtensperre und kein kollektives Einschwenken auf den Kurs des Maßnahmestaates. Die öffentliche Kritik in den USA an illiberalen Regelungen ist nicht verstummt, und sie hat, das zeigt die Entwicklung von der Präsidentenorder zur Verfahrensordnung des Verteidigungsministeriums, auch Einfluß auf die Politik. Zudem ist bis April 2002 kein einziges Verfahren vor den Militärtribunalen tatsächlich in Gang gebracht worden. Im Gegenteil, selbst ausländische Staatsbürger, die in Zusammenhang mit den Anschlägen des 11. September verfolgt wurden, sind bislang vor Zivilgerichten angeklagt worden[23].

Daß bislang keine Anklagen vor den neugeschaffenen Militärtribunalen erhoben wurden, ist allerdings mit Blick auf die angeblichen Al-Qaida-Kämpfer, die auf der kubanischen US-Basis Guantanamo seit Monaten festgehalten werden, auch durchaus problematisch: Sie werden nicht nur gefangengehalten, ohne daß erkennbar wäre, welches rechtlich erlaubte Ziel die USA mit der Inhaftierung verfolgen. Ihre angebliche Beteiligung an Straftaten soll ihre Festnahme legitimieren, sie werden aber als Feinde behandelt und durch ihren ungeklärten Status, aber auch dadurch, daß sie der Herrschaft des Militärs und dem Regime der Geheimdienste ausgesetzt sind, faktisch rechtlos gestellt. Diese Gefangennahme, mit der die USA unbegrenzte Zugriffsmöglichkeiten auf ihre Feinde demonstrieren, ähnelt der aus Militärdiktaturen und autoritären Regimes bekannten »Incommunicado«. Sie lenkt den Blick auf die neue Qualität der Maßnahmen im Vorfeld des Prozesses. Vor allem die Festnahme von über tausend Personen vornehmlich arabischer Herkunft, die in den USA infolge des 11. September wegen Verstößen gegen das Aufenthaltsrecht als potentielle Mitwisser und Informanten teilweise wochenlang in Polizeihaft genommen worden sind, hat sie faktisch einem Willkürregime ausgesetzt[24]. Parallel dazu haben Gerichte polizeiliche Überwachungsmaßnahmen in einer bis dahin in den USA unbekannten Qualität und in erheblichem Ausmaß zugelassen[25]. Der US-Gesetzgeber hat zudem ein ganzes Bündel von Antiterrorismus-Gesetzen verabschiedet, die Datenerhebungen zulassen und Beschuldigtenrechte begrenzen. Mit dem Abbau formaler Garantien, der bei aller Zufälligkeit der Anlässe im Ergebnis systematisch wirkt, verwandelt sich der Rechtsstaat allmählich in einen Maßnahmestaat. Daß sich diese Umgestaltung nicht unter Ausschaltung, sondern unter Einbeziehung der Öffentlichkeit vollzieht, hat unterschiedliche Folgen: Einerseits wird der Prozeß so nicht widerspruchsfrei und konsequent vollzogen; andererseits erscheint er nicht einfach als Repression, sondern seinerseits als Gewährleistung eines Rechts, des Rechts auf Sicherheit.

In den westlichen Demokratien werden keine allgemeinen polizeistaatlichen Willkürregimes etabliert. Der Abbau von Freiheitsrechten ist kein zwangsläufig ablaufender Prozeß, er kann sich verzögern, er kann punktuell zurückgenommen werden. Bezeichnend für die gegenwärtige Entwicklung ist die Selektivität und die Radikalität, mit der an einzelnen Punkten gegenüber möglichst präzise definierten Gruppen von Verdächtigen theoretisch unverzichtbare Rechte außer Kraft gesetzt werden. Für Gruppen, die derart ins Visier genommen werden, ändert sich mit der Feinderklärung und mit den daraufhin erfolgenden staatlichen Maßnahmen alles. Weil sich für die Öffentlichkeit insgesamt gleichzeitig nichts verändern muß, entsteht hier eine ungeheure Diskrepanz: Die Wirklichkeit der Öffentlichkeit und die Wirklichkeit derer, die zu Feinden erklärt wurden, haben nahezu nichts mehr miteinander gemein. Damit verliert Öffentlichkeit auch die Schutzwirkung, die ihr in den demokratischen Systemen zukommen soll. Der unerträgliche Ausnahmezustand für einige und der Normalzustand für die Mehrheit schließen sich nicht aus, sie können wie Parallelwelten nebeneinander existieren. Ob dann überhaupt noch – und wenn ja, wie starke – Verbindungen von einer Welt zur anderen gehalten werden, ob es Segmente der Öffentlichkeit gibt, die weiterhin Einflußmöglichkeiten auf die Behandlung der Menschen, die der Feinderklärung unterworfen wurden, behalten wollen und können, hängt auch von den Traditionen und der Stärke der Kontrollinstanzen des Normalzustandes ab.

In Deutschland sind sie tendenziell schwach entwickelt, das hat das Beispiel des Deutschen Herbstes gezeigt, das dokumentiert aber auch der schwache Protest gegen die drastischen Verschärfungen des Sonderrechts gegen Nicht-Staatsbürger nach dem 11. September, wie sie sich in den zwei Sicherheitspaketen des Bundesinnenministeriums niedergeschlagen haben.

In den USA zeigen sich die demokratischen Kontrollinstanzen weitaus stärker und effektiver, allerdings ist hier auch die Bereitschaft, mit der liberale rechtsstaatliche Grundsätze für obsolet erklärt wurden, erheblich größer[26]. Infolge des 11. September wurden damit Entwicklungen im Straf- und Polizeirecht beschleunigt und zugespitzt, die in den Jahren zuvor bereits angelegt worden waren. Die Umgestaltung des Rechtsstaates zum Maßnahmestaat, die Zusammenführung von innerer und äußerer Sicherheit mit der Konsequenz, daß sich polizeiliche und militärische Methoden zur Bekämpfung eines Feindes zunehmend durchdringen, sind durch die nach dem 11. September beschlossenen Gesetze und Verordnungen zur Verbrechensbekämpfung klarer und offensichtlicher als je zuvor.

Die ersten Jahre der Stadtguerilla 1970 bis 1976

Anfang der siebziger Jahre führen die USA den Krieg in Vietnam mit zunehmendem Engagement und immer weniger Erfolg. Die Kritik aus dem In- und Ausland nimmt zu und hat zur Folge, daß 1973 die US-Truppen zurückgezogen werden. 1975 marschiert der siegreiche Vietcong schließlich in Saigon ein. 1973 putscht das chilenische Militär mit US-amerikanischer Unterstützung gegen den neugewählten sozialistischen Präsidenten Salvador Allende. Diktator Pinochet beherrscht Chile, das als neoliberales Musterland regiert wird, bis 1989. In Europa werden die faschistischen Diktaturen in Portugal und Spanien 1974 und 1975 nach heftigen innenpolitischen Auseinandersetzungen gestürzt und demokratische Verhältnisse durchgesetzt. Auch die 1967 errichtete griechische Militärdiktatur kann sich 1974 nicht mehr halten. Die westeuropäischen Staaten gründen die EG und beschließen 1976, daß Direktwahlen zum Europäischen Parlament durchgeführt werden sollen. Im Nahen Osten ist die Lage dagegen zunehmend instabil. Am 6. Oktober 1973, dem höchsten jüdischen Feiertag Jom Kippur, greifen syrische und ägyptische Truppen überraschend Israel an, erleiden aber nach anfänglichen Erfolgen in diesem sogenannten Jom-Kippur-Krieg eine schwere Niederlage. Israel hält die Golanhöhen und die Wüste Sinai vorläufig aus Sicherheitsgründen besetzt.

Als am 5. Juni 1970 die Erklärung zur Befreiung Andreas Baaders mit der Aufforderung »Die Rote Armee aufbauen« überschrieben und veröffentlicht wird, befindet sich die Bundesrepublik innenpolitisch im Umbruch. Die NPD ist mit fast zehn Prozent der Stimmen in den baden-württembergischen Landtag eingezogen. Seit dem 21. Oktober 1969 regiert nicht mehr die Große Koalition unter Kurt Georg Kiesinger, sondern eine sozialliberale Koalition. In seiner Regierungserklärung verspricht Willy Brandt wie schon im Wahlkampf: »Wir wollen mehr Demokratie wagen.« Er stellt den Nationalsozialismus und seine

Verbrechen aber auch als »nationalen Verrat durch das Hitlerregime« dar und betont: »Niemand kann uns jedoch ausreden, daß die Deutschen ein Recht auf Selbstbestimmung haben, wie alle anderen Völker auch.« Die Entspannungspolitik gegenüber der DDR, die in dieser Zeit in den Medien überwiegend als sogenannte DDR bezeichnet wird, und gegenüber den osteuropäischen Staaten wird von deutschnationaler Rhetorik flankiert. Der Erste Sekretär des ZK der SED Walter Ulbricht bezeichnet die neue Ost- und Deutschlandpolitik der Bundesrepublik sarkastisch als »Aggression in Filzlatschen« – und muß 1971 wohl auch wegen seiner kritischen Haltung zur Politik der Entspannung zurücktreten. Sein Nachfolger wird Erich Honecker. In seiner Rede vor der UNO, kurz nach der Aufnahme der BRD als 134. Mitgliedstaat, akzentuiert Bundeskanzler Willy Brandt: »(Wir) werden auf einen Frieden hinwirken, in dem auch das deutsche Volk seine Einheit wiedererlangen kann.« Die Ambivalenz der neuen Regierung, die versucht, den Protest zu integrieren, ohne der national-konservativen Stimmung, die weite Teile der Gesellschaft prägt, entschieden entgegenzutreten, wird in der Innenpolitik besonders deutlich. Das Straffreiheitsgesetz für Demonstrationsdelikte, das vielen Aktiven der Außerparlamentarischen Opposition Amnestie gewährt, soll den »inneren Frieden« schaffen. Gleichzeitig wird aber auch für die nächste Stufe der Eskalation gerüstet und ein gesamtgesellschaftliches »Roll-Back« eingeleitet. Die Kompetenzen des BKA als Bundespolizei werden erheblich ausgeweitet und sein Etat erhöht; der Bundesgrenzschutz wird modernisiert und zu einer Bundeseingreiftruppe für innenpolitische Konflikte umgewandelt. Auch der Generalbundesanwalt bekommt weiterreichende Ermittlungskompetenzen. Mit dem 1969 beschlossenen »Sofortprogramm zur Modernisierung und Intensivierung der Verbrechensbekämpfung« und zwei weiteren Sicherheitsprogrammen der Innenministerkonferenzen 1972 und 1974 werden neue Möglichkeiten der Datenerfassung eingeführt, die »beobachtende Fahndung« legalisiert und die Rasterfahndung konzipiert. In der Strafprozeßordnung und den Polizeigesetzen werden Regelungen eingeführt, die polizeiliche

Eingriffsmöglichkeiten immer weiter ins Vorfeld der Straftaten verlagern.

Im Januar 1972 verabschieden die Regierungschefs von Bund und Ländern die »Grundsätze über die Mitgliedschaft von Beamten in extremen Organisationen«, den sogenannten Radikalenerlaß. Jeder Bewerber für eine Stelle im öffentlichen Dienst muß eine Regelanfrage beim Verfassungsschutz über sich ergehen lassen – eine Praxis, die ein Klima von Zensur und Überwachung erzeugt. Tausende Linke, die Lehrer oder Postbote werden oder sonst einen Beamtenberuf ergreifen wollen, werden nicht eingestellt. Helmut Schmidt, der Nachfolger des 1974 zurückgetretenen Willy Brandt wird, unterstützt diesen repressiven Kurs weitaus engagierter als sein Vorgänger.

Die ökonomische Situation ist Anfang der siebziger Jahre durch langanhaltende, teilweise »wilde« Streiks insbesondere in der Metall- und Chemieindustrie geprägt. In der öffentlichen Diskussion spielt außerdem die Energiekrise, die durch eine Erhöhung der Erdölpreise ausgelöst wird, eine wichtige Rolle: Die langanhaltende Phase des Wirtschaftswachstums droht zu Ende zu gehen. Die autofreien Sonntage und Geschwindigkeitsbeschränkungen, die 1973 auf Autobahnen und Landstraßen zur Energieeinsparung verhängt werden, signalisieren, daß harte Zeiten bevorstehen könnten. 1973 beschließt die Bundesregierung auch einen Anwerbestopp für ausländische Arbeitnehmer.

Für die bundesdeutsche Linke sind die frühen siebziger Jahre nach dem Zerfall des SDS eine Phase der Neuorientierung. Sie organisiert sich in einer Vielzahl von untereinander stark verfeindeten kommunistischen Gruppierungen, die sich zumeist an der Linie eines realsozialistischen Staates orientieren. Die mitgliederstärkste dieser Parteien ist die auf DDR-Linie politisierende DKP. Aber auch Gruppen wie der konsequent am chinesischen Regierungskurs orientierte KBW oder der undogmatisch-maoistische KB haben zum Teil erheblichen Einfluß auf die Entwicklung der außerparlamentarischen linken Opposition. Es entstehen aber auch undogmatisch-spontaneistische Gruppen, die sich zum Teil an der italienischen »Autonomie-Bewegung« orientieren. Außerdem entwickelt sich aus dem Protest gegen den Bau eines Atomkraftwerks im badischen Whyl die Keimform der Anti-AKW-Bewegung, die gleichzeitig auch die erste der sogenannten neuen sozialen Bewegungen bildet, die vor allem in den achtziger Jahren das politische Bild der linken Opposition bestimmen.

Mit RAF, Bewegung 2. Juni, Blues, Tupamaros/Westberlin und RZ kommt es auch zur Bildung einer Vielzahl von Stadtguerilla-Gruppen, die mit sehr unterschiedlichen Vorstellungen und Aktionen an die Öffentlichkeit treten. Während die RAF frühzeitig nur die Möglichkeit sieht, den bewaffneten Kampf aus der Illegalität zu führen, ist für andere Gruppen, wie die RZ oder die Bewegung 2. Juni, gerade die Verankerung in der legalen Opposition wichtig. Die RAF tritt nach der Befreiung Andreas Baaders vor allem mit programmatischen und analytischen Erklärungen an die Öffentlichkeit: Im April 1971 wird das »Konzept Stadtguerilla« veröffentlicht, im Mai 1971 »Über den bewaffneten Kampf in Westeuropa« und im April 1972 »Dem Volke dienen – Stadtguerilla und Klassenkampf«. Parallel dazu werden Mitglieder der RAF verhaftet, teilweise unter dramatischen Umständen. Petra Schelm, Thomas Weisbecker und Georg von Rauch, der kein Mitglied der RAF ist, werden erschossen. Manfred Grashof wird schwer verletzt. Auch zwei Polizeibeamte, Norbert Schmid und Hans Eckardt, sterben durch Schüsse, wobei Schmid vermutlich von Kollegen versehentlich getötet wird.

Mit ihrer Mai-Offensive 1972 tritt die RAF erstmals als Stadtguerilla in Aktion – drei der sechs Anschläge zielen allerdings gegen Polizei und Justiz und sind Reaktionen auf den Tod von RAF-Mitgliedern bei Verhaftungen und auf Haftbedingungen gefangener RAF-Mitglieder. Ein weiteres Attentat, das sich gegen das Springer-Hochhaus in Hamburg richtet, soll die »Enteignet Springer«-Kampagne der Außerparlamentarischen Opposition aufgreifen, gerät aber zum Fiasko, weil 17 Arbeiter und Angestellte des Verlages zum Teil erheblich verletzt werden. Auch in der RAF selbst wird dieser Anschlag scharf kritisiert. Zwei Anschläge richteten sich gegen Einrichtungen der US-Armee: Am

11. Mai explodiert ein Sprengsatz im Hauptquartier des 5. US-Corps in Frankfurt, in dem auch die CIA ihren Sitz hat, und am 24. Mai detoniert eine Bombe im Europäischen Hauptquartier des US-Armee in Heidelberg. In den folgenden Monaten werden etliche Mitglieder der RAF, darunter auch Ulrike Meinhof und Andreas Baader, verhaftet. Die Haftbedingungen sind beispiellos scharf, und die Befreiung der Gefangenen wird in den nächsten Jahren zum beherrschenden Thema der RAF. Während die Gefangenen mehrmals aus Protest in den kollektiven Hungerstreik treten, besetzt das Kommando »Holger Meins« am 24. April 1975 die Deutsche Botschaft in Stockholm und nimmt die Botschaftsangehörigen als Geiseln, um die Freilassung von 26 Gefangenen zu erzwingen. Die Aktion wird zum Debakel. Mitglieder des sechsköpfigen Kommandos erschießen zwei Geiseln, den Militärattaché von Mirbach und den Botschaftsrat Hillgart. Beim Sturm der Polizei auf die Botschaft detonieren aus ungeklärten Gründen Sprengsätze. Dabei stirbt das Kommandomitglied Ulrich Wessel. Siegfried Hausner, der trotz seiner schweren Verletzungen nach Deutschland transportiert wird, stirbt dort am 4. Mai. Kurz darauf beginnt in einem eigens dafür hergerichteten Gebäude in Stuttgart-Stammheim der Prozeß gegen Andreas Baader, Gudrun Ensslin, Jan Carl Raspe und Ulrike Meinhof.

Dem Volk dienen
Rote Armee Fraktion: Stadtguerilla und Klassenkampf
April 1972

»Der Tod ist jedem beschieden, aber nicht jeder Tod hat die gleiche Bedeutung. In alten Zeiten gab es in China einen Schriftsteller namens Sima Tjiän. Dieser sagte einmal: »Es stirbt allerdings ein jeder, aber der Tod des einen ist gewichtiger als der Tai-Berg, der Tod des anderen hat weniger Gewicht als Schwanenflaum.« Stirbt man für die Interessen des Volkes, so ist der Tod gewichtiger als der Tai-Berg; steht man im Sold der Faschisten und stirbt für die Ausbeuter und Unterdrücker des Volkes, so hat der Tod weniger Gewicht als Schwanenflaum.«[1]

20000 Menschen sterben jedes Jahr – weil die Aktionäre der Automobilindustrie nur für ihre Profite produzieren lassen und dabei keine Rücksicht auf die technische Sicherheit der Autos und den Straßenbau nehmen.

5000 Menschen sterben jedes Jahr – am Arbeitsplatz oder auf dem Weg dahin oder auf dem Heimweg, weil es den Produktionsmittelbesitzern nur auf ihre Profite ankommt und nicht auf einen Unfalltoten mehr oder weniger.

12000 Menschen begehen jedes Jahr Selbstmord, weil sie nicht im Dienst des Kapitals hinsterben wollen, machen sie lieber selber mit allem Schluß.

1000 Kinder werden jedes Jahr ermordet, weil die zu kleinen Wohnungen nur dazu da sind, daß die Haus- und Grundbesitzer eine hohe Rendite einstreichen können.

Den Tod im Dienst der Ausbeuter nennen die Leute einen natürlichen Tod. Die Weigerung, im Dienst der Ausbeuter zu sterben, nennen die Leute einen »unnatürlichen Tod«. Die Verzweiflungstaten der Menschen wegen der Arbeits- und Lebensbedingungen, die das Kapital geschaffen hat, nennen die Leute ein Verbrechen. Sie sagen: dagegen kann man nichts machen.

Damit diese falschen Ansichten der Menschen nicht von richtigen Ansichten abgelöst werden, haben der Bundesinnenminister, die Innenminister der Länder und die Bundesanwaltschaft jetzt Exekutionskommandos der Polizei aufgestellt. Ohne die falschen Ansichten von Verbrechen und Tod kann das Kapital nicht herrschen.

Petra, Georg und Thomas starben im Kampf gegen das Sterben im Dienst der Ausbeuter[2]. Sie wurden ermordet, damit das Kapital ungestört weitermorden kann und damit die Leute weiterhin denken müssen, daß man nichts dagegen machen kann. Aber der Kampf hat erst begonnen!

1. Persien und der Widerspruch in der neuen Linken

Brandt ist nach Teheran gefahren, um beim Schah die Reste von Verstimmung über seinen Empfang im Sommer '67[3] durch die westdeutschen und Westberliner Studenten auszuräumen; um ihm mitzuteilen, daß diese Linke in der Bundesrepublik und Westberlin tot ist, die Reste gerade liquidiert werden, die Konföderation iranischer Studenten ausreichend isoliert ist, die Ausländergesetze, die ihre Liquidation legalisieren werden, in Arbeit sind. Brandt hat seine Außen- und Innenpolitik als das definiert, was sie ist: die Außen- und Innenpolitik der Konzerne, die im In- und Ausland die Märkte beherrschen und die Politik bestimmen. Brandt in Teheran: Die Außenpolitik der Bundesrepublik müsse von ihren eigenen Interessen ausgehen und sich von ideologischen Vorurteilen frei halten.

Die Interessen der Bundesrepublik in Persien sind die Interessen der deutschen Kolonie in Teheran, das sind: Siemens, AEG-Telefunken, Bayer, BASF, Hoechst, Daimler-Benz, Deutsche Bank, Mannesmann, Hochtief, Klöckner-Humboldt-Deutz, Merck, Schering, Robert Bosch, die Bayerische Vereinsbank, Thyssen, Degussa u.a. – das sind die, die in den Teheraner Tageszeitungen zur Begrüßung des Kanzlers inserierten, derentwegen der Schah der Tagespresse die Anweisung gab, den Kanzler als Friedensnobelpreisträger groß herauszubringen, die da sind, weil auch der Schah keine ideologischen Vorurteile hat: wegen der billigen Arbeitskräfte im Iran, wegen der politisch stabilen Verhältnisse im Iran, außerdem wegen der Rohstoffe und der Nähe bestimmter Märkte.

Unter »ideologische Vorurteile« subsumieren Kanzler und Schah die Interessen des deutschen und persischen Volkes in den Beziehungen der beiden Länder. Drei Tage vor Brandts Ankunft wurden in Teheran vier Genossen ermordet, in Augsburg Thomas Weisbecker. Eine Woche nach Brandts Abreise wurden in Teheran neun Todesurteile gegen Genossen vollstreckt. Bundesanwalt Martin[4] lobte die Polizeibeamten, die sich bei der Großfahndung in Augsburg und Hamburg hervorragend bewährt hätten.

Deutsches Kapital in Persien wird niedriger besteuert als anderes Kapital in Persien; deutsche Entwicklungshilfekredite finanzieren deutsche Projekte in Persien, mit deutscher Militärhilfe wurde das kaiserliche Arsenal in Persien modernisiert, 22 Millionen DM für die persische Rüstungsindustrie 1969 zogen 250-Millionen-DM-Folgeaufträge für die deutsche Rüstungsindustrie nach; mit G-3 und MG-3 sorgt das Regime des Schah – im Kampf gegen die »Kriminalität« in Persien – dafür, daß auch in Zukunft die Löhne in Persien niedrig, die politischen Verhältnisse stabil, die Verwertungsbedingungen für deutsches Kapital im Iran günstig bleiben, daß Druck auf die Löhne hier mit der Drohung hantieren kann, man könnte ja auch mit der Produktion ins Ausland gehen, Druck auf die Öffentlichkeit hier, antifaschistischer Protest gegen den Schah gefährde die deutsche Außenpolitik, die Interessen der Bundesrepublik Deutschland.

Nach dem Kniefall des Kanzlers in Polen nun der Kniefall vor dem Mörder Schah. Die Unterwerfung des polnischen, russischen, tschechischen, ungarischen Volkes unter den deutschen Faschismus ist nicht mehr aktuell. Die Unterwerfung des persischen Volkes unter den deutschen Imperialismus ist aktuell. Die Nürnberger Gesetze[5] sind nicht mehr aktuell. Gesetze gegen iranische Studenten, gegen griechische, türkische und spanische Arbeiter, die aus Ländern mit faschistischen Regimes kommen, sind aktuell. Deutsche Konzerne profitieren vom Faschismus in diesen Ländern, setzen die Arbeiter hier mit dem, was ihnen der Faschismus dort bietet, unter Druck. Die Todesurteile, die den inhaftierten Genossen hier erspart bleiben, bleiben ihnen erspart, weil sie in Persien, in der Türkei, in Griechenland und in Spanien vollstreckt werden.

Die westdeutsche Linke hat zu Brandts Persien-Besuch geschwiegen. Sie hat ihn dort schwatzen lassen. Sie hat Howeida[6] schwatzen lassen, die Todesurteile richteten sich nur gegen einfache Kriminelle. Obwohl der Schah empfindlich ist. Obwohl schon das bißchen 2. Juni die Beziehungen Bundesrepublik-Iran gestört hat, obwohl die Reputation des Schah so kümmerlich ist, wie sie nur sein kann, obwohl man weiß, daß die Feinde des Volkes nichts so sehr fürchten, wie die Feinde des Volkes genannt zu werden. Obwohl man annehmen kann, daß auch Brandt nicht ganz wohl war bei dieser Heuchelei. Obwohl das deutsche Kapital faschistisch vorbelastet ist, obwohl es relativ leicht ist, den Zusammenhang zwischen Faschismus im Iran und deutschem Kapital im Iran darzustellen und es niemanden gibt, der diese Beziehungen, ohne selbst ins Zwielicht zu geraten, verteidigen kann.

Mit ihrer Erkenntnis, daß nicht sie, die intellektuelle Linke, die Verhältnisse ändern kann, sondern nur die proletarischen Massen, nur die westdeutschen Massen die Konzerne enteignen können, die vom Faschismus des Schah profitieren, von denen der Faschismus des Schah profitiert, hat diese Linke aufgehört, den Faschismus des Schah, die Herrschaft des westdeutschen Kapitals in der Dritten Welt zu kritisieren. Mit der Erkenntnis, daß der Widerstand der westdeutschen Massen gegen die Herrschaft des Kapitals sich nicht an Problemen der Dritten Welt entzünden wird, sondern nur an den Problemen hier entwickeln kann, haben sie selbst aufgehört, die Probleme der Dritten Welt zum Gegenstand von Politik hier zu machen.

Das ist der Dogmatismus und die Engstirnigkeit eines Teils dieser Linken. Die Tatsache, daß die Arbeiterklasse in Westdeutschland und Westberlin nur in nationalem Rahmen denkt und handeln kann, hebt die Tatsache nicht auf, daß das Kapital multinational denkt und handelt, ist vielmehr Ausdruck der Spaltung des Proletariats, Ausdruck von Schwäche. Eine Linke, die nur die Innenpolitik des Kapitals zum Gegenstand ihrer Kritik macht und seine Außenpolitik übergeht, hat selbst die Spaltung der Arbeiterklasse verinnerlicht, sagt der Arbeiterklasse nur die halbe Wahrheit über den Charakter des Systems, über die Politik des Kapitals, mit der die Arbeiterklasse es zu tun hat, alltäglich, in Lohnkämpfen, in absehbarer Zukunft. Das ist der Widerspruch in der Neuen Linken, daß ihre ökonomischen Analysen und politischen Einschätzungen gründlicher, radikaler und genauer sind als alles, was die westdeutsche Linke bis zur Rezession von 66/67 produziert hat, daß diese Linke das Ende der Rekonstruktionsphase, der Nachkriegszeit und das Erstarken des westdeutschen Imperialismus kennt, daß sie weiß, daß sie sich auf außerordentliche Klassenkämpfe vorzubereiten hat, daß sie aber, indem sie sich selbst propagandistisch und organisatorisch auf den nationalen Rahmen beschränkt, phantasielos und engstirnig ist in bezug auf das, was sie sich als revolutionäre Interventionsmethoden vorstellen kann. Ihre Versuche, dem antikapitalistischen Protest, der bis in die Schulen, die Gewerkschaften, die SPD reicht, eine wissenschaftliche Orientierung zu geben, ihre Positionen an den Hochschulen zu halten und auszubauen, sich den Marxismus anzueignen, ihn Lehrlingen und Schülern zugänglich zu machen, die Geschichte der Arbeiterbewegung aufzuarbeiten, in den Betrieben und Schulen Fuß zu fassen, die in diesen Aktivitäten sichtbare Bereitschaft, zu handeln und zu intervenieren, steht im Widerspruch dazu, daß ihr als Interventionsmethoden immer noch nur die einfallen, die die Arbeiterklasse in der Phase von Konkurrenzkapitalismus und Parlamentarismus entwickelt hat: als Rosa Luxemburg am Beispiel der Massenstreiks in Rußland 1905 die immense Bedeutung von Streiks im politischen Kampf erkannte und Lenin die Bedeutung des gewerkschaftlichen Kampfes. Es ist der Widerspruch zwischen ihrer Berufung auf die deutsche Arbeiterbewegung als ihrer eigenen Geschichte und der fortgeschrittenen Organisierung des westdeutschen Kapitals als westdeutschem Imperialismus als ihrer historischen Gegenwart.

Wenn immer noch ein Teil der revolutionären Linken die RAF für die persönliche Angelegenheit von Baader und Meinhof hält und die Frage des bewaffneten Kampfes wie Howeida auf dem Terrain von »Bild« und »BZ« als Kriminalität diskutiert und uns zu diesem Zweck auch falsche Begründungen unterstellt, falsche Positionen anhängt, dann löst sie damit den Widerspruch nicht zwischen ihren Erkenntnissen vom Stand der Klassenkämpfe und ihren Vorstellungen von revolutionären Interventionsmethoden – dann schiebt sie als subjektives Problem auf uns ab, was ihr und uns objektives Problem ist. Dann verhält sie sich wie einer, der vor der Schwere der Aufgabe, die auf ihn zukommt, Angst hat – sie steckt den Kopf in den Sand und denkt nicht mehr nach. Die Verurteilung des Konzepts Stadtguerilla innerhalb eines Teils der Linken erfolgt viel zu oberflächlich und aus dem Ärmel geschüttelt, als daß wir uns damit abfinden könnten, die Lücke zwischen ihrer Einsicht und unserer Praxis einfach wuchern zu lassen, obwohl wir meinen, daß wir diese Lücke durch unsere Anstrengungen allein nicht schließen können. Den Anspruch, daß sie selbst sich an diesen Anstrengungen beteiligt, halten wir ihrem und unserem Selbstverständnis nach für gerechtfertigt.

Wir haben vor einem Jahr gesagt: Stadtguerilla ist die Verbindung von nationalem und internationalem Klassenkampf. Stadtguerilla ist eine Möglichkeit, im Bewußtsein der Menschen die Zusammenhänge imperialistischer Herrschaft herzustellen. Stadtguerilla ist die revolutionäre Interventionsmethode von insgesamt schwachen Kräften. Einen Fortschritt im Klassenkampf gibt es nur, wenn die legale Arbeit mit illegaler Arbeit verbunden wird, wenn die politisch-propagandistische Arbeit die Perspektive bewaffneter Kampf hat, wenn die politisch-organisatorische Arbeit die Möglichkeit Stadtguerilla einschließt. Das soll hier konkretisiert werden: am Beispiel der Chemie-Arbeiterstreiks 1971, angesichts der objektiven Aktualität der sozialen Frage, der subjektiven Aktualität der Frage des kapitalistischen Eigentums und der Militarisierung der Klassenkämpfe in der Bundesrepublik und Westberlin.

»Im gegenwärtigen Stadium der Geschichte kann niemand mehr bestreiten, daß eine bewaffnete Gruppe, so klein sie auch sein mag, bessere Aussichten hat, sich in eine große Volksarmee zu verwandeln, als eine Gruppe, die sich darauf beschränkt, revolutionäre Lehrsätze zu verkünden.« (aus: 30 Fragen an einen Tupamaro)

2. Der Chemie-Arbeiterstreik 1971

Die großen Streikbewegungen 1971 in der chemischen Industrie und in der Metall-Industrie – die zu den fortgeschrittensten Industrien Westeuropas gehören – haben deutlich gemacht, was die Probleme der Arbeiterklasse in den nächsten Jahren sein werden. Sie haben eine große Bereitschaft zu kämpfen in der Arbeiterschaft gezeigt und gleichzeitig die ökonomische und politische Überlegenheit der Chemie- und Metallindustriellen der Arbeiterklasse gegenüber; sie haben die Komplizenschaft der Gewerkschaftsbürokratien mit der sozial-liberalen Regierung gezeigt und die Rolle dieser Regierung als ausführendem Organ dieses »Staates der Konzerne«. Die Arbeiter haben die Streiks verloren. Sie hatten für 11 und 12 Prozent gestreikt, die Gewerkschaften haben sich auf 7,8 und 7,5 Prozent mit den Unternehmern geeinigt. Die Situation, auf die sich Sozialisten in der Bundesrepublik und Westberlin in den nächsten Jahren einzulassen und zu beziehen haben, ist durch das, was in diesen Streiks sichtbar geworden ist, gekennzeichnet: subjektiv verschärfte Kampfbereitschaft in der Arbeiterklasse, objektiv verminderte Kampfkraft; objektiv Lohnabbau, Verlust des »sozialen Besitzstandes«, subjektiv mehr Bewußtsein vom Klassengegensatz, Klassenhaß.

Die Stärke der Chemie-Industrie war ökonomisch das Resultat einer Entwicklung von Konzentration und Kapitalexport, zu dem die Wirtschaft Westeuropas insgesamt unter dem Druck der nordamerikanischen Konkurrenz gezwungen ist. Sie war politisch das Resultat der Lehren, die die westdeutsche Industrie aus dem Mai '68 in Frankreich und den wilden Streiks im September '69 gezogen hat, ihre Gegenoffensive gegen das in den Septemberstreiks sichtbar gewordene, erstarkte Klassenbewußtsein der Arbeiterschaft hier.

Konzentration

Die größeren amerikanischen Unternehmen können immer noch trotz höherer Löhne geringere Produktionskosten erzielen, aufgrund ihrer Größe und aufgrund ihres technologischen Vorsprungs. Hugh Stephenson von der »Times«: »Das Problem der Größe gilt nicht so sehr für die Größe der Fabrikanlage, sondern darunter ist die finanzielle und wirtschaftliche Größe zu verstehen. Großer Umsatz allein bedeutet noch nicht viel. Er hat aber im Gefolge den Vorteil der beherrschenden Marktposition. Und das ist eine Prämie, ohne die die großen Kapitalinvestitionen in der modernen Industrie, selbst wenn sie nicht in den Bereich der fortgeschrittenen Technologie gehören, nicht befürwortet werden können. Die Art des Wettbewerbs zwischen Unternehmen in fortgeschrittenen Industriezweigen, wie Auto, Chemie und Erdöl, hat sich grundlegend geändert. Die Kosten neuer Investitionen sind so hoch, daß den betroffenen Gesellschaften eine stabilere zukünftige Nachfrage gesichert sein muß, als dies bei scharfem Wettbewerb möglich wäre. Unter diesen Umständen ist es unausbleiblich, daß sich die Industrie in Europa in der Zukunft in einer weiteren Phase der Konzentration zu wenigen und größeren Gruppierungen zusammenschließen wird.« (»Die Welt«, 23.2.72)

Öffentliche Gelder

Konzentration ist die eine Sache. Der Zufluß öffentlicher Gelder für Forschungs- und Entwicklungsausgaben die zweite. Den nordamerikanischen Unternehmen stehen mehr Gelder dafür zur Verfügung durch ihre Größe und durch die permanente Rüstungswirtschaft der USA. 1963-64 gaben die USA 3,3 Prozent ihres Bruttosozialprodukts für Forschungszwecke aus – gegenüber nur 1,5 Prozent im Durchschnitt in Westeuropa. Hugh Stephenson: »In den Bereichen fortgeschrittener Technologie mit riesigen und immer noch steigenden Forschungs- und Entwicklungskosten wird Europa keinen Erfolg haben, wenn nicht der ständige Fluß öffentlicher Gelder gewährleistet ist.« Sei er das nicht, dann sei es besser, von Anfang an mit amerikanischen Firmen Korporationsabkommen zu schließen. Das ist der Druck, der heute von der Wirtschaft auf den Staat ausgeübt wird. Konzentration und staatliche Subvention sind zur Lebensfrage des kapitalistischen Westeuropa geworden.

Kapitalexport

Die dritte Sache heißt Kapitalexport, heißt Beteiligung an ausländischen Unternehmen und Errichtung eigener Produktionsanlagen im Ausland, zum Zwecke der billigeren Rohstoffbeschaffung, um das niedrigere Lohnniveau in anderen Ländern als Profit zu kassieren, um Transportkosten beim Warenverkauf auf ausländischen Märkten zu sparen.

Weil die chemische Industrie an der Spitze dieser Entwicklung steht, hat der Chemie-Arbeiterstreik 1971 exemplarischen Charakter, kann an seinem Beispiel eine ganze Entwicklung begriffen werden, die von der Streikvorbereitung durch die Chemie-Arbeitgeber im Dezember '70 bis zum Rausschmiß von DKP-Lehrern aus dem Staatsdienst[7] und der Umwandlung des Bundesgrenzschutzes in eine Bundespolizei reicht, vom Faschismus in der Bundesrepublik, der sich erst entfaltet, bis zur CSU-Machtergreifung beim Bayerischen Rundfunk, der Ablehnung, Mandel an die FU zu lassen[8], bis zum Vollzug der Todesstrafe an der Roten Armee Fraktion. Es ergibt sich daraus, daß in den nächsten Jahren tatsächlich immer mehr Menschen, und zwar aller Schichten, die Kapitaleigner ausgenommen, mit den kapitalistischen Eigentumsverhältnissen unzufrieden sein werden; und es ergibt sich daraus, daß es falsch, taktisch und strategisch falsch ist, die Eigentumsfrage nicht überall und andauernd als die Hauptfrage herauszustellen, da noch mit Wischi-Waschi-Argumentationen wie Mitbestimmung und »Wehret den Anfängen« herumzuhantieren. Das ergibt sich aus einer Entwicklung, die diejenigen, die davon profitieren, am wenigsten verschleiern können.

Bayer – BASF – Farbwerke Hoechst

Die Chemie-Industrie gehört zu den am stärksten konzentrierten Industrien Westdeutschlands. Der Umsatzanteil der drei IG-Farben-Nachfolger[9] Bayer, Farbwerke Hoechst und BASF liegt bei 50 Prozent der Branche. Die drei Chemiekonzerne gehören zu den vier größten Aktiengesellschaften der Bundesrepublik. Von 597000 in der Branche Beschäftigten arbeiten allein 200000 bei den großen drei. Sie verfügen über mehr als 50 Prozent der unternehmenseigenen Forschungs- und Entwicklungsaufwendung der chemischen Industrie. Allein die BASF gliederte sich in den Jahren 1965-70 Unternehmen und Konzerne im Wert von 4 Milliarden Umsatz ein, das war mehr, als sie selbst 1965 umgesetzt hat.

Über die Zusammenarbeit dieses Staates mit den Chemie-Konzernen heißt es im Bundesforschungsbericht 1969: »Gerade in der chemischen Industrie kann man von einer echten Arbeitsteilung zwischen staatlich geförderter Grundlagenforschung und Industrieforschung sprechen. Die chemische Industrie kann ihre bisherigen Wachstumsraten und ihre internationale

Bedeutung nur aufrecht erhalten, wenn die (staatlich geförderte) Grundlagenforschung einen hohen Stand beibehält.«

Kapitalexport in der chemischen Industrie heißt: Während die gesamte westdeutsche Industrie 1970 19,3 Prozent ihrer Umsätze im Ausland machte, waren es für die Farbwerke Hoechst 44 Prozent, für BASF 50 Prozent, für Bayer 56 Prozent. Sie produzieren u.a. in Südafrika, Portugal, der Türkei, dem Iran und Brasilien. An Portugal, die Türkei und den Iran gibt die Bundesrepublik gleichzeitig Militärhilfe. Daß diese Militärhilfe dazu dient, die Kapitalverwertungsbedingungen des westdeutschen Kapitals in diesen Ländern zu sichern, d. h. das niedrige Lohnniveau zu halten, dagegen kämpfende Arbeiter zusammenzuschießen, weiß man. Bekannt ist inzwischen auch, daß diese Militärhilfe seit Mitte der 60er Jahre als Hilfe für den Ausbau von »Sicherungskräften«, d. h. für die Polizei, gegeben wird, insofern der Anti-Guerilla-Krieg als Kampf gegen Kriminalität geführt wird, eine Sprachregelung, mit der behauptet werden kann: Es gibt keinen Widerstand, die Massen sind mit allem einverstanden, es gibt nur Kriminelle und Kriminalität. Amerikanische Militärhilfe an den Iran wurde gegeben zur Unterstützung des Kampfes gegen Rauschgifthandel und -schmuggel, Brandt hat keine »ideologischen Vorurteile«, wenn Todesurteile gegen Revolutionäre als Verurteilungen von Kriminellen ausgegeben werden. Scheel[10] formulierte kürzlich erst das gemeinsame Interesse der Bundesrepublik mit der brasilianischen Militärjunta gegen »Terrorismus« und »subversive Aktivitäten«, das war beim Abschluß des Vertrages, der der Bundesrepublik den Zugang zu brasilianischen Uranvorkommen sichert, das galt den lateinamerikanischen Guerillas, die der BASF Bomben ins Haus legen. Die westdeutsche Chemie kontrolliert zusammen mit amerikanischen Konzernen fast den gesamten chemischen und pharmazeutischen Markt im Iran. Der Iran hat die höchsten Wachstumsraten der westlichen Welt; Südafrika die höchsten Profitraten – VW z.B. zahlte im Durchschnitt der letzten Jahre 30 Prozent Dividende, 1968 sogar 45 Prozent. Die westdeutsche chemische und pharmazeutische Industrie beherrscht den südafrikanischen Markt zu 10 bis 12 Prozent allein schon mit den dort von ihr produzierten und verkauften Waren.

Druck auf die Löhne, Herabsetzung des Lohnkostenanteils am Umsatz wird erreicht durch die Ausnutzung des niedrigen Lohnniveaus im Ausland, durch Gastarbeiter, durch Investitionen im Inland, die in der chemischen Industrie in den letzten Jahren zu 75 Prozent der Kapazitätserweiterung und Rationalisierung dienten, zur Freisetzung von Arbeitskräften. In Zahlen: Während die Beschäftigtenzahl in der chemischen Industrie von 1950 bis '70 um nur 100 Prozent stieg, stiegen die Umsätze um 636 Prozent. Allgemein besteht die Tendenz, die Beschäftigtenzahlen zu senken. Die Schließung der Phrixwerke hat Schlagzeilen gemacht[11]. Hüls kündigte in diesem Februar an, daß es 1972 die Belegschaftsstärke um 3 bis 4 Prozent senken werde. Die Chemie-Industriellen sprechen von der »zunehmenden Bedeutung der Arbeitskostenbelastung«. Sie meinen: Entlassungen und Herabsetzung der Löhne. Sie gingen in die Tarifrunde 1971 mit der Absicht, ihre Vorstellungen von »Arbeitskostenbelastung« durchzusetzen, d.h. die Arbeiterklasse mit einem massiven Angriff in die Defensive zu treiben.

Die Stärke der Kapitalistenklasse

Konzentration als Voraussetzung für eine starke Verhandlungsposition des Kapitals bedeutet: einheitliches Handeln der Arbeitgeber, insofern die Arbeitgeberverbände von denen beherrscht werden, die den Markt beherrschen: Bayer, BASF und Hoechst; Kapitalexport bedeutet Stärke, insofern die Arbeiterklasse, die den Chemie-Industriellen gegenüberstand, nicht die einzige mehrwertproduzierende der chemischen Industrie ist. Indem die Aufhebung der Konkurrenz unter den Lohnabhängigen im Arbeitskampf in den Nationalstaatsgrenzen immer noch ihre faktische Grenze hat, legt der Streik die Mehrwertproduktion für das Kapital nur teilweise still. Während die Arbeiter alles aufs Spiel setzen, steht für das Kapital nur ein Teil auf dem Spiel.

Darüber, daß die Chemie-Industriellen ihre Stärke in den Tarifverhandlungen rücksichtslos ausspielten, politisch einzusetzen wußten, gibt es überhaupt keinen Grund zu jammern. Es ist falsch, eine spezifische Bosheit der Chemie-Industriellen darin zu sehen, daß sie bestrebt sind, das Lohnniveau durch Ausnutzung der Sklavenarbeit in Afrika, Asien und Lateinamerika zu drücken, sich durch Investitionen Arbeitskräfte vom Hals zu schaffen, sich durch Konzentration ökonomische und politische Handlungsfreiheit und Flexibilität zu sichern. Die Brutalität ihrer Handlungen als Ausbeutung, als politische Unterdrückung, als das Bestreben, die Reproduktionskosten der Ware Arbeitskraft auf ein Minimum zu drücken, entspricht der Rationalität des Systems, als Druck der nordamerikanischen Konkurrenz auf die Wirtschaft Westeuropas, der Rationalität der Branche, ihrer Produkte und Märkte – sie ist als Unmenschlichkeit und Verbrechen dem System immanent und wird nur mitsamt dem System abgeschafft oder gar nicht.

Die Chemie-Industriellen hatten die Streiks bis ins Detail vorbereitet, sie, nicht die Gewerkschaften, wollten den Streik, und sie, nicht die Gewerkschaften, haben den Streik gewonnen. Die Arbeiter erlitten eine Niederlage. Sie hatten, mit verteilten Rollen, alle gegen sich: das Kapital, die Regierung, die Gewerkschaftsbürokratien.

Die Vorbereitung der Streiks

Im Februar '71 kündigten die Gewerkschaften die Tarife für Hessen, Nordrhein und Rheinland-Pfalz zum 31. März und forderten 11 bis 12 Prozent, für Hessen linear 120,- Mark, das heißt für Hessen: Lohnerhöhung für alle Lohngruppen gleich, Einfrieren der Lohnschere, ein Schritt zur Herstellung von Einheit für die Arbeiterklasse. Die Chemie-Industriellen machten kein Angebot.

Im Dezember '70 schon hatten die Chemie-Industriellen die »gegenseitige Hilfeleistung« der Unternehmen im Fall eines Streiks vorbereitet. Das war die Übernahme von Lohnaufträgen zu Be- und Verarbeitung von Rohstoffen, Vor- und Zwischenprodukten, die Zuverfügungstellung von Produktionseinrichtungen und Transportmitteln; das war die Bevorratung ihrer Produkte bei ihren Abnehmern für wenigstens acht Wochen, das ging bis runter zu den Apotheken und Universitäten – der Rektor der Universität Düsseldorf forderte z.B. die Institute und Seminare auf, sich vorsorglich einzudecken. Betriebliche Maßnahmen waren detailliert ausgearbeitet: Betriebsanleitungen für Streikbrecher, die Anlage abhörsicherer Telefone, die namentliche Erfassung von gewerkschaftlichen Vertrauensleuten, Druckmöglichkeiten für Flugblätter, Kontakte zur Lokalpresse und örtlichen Meinungsträgern wie Lehrer, Pfarrer, Vereine; namentliche Erfassung »politischer Untergrundkräfte« zur Weitergabe an Verfassungsschutz und Polizei, Kontakte zur Polizei, zu Regierungsstellen, zu Innenministern. Argumentationsketten waren vorbereitet wie »Gefährdung der Arbeitsplätze durch Streik« etc.

Die gewerkschaftlichen Vertrauensleute der Farbwerke Hoechst hatten im Dezember '70 eine Mitgliederbefragung zu den bevorstehenden Tarifverhandlungen verlangt. Die Tarifkommission – aus Vertretern der IG Chemie und Betriebsräten der Großbetriebe – lehnte das ab. Das Abstimmungsergebnis, mit dem Arbeitermitbestimmung abgelehnt wurde, war nicht einmal knapp: 4 gegen 1. Die gewerkschaftlichen Vertrauensleute von Merck, Darmstadt, stellten die Forderung 160 Mark oder 12 Prozent auf. Auch sie kamen in ihrer Tarifkommission nicht durch.

Staatliche Unterstützung für die Kapitalistenklasse

Staatliche Unterstützung hatten die Arbeitgeberverbände. Die ursprünglich auf 9 Prozent projektierte Lohnleitlinie wurde zu Jahresbeginn auf 7,5 Prozent reduziert. Brandt am 11. Mai im Bundestag: »Zu starke Lohnkosten könnten in dieser Phase die Gefahr von Unterbeschäftigung hervorrufen.« Die Sachverständigen stellten in ihrem Sondergutachten zur Unterstützung der Chemie-Industriellen fest, daß »eine sehr langsame

Verminderung der Lohnsteigerungsrate« nicht ausreicht, sondern »eine Zäsur notwendig ist« (Mai '71).

Im Mai kamen die Chemie-Industriellen mit einem Angebot von 5 Prozent heraus. Im Mai ließ die IG Chemie in ihren Pressemitteilungen durchblicken, daß sie nicht auf 11 bis 12 Prozent beharren würde, daß sie auch mit 8 oder 9 Prozent zufrieden wäre.

Der Verrat von Rheinland-Pfalz

Am 24. Mai aber wurde in Rheinland-Pfalz – zur Überraschung der Öffentlichkeit – ein Tarifvertrag abgeschlossen über 7,8 Prozent für zehn Monate, das sind bei einer faktischen Laufzeit von zwölf Monaten 6,5 Prozent, weniger also als Schillers Orientierungsdaten. In Rheinland-Pfalz herrscht die BASF. Die BASF brauchte keinen Streik. Auch bei Bayer und Hoechst wurde später nicht gestreikt. Die Belegschaften der Großbetriebe brauchten die Demütigung der Streikniederlage nicht, sie werden durch ein vielfach gefächertes Pazifierungssystem diszipliniert: Werkswohnungen, scheinbare Gewinnbeteiligung, Ausbildungsbeihilfen, ein betrieblicher Vertrauensleutekörper neben dem gewerkschaftlichen, eine Arbeitsorganisation, die die Belegschaften hundertfach in räumlich getrennte Betriebseinheiten spaltet, ein Lohnsystem, das sie nach Lohngruppen spaltet, Leichtlohngruppen, die sie nach Männern und Frauen spalten.

Das Flugblatt, das die IG Chemie zu diesem Abschluß an ihre Mitglieder verteilte, verteilten in Hessen die Chemie-Industriellen an ihre Belegschaften. Die Tarifkommissionen in Nordrhein und Hessen gaben sich empört über den Abschluß in Rheinland-Pfalz. Sie redeten von Kampfmaßnahmen, ohne sie vorzubereiten. Die IG Chemie forderte ihre Mitglieder lediglich auf, ihre Beiträge in Ordnung zu bringen und neue Mitglieder zu werben.

Streik

Am Widerstand der Chemie-Industriellen scheiterte schließlich die Bundesschlichtung für Nordrhein, für Hessen, später für Westfalen und Hamburg. Nach dem Scheitern der Bundesschlichtung begannen die Streiks. Von Anfang Juni bis Anfang Juli waren insgesamt 50000 Arbeiter in diesen vier Bezirken im Streik, 150000 beteiligten sich an Aktionen. In Nordhrein wurde für 9 Prozent gestreikt, in Hessen für eine lineare Erhöhung um mindestens 120 Mark, wenigstens 11 Prozent, in den anderen Bezirken für 11 und 12 Prozent. Es waren die ersten Streiks in der chemischen Industrie seit 40 Jahren, seit den Lohnkämpfen zu Anfang und Ende der 20er Jahre.

Die organisatorische Initiative ging nicht von den Gewerkschaften, sie ging von den Arbeitern aus. Bei Glanzstoff, Oberbruch, ging sie von 120

Handwerkern aus, die am 3. Juni spontan die Arbeit niederlegten. Als später die Gewerkschaft die Lahmlegung von Schlüsselindustrien empfiehlt, schließen sich andere Abteilungen dem aktiven Streik spontan an. Bei Dynamit Nobel, Troisdorf, begannen die Aktionen mit einer spontanen Arbeitsniederlegung der Handwerker der Zündstoffabriken. Bei den Clouth-Gummiwerken, Köln, bei denen vier Wochen lang gestreikt wurde, fingen die Walzwerker an. Bei Degussa, Wolfgang, gingen die Handwerker von sich aus in kleinen Gruppen durch die Produktionshallen, um die Arbeiter zur Kundgebung von Betriebsrat und Vertrauensleuten zu holen. Bei Braun, Melsungen, fingen die Arbeiter im Apparatebau an. Bei Glanzstoff, Kelsterbach, begannen die Aktionen mit den Sitzstreiks einiger Spanier. Bei Merck, bei den Farbwerken Hoechst – überall gingen die Aktionen von kleinen, aktiven Gruppen aus. In einigen Betrieben ist den ganzen Juni über gestreikt worden.

Am 8. Juni nahmen 10000 Arbeiter an einer Großkundgebung der IG Chemie in der Kölner Sporthalle teil. Am 14.6. war Aktionstag in Nordrhein: In 38 Betrieben streikten 19000 Arbeiter. Am 16.6. fand die zweite Großkundgebung der IG Chemie in Köln mit noch mal 10000 Arbeitern statt. Gleichzeitig beteiligten sich 16000 an Aktionen in Hessen – 4000 Arbeiter der Farbwerke Hoechst demonstrierten zu einer Kundgebung der Gewerkschaft, es war das erstemal seit 50 Jahren, daß bei Hoechst – wenn auch nur für ein paar Stunden – gestreikt wurde. Ende Juni streikten in Hessen, Nordrhein, Hamburg und Westfalen 38000 Arbeiter. Wenn man bedenkt, wie zweideutig die Gewerkschaftsbürokratien sich verhielten, daß die Initiative zu den Streiks von kleinen Gruppen ausging, dann sind das eindrucksvolle Zahlen.

Aber bei Merck stellte sich erst unter dem Druck der Belegschaft der Betriebsratsvorsitzende hinter die Forderung der Gewerkschaft. Die Streikleitung bei Bayer, Leverkusen, kam mit ihrem Streikbeschluß bei der Streikbezirksleitung nicht durch. Viele wollten nicht streiken, weil ihnen die Forderung nicht hoch genug war. Viele wollten nicht streiken, weil sie meinten, am Ende gäbe es ja doch einen miesen Kompromiß. Daß es bei den Farbwerken Hoechst und bei Bayer, Leverkusen, – als den größten Betrieben in Hessen und Nordrhein – bei Einzelaktionen blieb, entmutigte viele. Das Pazifizierungssystem der Konzerne zahlte sich aus.

Während die Arbeiter streikten, unternahmen die Chemie-Industriellen alles, um in der Offensive zu bleiben – blieben die Gewerkschaften defensiv. Der stärkste Druck auf die Arbeiter wurde mit der Behauptung ausgeübt, die Streiks seien illegal, weil keine Urabstimmung stattgefunden hätte – die IG Chemie ist gesetzlich nicht verpflichtet, Urabstimmungen abzuhalten, anders als die IG Metall. Bei Hoechst ist es mit dem Argument »Kein Streik ohne Urabstimmung« zu keinen Streiks gekommen. Die Streikleitung von Merck stellte die Frage des Rechts als Machtfrage im Klassenkampf: »Im Arbeitskampf, das sagt schon das Wort, ist unser Recht aufgrund der Meinung der Mehrheit, der Streikenden nämlich, vorrangig.« Der IG Chemie fiel nur der Hinweis auf ihre Satzung ein.

Den Chemie-Industriellen waren legale und illegale Mittel gleich recht: Bei Merck wurden Gerüchte verbreitet, es gäbe Verletzte, es seien Steine auf Werksschienen gelegt worden, »betriebsfremde Elemente« hätten Sabotage verübt, Streikposten seien mit Fahrradketten und Schlagringen bewaffnet. Bei Glanzstoff, Oberbruch, sind Gerüchte über Schießereien verbreitet worden. Polizeieinsätze verschafften Streikbrechern Durchgänge zu den Betrieben, bei Merck und bei Glanzstoff, Kripo fotografierte Streikposten, griff Streikposten an, Busse mit Streikbrechern fuhren in die Streikposten rein (Glanzstoff); die Unternehmensleitung von Merck störte den Funkverkehr zwischen den Streikposten, verstärkte den Werkschutz, Bereitschaftspolizei stand bereit, Betriebsfremde wurden als Streikbrecher geholt, ein Lager wurde aus dem Werksgelände ausgelagert. Bei Glanzstoff waren die Polizeieinsätze so hart, daß junge Polizisten zu weinen anfingen und durch ältere ersetzt werden mußten, bevor die Polizei den Streikbrechern den Weg freimachen konnte.

Klassenjustiz

Einstweilige Verfügungen der Arbeitsgerichte kamen dazu, um den Zugang von Streikbrechern in die Betriebe abzusichern, Polizeieinsätze zu legalisieren, Streikaktionen zu illegalisieren. Bei Merck schloß die IG Chemie nach Erlaß der Einstweiligen Verfügung einen Vergleich, der den Inhalt der Verfügung nicht außer Kraft setzte – Durchgang für Streikbrecher –, dafür die gerichtliche Intervention noch gewerkschaftlich sanktionierte. So fiel die Gewerkschaft den Arbeitern von Merck in den Rükken, deren Streikleitung zu der Einstweiligen Verfügung erklärt hatte: »Das Auge des Gesetzes sitzt im Angesicht der herrschenden Klasse.« (Ernst Bloch) »Uns unterstellt die Geschäftsleitung die Gewalt, die von eben dieser Geschäftsleitung und nur von ihr ausging und ausgeht.« Die zu dem Vergleich erklärte: »Der Vergleich täuscht ein Recht für sogenannte Arbeitswillige, das heißt von Streikbrechern, vor. Aber die Unternehmer weigern sich ganz entschieden, ein wirkliches Recht auf Arbeit zu gewähren. Wo blieb das Recht auf Arbeit in der Krise 1966/67?«

Der Oberbürgermeister von Darmstadt verband die Neutralitätserklärung von Staat und Polizei mit der Drohung, daß doch wohl kein Arbeiter den Urlaub im Krankenhaus verbringen wollte.

Den Arbeitern von Merck gelang es immer wieder, den Durchgang für Streikbrecher zu blockieren, gegen die Polizei, zeitweilig mit Unterstützung von Studenten. Indem sie ihren Streik offensiv führten, kamen keine Zweifel an seiner Rechtmäßigkeit unter den Arbeitern auf. Unrechtmäßig dagegen war nach Beendigung der Streiks die Entlassung von 17 Lehrlingen und Jungarbeitern bei Merck.

Während die Gewerkschaften sukzessive ihre Forderungen herabsetzten, während die Arbeiter streikten, erklärten die Chemie-Industriellen die Löhne kurzerhand als vom 1. Juni an um 6,5 Prozent erhöht. Ein Korruptionsversuch, der gegenüber den Arbeitern weitgehend mißlang. Den Machenschaften der Gewerkschaftsführung aber waren sie nicht gewachsen. Die schloß sich einem Kommunique der Konzertierten Aktion im Juni an, das einer Aufforderung gleichkommt, die Streiks mit einer Niederlage zu beenden: »Die am Gespräch der Konzertierten Aktion Beteiligten werden in voller Eigenverantwortlichkeit auf Unternehmer und Gewerkschaften einwirken mit dem Ziel, daß alle Beteiligten sich nicht an den Preis- und Einkommenserwartungen des Booms orientieren, sondern an den Notwendigkeiten einer Phase der gesamtwirtschaftlichen Konsolidierung.«

Damit kam es Anfang Juli zwischen dem Hauptvorstand der IG Chemie und den Chemie-Industriellen zum Abschluß: 7,8 Prozent = Lohnleitlinie = das Ergebnis von Rheinland-Pfalz. Die Streikleitung von Merck schickte ein Protesttelegramm an den Hauptvorstand, er möge zurücktreten. Bei den Clouth-Gummiwerken wurden die Gewerkschaftsvertreter bei Bekanntgabe des Abschlusses ausgepfiffen. Der Streik war beendet.

Die Chemie-Industriellen hatten erreicht, was sie wollten. Sie wollten, daß der erste Streik in der Chemie-Industrie in seinem Verlauf und Inhalt von ihnen bestimmt wird, daß die erste Streikerfahrung der Chemiearbeiter dieser Generation die Erfahrung einer Niederlage ist, weil sie »im Hinblick auf die zunehmende Bedeutung der Arbeitskostenbelastung mit der Möglichkeit rechnen, daß bei künftigen Tarifverhandlungen in der chemischen Industrie ernste Auseinandersetzungen, also u.U. auch Arbeitskämpfe nicht vermieden werden können« (aus: Hilfeleistung im Arbeitskampf) – weil für die Chemie-Industriellen dieser Streik keine vereinzelte Erscheinung war, sondern eine Etappe in einer langfristigen Strategie im Kampf gegen die Arbeiterklasse. Mit den Worten des Sprechers der Deutschen Bank, Ulrich: »Es bedarf mehrerer Schritte, die allerdings jeweils groß genug sein müssen, um bald das Ziel – Steigerungsraten von nur noch zwei oder drei Prozent – zu erreichen.« (Februar '72)

Die Arbeiter haben nicht erreicht, was sie wollten: mehr Einheit – das war der Inhalt der 120-Mark-Forderung in Hessen; Lohnerhöhungen, die nicht hinter den Preissteigerungen zurückbleiben – das war der Inhalt der Streikbewegung; Geschlossenheit – mit, nicht ohne die Arbeiter von Bayer, BASF und Hoechst; Erfolg.

Sicher ist dieser Tarifabschluß Ausdruck des gegenwärtigen Kräfteverhältnisses zwischen den Klassen. Wobei man sagen kann, das Kapital hat fast alles in der Hand, die Arbeiter fast nichts. Die Seite des Kapitals ist geschlossen und »konzentriert«, die Arbeiterklasse vielfältig gespalten; das Kapital hat starke Organisationen, die es fest in der Hand hat, die Arbeiter Gewerkschaften, die sie nicht in der Hand haben, deren Bürokratie und Führung eine arbeiterfeindliche Politik macht, zusammen mit der jetzigen Regierung; das Kapital hat den Staat, die Arbeiterklasse hat ihn gegen sich; das Kapital ist international organisiert, die Arbeiterklasse kann immer noch nur im nationalen Rahmen handeln; das Kapital hat eine klare, langfristige Strategie und propagiert sie in allen Bereichen, ist entschlossen, den Angriff auf die Arbeiterklasse zu führen. Die Arbeiterschaft wird dem ihre Wut entgegenhalten – das ist aber auch alles, was sie dann hat.

Die Militarisierung der Klassenkämpfe

Trotz dieser Stärke des Kapitals, trotz dieser Schwäche der Arbeiterklasse rüstet der Staat auf, bereitet die Militarisierung der Klassenkämpfe vor. Die politischen Maßnahmen entsprechen den ökonomischen Fakten: der Aggressivität des Kapitals. Die politischen Fakten signalisieren den Umfang und die Schärfe des Angriffs.

Je weniger sich das Allgemeinwohl aus der Politik des Kapitals von selbst ergibt, als Wohlstand, wachsende Einkommen, Verbesserung der Lebensbedingungen aller, desto mehr muß getrommelt werden, desto weniger kann man sich Kritik an den Maßnahmen des Kapitals mehr leisten: Deshalb werden überall kritische Journalisten gefeuert, deshalb werden die Schulen von Linken gereinigt, deshalb greift die CSU zum Bayerischen Rundfunk, und das kann nur der Anfang der Gleichschaltung der ARD-Anstalten mit dem ZDF sein – auch wenn es in anderen Bundesländern nicht so schnell gehen kann.

In dem Maß, in dem die Loyalität der Massen gegenüber dem System nicht mehr erkauft werden kann, muß sie erzwungen werden, nicht mehr freiwillig erfolgt, wird Gewalt angedroht: wird der Bundesgrenzschutz in eine Bundespolizei umgewandelt und von 23000 Mann auf 30000 vergrößert; wird die Polizei mit Maschinenpistolen ausgerüstet, soll sich der Bürger an den mit einer MP bewaffneten Bullen an der Kreuzung gewöhnen wie ans Steuerzahlen, wird das Haftrecht verschärft, werden Notstandsübungen durchgeführt, bei denen scharf geschossen wird, werden

Genossen in U-Haft genommen, wird an RAF-Verdächtigen die Todesstrafe vollstreckt.[12]

In dem Maß, in dem das Volk keinen Grund mehr hat, nachdem der Kapitalismus in Westdeutschland einmal erzwungen worden ist, weiterhin aus sich heraus antikommunistisch zu sein, müssen Kommunisten gewaltsam vom Volk isoliert werden: Deshalb fliegen die Linken aus den Betrieben, deshalb wird der Preis immer höher, den die DKP für ihre Legalität zahlen muß – (und es scheint: sie zahlt jeden) –, deshalb droht die chemische Industrie der FU, sie werde FU-Absolventen nicht einstellen, wenn nicht Ruhe und Ordnung an der FU wiederhergestellt werden.

In dem Maße, wie der Gedanke der kommunistischen Alternative aufgrund der Widersprüche, die das System selbst erzeugt, an Boden gewinnt, müssen Freiräume, von denen aus er noch propagiert werden könnte, geschlossen werden: Deshalb wird Mandel nicht an die FU gelassen, ruft der Universitätspräsident in Frankfurt die Bullen, damit die Klausuren geschrieben werden, die die Industrie verlangt, hetzt Löwenthal[13] gegen Spartakus, greifen Löwenthal-Kameramänner Studenten an, um jene Krawallszenen ins Bild zu kriegen, die zur Volksverhetzung gebraucht werden.

Nachdem in zehn Jahren Ausländerbeschäftigung in der Bundesrepublik – seit der Mauer 1961[14] – die Unfallquoten der Ausländer immer noch doppelt so hoch sind wie die der deutschen Arbeiter, die schon hoch genug sind, die Unterkünfte immer noch Ghettos, die Diskriminierung im Betrieb und im Stadtteil immer noch total ist und die ausländischen Arbeiter nun anfangen, sich selbst zu organisieren, um sich besser wehren zu können, wird das Grundgesetz geändert, um die Ausländerorganisationen noch besser überwachen, noch schneller zerschlagen zu können, als das aufgrund des faschistischen Ausländergesetzes und des antikommunistischen Vereinsgesetzes schon möglich ist.

Angesichts dieser Entwicklung das bißchen Vorwand, das die Rote Armee Fraktion dem Kapital propagandistisch bietet, für den Kern des Problems zu halten, die Zuspitzung der Klassenkämpfe in kausalen Zusammenhang mit uns zu bringen, das Aufkommen von Rechtsradikalismus für eine Reaktion auf uns zu halten, ist objektiv die Argumentation des Klassenfeindes, ist subjektiv eine ganz oberflächliche Betrachtungsweise, die nur von der äußerlichen Erscheinung der Dinge, so wie die bürgerliche Presse sie darstellt, ausgeht.

Die legale Linke und der Staatsfeind Nr. 1

Die legal arbeitende Linke ist dieser Offensive des Kapitals gegenüber nicht nur defensiv, sie ist auch objektiv ratlos. Sie setzt dem ihre Flugblätter und

Zeitungen entgegen, ihre Arbeiteragitation, die besagt, daß das Kapital an allem schuld ist, was ja richtig ist, daß die Arbeiter sich organisieren müssen, die sozialdemokratische Linie in den Gewerkschaften überwinden müssen, lernen, ökonomische Kämpfe zu führen, das Bewußtsein als Klasse zurückgewinnen – was notwendige politische Arbeit ist. Als einzige politische Arbeit ist sie kurzsichtig. Sie sieht die Maschinenpistolen und sagt: den Ökonomischen Kampf entwickeln. Sie sieht die Notstandsübungen und sagt: Klassenbewußtsein. Sie sieht den Faschismus und sagt: die Klassenkämpfe nicht zuspitzen. Sie sieht die Kriegsvorbereitungen und sagt: Bündnispolitik mit dem Mittelstand. Sie sieht die Arbeits- und Bundesarbeitsgerichtsurteile, mit denen zukünftige Streiks illegalisiert werden sollen, und sagt: Legalität.

Die Konterrevolution traut sich zu, mit allen Problemen fertig werden zu können, die sie produziert, auch ist ihr kein Mittel zu dreckig dafür. Aber sie kann nicht warten, bis der Faschismus sich wirklich entfaltet hat, die Massen für sie mobilisiert sind, und sie braucht die Gewißheit, daß Bewaffnung und bewaffneter Kampf ihr Monopol bleibt – daß die Wut der Arbeiterklasse, die sie zu provozieren entschlossen sind, diese Idee nicht faßt und mit der Idee die Mittel nicht: die Idee des bewaffneten Kampfes als revolutionäre Guerilla, die aus dem Hinterhalt kämpft und nicht zu fassen ist, die sie zur Rechenschaft zieht, die ihre Polizei demoralisiert, die als Gegengewalt ihrer Gewalt Widerstand leistet.

Genscher[15] wäre nicht der Innenminister der herrschenden Klasse, wenn er nicht die unglaublichsten Anstrengungen unternähme, uns »aus dem Verkehr zu ziehen«, wenn er uns nicht zum Staatsfeind Nr. 1 erklärt hätte, noch bevor wir etwas gemacht haben, was uns als solchen ausweisen würde, wenn er nicht alles, aber auch alles täte, um uns von den Linken, der Arbeiterschaft, der Bevölkerung zu isolieren, wenn er uns nicht ermorden ließe. Das kann nur noch viel schlimmer werden.

Aber sie können ihre Kriegsvorbereitungen nicht mehr heimlich durchführen und nicht mehr auf dem Boden ihrer eigenen Legalität, sie sind gezwungen, ihre eigene Ordnung zu brechen und als das aufzutreten, was sie sind: als Feinde des Volkes – und die Linke macht auf einer dialektisch höheren Ebene die richtige Propaganda, als sie sie eigentlich machen will, wenn sie sagt: Der Terror gilt nicht der RAF, sondern der Arbeiterklasse. Natürlich gilt er nicht der RAF, sondern ist Vorbereitung auf bevorstehende Klassenkämpfe. Es geht darum, die Idee des bewaffneten Kampfes mit aller Gewalt, deren das System im Augenblick fähig ist, von der Arbeiterklasse fern zu halten. Nicht wir sind ungeduldig. Das System ist nervös. Das Kapital kann nicht warten, bis sich der Faschismus entfaltet hat, die amerikanische Konkurrenz wartet nicht. Die Hysterie des Systems macht unsere Strategie und

Taktik nicht falsch. Sie wird dadurch nicht falsch, daß das System es uns unendlich schwer macht, die Guerilla in den Massen zu verankern. Widerstand zu leisten wird dadurch nicht falsch, daß der Krieg ein langwieriger Krieg ist.

Was erwarten die Genossen eigentlich in einem Land, das Auschwitz hat widerstandslos über sich ergehen lassen? Deren Arbeiterbewegung die Geschichte der deutschen Arbeiterbewegung hat und deren Polizei die Geschichte der SS?

»Die Kommunisten kämpfen für die Erreichung der unmittelbar vorliegenden Zwecke und Interessen der Arbeiterklasse, aber sie vertreten in der gegenwärtigen Bewegung zugleich die Zukunft der Bewegung.« (Kommunistisches Manifest)
Das verstehen wir unter DEM VOLK DIENEN.[16]

3. Die Eigentumsfrage und die Militarisierung des Konflikts

Das Argument, die Bundesrepublik sei nicht Lateinamerika, verschleiert die hiesigen Verhältnisse mehr, als daß es sie aufdeckt. Gemeint ist damit – sofern es nicht nur schwatzhaft in die Debatte geworfen wird –: Hier herrscht nicht dieselbe katastrophale Armut wie dort, hier ist der Feind nicht eine ausländische Macht, hier ist das Regime dem Volk nicht so verhaßt, hier herrscht noch keine Militärregierung wie in vielen lateinamerikanischen Staaten. Gemeint ist: Dort sind die Verhältnisse so unerträglich, daß nur noch Gewalt hilft – hier sind die Verhältnisse noch erträglich genug, so daß Gewalt nicht gerechtfertigt ist. In dem Rowohlt-Band »Zerschlagt die Wohlstandsinseln der III. Welt«, in dem auch Marighelas Handbuch über Stadtguerilla[17] abgedruckt ist, heißt es in der Vorbemerkung, die Veröffentlichung geschehe aus Protest gegen Verhaftung und Folter in Brasilien, nicht als Anleitung zum Handeln hier, »wie schwach und durch die eigene Wirtschaftsordnung gefährdet die parlamentarische Demokratie auch immer sein mag;« – »Diese Gegengewalt (der lateinamerikanischen Stadtguerillas) gegen das terroristische Herrschaftssystem des Kapitals in einem Land anzuwenden, in dem über Mitbestimmung zumindest diskutiert wird, ist eine Verhöhnung der Verdammten dieser Erde.« Demnach sind Bomben gegen die BASF in Ludwigshafen ein Hohn auf die Bombenleger gegen die BASF in Brasilien. Die lateinamerikanischen Genossen denken anders darüber. Die BASF auch.

Das Argument, die Bundesrepublik sei nicht Lateinamerika, wird von Leuten vorgetragen, die aus der Sicht gesicherter Monatseinkünfte das Zeitgeschehen kommentieren, zur Sicherung ihrer Monatseinkünfte; es ist ein Ausdruck der menschlichen Kälte und intellektuellen Arroganz gegenüber den Problemen des Volkes hier. Die bundesrepublikanische Wirklichkeit fällt dabei faktisch und analytisch unter den Tisch.

Von der objektiven Aktualität der sozialen Frage, von der subjektiven Aktualität der Eigentumsfrage und von der Militarisierung der Klassenkämpfe ist bei der Analyse der Verhältnisse hier auszugehen.

Armut in der Bundesrepublik

Objektive Aktualität der sozialen Frage heißt: Armut in der Bundesrepublik. Die Tatsache, daß diese Armut weitgehend stumm ist, bedeutet nicht, daß es sie nicht gibt. Die Tatsache, daß aus ihr nicht die Möglichkeit der sozialen Revolution abgeleitet werden kann, ist kein Grund, sich nicht auf sie zu beziehen, so zu tun, als gäbe es sie nicht.

Jürgen Roth hat in seinem Buch »Armut in der Bundesrepublik« das meiste, was zum Thema Armut zu sagen ist, zusammengetragen. Demnach leben in der Bundesrepublik und Westberlin heute 14 Millionen Menschen in Armut: 1,1 Millionen leben in ländlichen Gebieten und müssen mit 100 bis 400 Mark im Monat auskommen, das sind die Familien der Kleinbauern und Altenteiler. 4,66 Millionen Haushalte mit ca. drei Personen verfügen über ein monatliches Nettoeinkommen von weniger als 600 Mark, das sind 21 Prozent aller Haushalte. Über fünf Millionen Rentenabhängige haben eine monatliche Rente bis zu 350 Mark. Hinzu kommen 600000 Bewohner in Armenanstalten, 450000 Nichtseßhafte, 100000 Heimkinder, 100000 Geisteskranke in Anstalten, 50000 Erwachsene in Gefängnissen, 50000 Jugendliche in Fürsorgeerziehung. Das sind offizielle Zahlen. Jeder weiß, daß offizielle Zahlen in diesem Bereich nach unten abgerundet werden. In Bremen bekommen 11000 Menschen Feuerungshilfe, weil sie zu wenig Geld haben, um sich die Kohlen selber zu kaufen. Das Münchner Wohnungsamt rechnet damit, daß die Zahl der Obdachlosen von jetzt 7300 auf 25000 steigen wird. In Köln lebten schon 1963 17000 in Armenanstalten.

In der Frankfurter Nordweststadt zahlt man heute für zwei Räume, etwa 60 qm groß, 460 Mark Miete. In der Nordweststadt hängen die Zähler für die Elektrizität in den Kellern. In fast jedem Hochhaus ist mindestens ein Zähler abgestellt, ungeachtet dessen, ob Kleinkinder in der dazugehörigen Wohnung sind oder ob Winter ist. 50 Abschaltungen pro Tag meldet die Stadt Frankfurt, ungefähr 800 Familien wird monatlich der Strom abgestellt.

In Frankfurt am Main leben 5000 Penner. Nachts werden sie mit Wasser aus ihren Schlafstätten in der B-Ebene der Hauptwache herausgespritzt.

Wenn die Polizei weg ist, kommen sie wieder, legen sich Zeitungen auf den nassen Boden und schlafen weiter.

7 Millionen Wohnungen in der Bundesrepublik haben weder Bad noch Toilette. 800000 Familien leben in Baracken. In Frankfurt gibt es 20000 Wohnungssuchende, in Düsseldorf 30000.

600000 Menschen in der Bundesrepublik sind an Schizophrenie erkrankt. Wenn Schizophrenie nicht behandelt wird, führt sie zu Invalidität. 3 Prozent der Bevölkerung sind durch seelische Erkrankung arbeits- und berufsunfähig. 5 bis 6 Millionen Menschen bedürfen auf irgendeine Art psychischer Hilfe. In einigen psychiatrischen Krankenanstalten geht man von 0,75 qm Platz pro Patient aus.

80 Prozent aller Arbeiterkinder, die nach Ansicht ihrer Lehrer auf die Oberschule gehören, kommen nicht dahin.

Armut in der Bundesrepublik ist nicht im Verschwinden, sie ist im Kommen. Die Wohnungsnot wächst. Die Schulnot wächst. Die Kindesmißhandlungen nehmen zu.

Ende 1970 wurden 7000 Kindesmißhandlungen gezählt, man nimmt an, daß es in Wirklichkeit 100000 waren. Man nimmt an, daß 1000 Kinder im Jahr totgeprügelt werden.

»Schulen in der Bundesrepublik beschreiben, heißt, Armut in einem reichen Land beschreiben«, sagt Luc Jochimsen[18] in ihrem Buch »Hinterhöfe der Nation«, das anschauliches Material dazu liefert. »Das öffentliche Erziehungssystem ist ein Elendsbezirk, ausgestattet mit den Merkmalen aller Slums: Mangel, Defizit, Fehlbestand, Überalterung, Überfüllung, Erosion, Unzufriedenheit, Resignation, Abgestumpftsein, Erbarmungslosigkeit.« »Was heute in den Grundschulen der Bundesrepublik mit sechs- und siebenjährigen Kindern geschieht, läuft auf eine bewußte und für die Zukunft geplante Verweigerung des Rechts auf Bildung und Ausbildung mit Hilfe der allgemeinen Schulpflicht hinaus, ist Erziehungskriminalität. Ein Verbrechen, für das es keine Strafen gibt. Ein Verbrechen, das nicht verfolgt wird.«

Im Märkischen Viertel in Berlin lebten 1970 35000 Menschen, 1980 sollen es 140000 sein. Die Leute sagen: »Brutal sieht das hier aus, ganz gemein, das tötet doch ab, irgendwie – aber innen, die Wohnung ist an und für sich gut geschnitten.« Im Märkischen Viertel fehlt alles: Spielplätze, Verkehrsmittel, Schulen, billige Einkaufsmöglichkeiten, Ärzte, Anwälte. Brutstätten von Armut, Kindsmißhandlungen, Selbstmord, Bandenkriminalität, Verbitterung, Not. Das Märkische Viertel ist soziale Zukunft.

(Bürgerliche Autoren, auf deren Ergebnisse wir uns hier beziehen, machen sich nicht die Mühe, ihre Beobachtungen aus den Bewegungen des Kapitals zu analysieren, die Kapitalkonzentration bei Banken, Versicherungen, Haus- und Grundbesitz als Ursache von Verelendung bloßzulegen. Sie arrangieren sich mit ihren Recherchenergebnissen durch verbalen Protest.)

Die Aktualität der Armut ist nicht identisch mit der Aktualität der Revolution. Die Armen sind nicht revolutionär, nicht unvermittelt, nicht von sich aus. Ihre Aggressivität richten sie mehr gegen sich als gegen ihre Unterdrücker, Aggressionsobjekt sind die noch Ärmeren, nicht die Nutznießer der Armut, nicht die Wohnungsbaugesellschaften, Banken, Versicherungen, Konzerne, Stadtplaner, sondern deren Opfer. Nicht mobilisierendes, eher deprimierendes, abschreckendes Beispiel, Faschismusmaterial für »Bild« und ZDF.

Das ZDF setzt sowas in Szene: In Wiesbadener Slums mußten die Kinder für ein ZDF-Team im Dreck spielen, sich untereinander schlagen, schreien. Die Erwachsenen mußten sich anschreien, aufeinander losgehen. Das Fernsehen gibt dem Satz »Die Bundesrepublik ist nicht Lateinamerika«, die Armen in der Bundesrepublik haben selbst schuld, sie sind kriminell, es gibt nur wenige Arme – die anschauliche Evidenz. Die Springerpresse druckt sowas nach.

Faschismusmaterial.

Die Aktualität der Eigentumsfrage

Aber die objektive Aktualität der Armut hat subjektiv die Frage des kapitalistischen Eigentums in einem Maß aktualisiert, wie es das seit den ersten Nachkriegsjahren – dem Ahlener Programm der CDU[19] – nicht gegeben hat. Nicht unvermittelt, aber vermittelt. Wenig bei den Armen selbst, aber in der übrigen Gesellschaft, als Bürgerinitiative und als Gemeinplatz weit verbreitet, noch wenig organisiert, vage, aber nicht mehr zu unterdrücken.

Daß 20000 Verkehrstote die Opfer des Profitstrebens der Automobilindustrie sind, die ohne Rücksicht auf die Entwicklung des Straßenbaus produziert; daß Versicherungspaläste das Kapital repräsentieren, das sie aus Krankheit schlagen, dessen Kehrseite Krankenhauselend ist; der Widerspruch zwischen der Verschuldung der Gemeinden und der Rendite der Konzerne, die auf ihrem Boden produzieren; zwischen Gastarbeiterausbeutung und Gastarbeiterunterkünften; Kinderelend und den Profiten der Spielzeugindustrie; Miethausprofiten und Miethauselend – das alles sind schon fast Gemeinplätze, der »Spiegel« ist jede Woche voll davon, »Bild« täglich, in Einzelfällen als Einzelfälle dargestellt, aber so massenhaft wird an diesen Zuständen Anstoß genommen, daß sie nicht mehr verschwiegen werden können. Deutsche-Bank-Sprecher Ulrich jammert über die »Verteufelung der Gewinne«, über »die Angriffe auf unser Wirtschaftssystem«, die »Kritik an den Erträgen«: »Wir alle sind noch immer nicht eindringlich genug, um die Bedeutung der Unternehmergewinne überall verständlich zu machen, ohne die ja in der Freien Marktwirtschaft Fortschritt und Entwicklung unmöglich sind« – daß damit noch Gemeinwohl gemeint sein könnte, nimmt ihm außer den Kapitaleignern selbst kaum einer mehr ab.

Eppler[20] 8 will die unpopuläre Erhöhung der Verbrauchssteuern propagandistisch durch Besteuerung der höheren Einkommen absichern. Die CDU hat Angst, daß durch die Ostverträge eine ideologische Aufweichung im Innern der Bundesrepublik die Folge sein könnte – Schröders[21] Hauptargument: Weil die Verteufelung des Kommunismus an Glaubwürdigkeit verlieren könnte, weil Kommunismus heißt: Enteignung, Vergesellschaftung von Produktionsmitteln. Nicht ihren Inhalt bekämpft die CDU, sie bekämpft in den Ostverträgen die ideologische Toleranz einem Gedanken gegenüber, der der Todfeind des Kapitalismus ist.

Die Initiativen der Linken nach 1968, sofern sie überhaupt eine größere Basis hatten, hatten die Eigentumsfragen zum Inhalt, stellten einen Angriff auf kapitalistisches Eigentum dar, hatten ihren Reibungspunkt im kapitalistischen Profitstreben, ihren Konsens in der Kritik daran: die Hausbesetzungen in vielen Städten der Bundesrepublik, die Bürgerinitiativen gegen Stadtsanierung, die Initiativen für gemeinnützige Einrichtungen in Stadtrandgebieten – Märkisches Viertel, Frankfurter Nordweststadt, die Bürgerinitiativen gegen Industrieansiedlungen in der Nähe von Wohngebieten. Das Heidelberger SPK[22] hat den Zusammenhang von Krankheit und Kapitalismus so konsequent in einem kollektiven Erkenntnis- und Handlungsprozeß kritisiert, daß die Kader des SPK wegen §129 seit Juli '71 im Gefängnis sitzen. Die Kämpfe der Studenten gegen Prüfungsordnungen, die ihnen das Kapital aufzwingt, selbst die Kampagnen der Jusos gegen Privateigentum in landschaftlichen Erholungsgebieten machen kapitalistisches Eigentum zum Gegenstand der Kritik. Die wichtigsten Streiks waren die im September '69, die sich an den hohen Dividenden des Jahres entzündeten. Die stärkste Kampagne der Studentenbewegung war die gegen den Springerkonzern: »Enteignet Springer«. Die brutalsten Polizeieinsätze richteten sich gegen die Hausbesetzungen in der Belgiersiedlung in Kassel, wo Frauen und Kinder herausgeprügelt worden sind, gegen die Hausbesetzer in Hannover, die jetzt mit Schadensersatzprozessen fertig gemacht werden. Nach Georgs Ermordung gab es in Berlin einen Aufkleber: »Die Killerschweine haben unsern Bruder Georg ermordet, weil sie Angst um ihren Zaster haben.«

Sozialdemokratismus und Reformismus

Reformversprechen sind zum Religionsersatz geworden, Opium fürs Volk, das Versprechen auf eine bessere Zukunft, das nur dazu dient, eine psychologische Motivation zugunsten Geduld und Abwarten, Passivität zu liefern. Mit den Anstrengungen, die nötig wären, um Reformen durchzusetzen, könnte man die Revolution selber machen. Wer den Leuten was anderes erzählt, wie die Jusos, und wer die Jusos für die Kraft hält, die wirksame Reformen durchsetzen wird, verkennt die Widerstandskraft des Systems, seine Entschlossenheit, die Gesellschaft an die Verwertungsbedingungen des Kapitals anzupassen und nicht umgekehrt, und längst nicht mehr nur »mit allen Mitteln des Rechtsstaats«, verkennt vor allem, daß die Jusos in erster Linie die junge Generation der Sozialdemokraten sind.

Ein Unterschied zwischen SPD und CDU besteht trotzdem. Sie schätzen die Arbeiterklasse, das Volk verschieden ein. Die SPD sagt: Zuckerbrot und Peitsche. Die CDU will lieber nur die Peitsche. Die SPD, erfahrener darin, wie man die Arbeiterklasse an der Nase herumführt, Wehner[23], erfahrener darin, wie man die Linken austrickst und austreibt, Brandt, erfahrener darin, wie man sich an die Spitze einer Bewegung stellt, um sie besser abwürgen zu können (die Anti-Atombewegung in Berlin 1958 z.B.) – sie trauen sich mehr Taktieren gegenüber dem Volk zu als die CDU. Die SPD hat die Amnestie durchgesetzt, damit für sich die Gefahr von Solidarisierungen an Studentenprozessen gebannt, die Kontinuität der Kritik an der Justiz unterbrochen, die Linken gegenüber der Justiz und Administration entsolidarisiert und schmeißt sie jetzt, wo es deswegen keinen Aufstand mehr gibt, einzeln aus dem Staatsdienst. Mit ihrer Ostpolitik hält sie sich die Kritik am Scheitern ihrer Reformpolitik vom Hals. Der Berliner Senat hat bei der Besetzung des Bethanienkrankenhauses und Umbenennung in Georg-von-Rauch-Haus die Polizei nicht eingesetzt, stattdessen den Linken das Wasser abgegraben, indem sie es in Senatsregie übernahm. Heinemann[24] hat wegen der Proteste gegen seinen Persienbesuch noch die diplomatische Augenkrankheit gekriegt; während Brandt fuhr, war das Verbot der Ausländerorganisationen schon in Arbeit. Die SPD ist sich des Einflusses, den sie über die Gewerkschaften auf die Arbeiter hat, sicherer, als es die CDU sein kann, die den Gewerkschaften mißtraut, ihren Funktionsmechanismen: Kapitalbildung durch freiwillige Mitgliederbeiträge statt durch Mehrwertschröpfung. Und Posser[25] nimmt mancher die Lüge noch ab, Mahler[26] sei »Mitmensch«, während Brigitte Asdonk[27] in seinem Wirkungsbereich mißhandelt wurde. Den Unterschied zwischen SPD und CDU haben einige Genossen als den zwischen Pest und Cholera definiert. Dazwischen hat das westdeutsche Volk die freie Wahl.

Um den gesellschaftlichen Status quo zu halten, rüstet das System auf. Status quo halten heißt: durch europäische Unternehmenskonzentration der amerikanischen Konkurrenz standhalten; durch Grundlagenforschung mit Steuergeldern die Profitraten hoch halten; durch Kapitalexport die Märkte, durch Waffenlieferungen in die Dritten Welt die Befreiungsbewegungen in Schach, durch Auslandsproduktion die Löhne hier niedrig halten; die Siemenshauptversammlung von Kritik an der Carbora-Bassa-Beteiligung[28] frei halten; dem Schah die Kritik an der Todesstrafe in Persien vom Hals halten; Status quo halten heißt: diejenigen, die arm sind, von denen, die die Eigentumsfrage stellen, getrennt halten; die Arbeiterklasse gespalten halten; die Arbeiterklasse durch Vermögensbildung und Reformversprechen hinhalten; die Behauptungen aufrecht halten: Konsumeigentum ist gleich Produktionsmitteleigentum; jeder Angriff auf Privateigentum ist den anderen gleich; alle Angriffe auf Privateigentum sind kriminell; die kapitalistische Produktionsweise ist eine natürliche Angelegenheit; sie ist die beste unter den möglichen und die beste, die man sich denken kann; Kapitalismuskritik dient partikularistischen, egoistischen Interessen einzelner und einzelner Gruppen; an der Inflation sind die Löhne schuld; Unternehmergewinne dienen dem Allgemeinwohl; wer anderer Ansicht ist, ist verstiegen, ist isoliert und letzten Endes kriminell. Das ist der Status quo der Besitzverhältnisse und Ideen, der ohne die Militarisierung der Klassenkämpfe und die Kriminalisierung der Linken nicht gehalten werden kann.

Die Springerpresse

Die Rolle der Springerpresse bei der Militarisierung der Klassenkämpfe ist schon 1968 in der Kampagne »Enteignet Springer« genau beschrieben worden:

»Man kann das Schema, nach dem die Springerpresse Öffentlichkeit produziert, auf folgende einfache Formel bringen: Jeden Befreiungsversuch der Menschen aus den Zwängen des Spätkapitalismus stellt die Springerpresse als Verbrechen dar. Der politische Revolutionär erhält die Attribute des Gewaltverbrechers. Der politische Kampf erscheint als individualistischer und abstrakter Terror, die imperialistischen Verhinderungsfeldzüge als Ungeziefervertilgungsaktion.« »Der Springerkonzern bildet die propagandistische Vorhut des aggressiven Antikommunismus. Die Springerpresse ist der Feind der Arbeiterklasse. Sie verstümmelt die Fähigkeit zum politischen Willensausdruck und zum solidarischen Handeln. Aus dem Wunsch des Lesers nach Gerechtigkeit macht die Springerpresse Lynchinstinkte, aus der Sehnsucht nach einer freien Gesellschaft den Haß gegen diejenigen, die sie errichten wollen. Die Springerpresse dient der psychologischen Kriegsvorbereitung. Durch die Feindkonstruktionen will sie sagen: Wenn ihr euch jemals rührt, wenn ihr Scheidungen nicht dem Scheidungsanwalt, Lohnerhöhungen nicht den Tarifverhandlungen, Wohnungen nicht dem Wohnungsamt, Ungerechtigkeiten nicht dem Richter, eure Sicherheit nicht der Polizei, euer Schicksal nicht dem Spätkapitalismus überlaßt, dann kommt Mord, Folter, Vergewaltigung und Verbrechen.« (aus: Untergang der Bildzeitung)

Die Situation hat sich seit der Molotowcocktailveranstaltung im Februar '68[29] verschärft. »Bild« hat die Spalte »Bild kämpft für Sie!« eingeführt, und »Bild« meldet tägliche Erfolge von der Kampffront gegen Mietwucher, gegen Ausländerkriminalisierung, gegen Kinderreiche-Familien-Kündigungen, gegen Frührentner- und Rentnerverzweiflung. Noch bevor sich die ausgebeuteten Massen von den Institutionen des Rechtsstaates abwenden, hat »Bild« sich von ihnen abgewandt; noch bevor sich die Unzufriedenheit mit den Institutionen des Klassenstaates als Klassenbewußtsein konstituieren kann, stellt »Bild« sich an die Spitze der Unzufriedenheit, dahin, wo die Nazis 1933 standen, berufen vom Kapital, nicht vom Proletariat. Böll[30] hat das faschistisch genannt, um Mißverständnissen vorzubeugen: »Verhetzung, Lüge, Dreck.« Er hat damit analytisch und politisch den Nagel auf den Kopf getroffen. Die Reaktionen zeigten, wie empfindlich das System geworden ist, wie labil der Status quo, wie faschistisch »Bild«, wie nervös das Klima im Springerkonzern.

Die Dialektik von Revolution und Konterrevolution

Es ist nicht die Frage, ob wir die reaktionäre Militarisierung wollen oder nicht, es ist die Frage, ob wir die Verhältnisse, die sie zur faschistischen Militarisierung zwingen, zur revolutionären Mobilisierung ausnutzen können, ob es uns gelingen kann, die reaktionäre Militarisierung in eine revolutionäre umzuwandeln, ob es besser ist, »sich einfach hinzulegen und zu sterben oder aufzustehen und Widerstand zu leisten«. (Kim Il Sung)[31]

Die meisten sagen: Es geht nicht. Die meisten sagen: Die Massen wollen nicht. Viele sagen, jetzt kämpfen, heißt den Faschismus provozieren. Böll sagt: »Sechs gegen 60000000 – das Kapital hat alles, wir hätten nichts.« Sie haben nur den Status quo vor Augen. Sie sehen in der Gewalttätigkeit des Systems nur die Gewalttätigkeit, nicht seine Angst. Sie sehen in der Militarisierung nur die Waffen, nicht das Abbröckeln ihrer Massenbasis. Sie sehen in der Hetze von »Bild« nur die Hetze, nicht die Unzufriedenheit der »Bild"-Leser; sie sehen in dem Bullen mit der MP nur den Bullen mit der MP, nicht das Ausbleiben faschistischer Massenaufmärsche; sie sehen in dem Terror gegen uns nur den Terror, nicht die Angst vor der sozialen Explosivkraft der RAF, die sie »im Keim ersticken« müssen.

Sie sehen in der politischen Apathie des Proletariats nur die Apathie, nicht den Protest gegen ein System, für das es sich nicht zu engagieren lohnt; sie sehen in der hohen Selbstmordquote des Proletariats nur den Akt der

Verzweiflung, nicht den Protest. Sie sehen in der Unlust des Proletariats zum ökonomischen Kampf nur die Unlust zum Kampf, nicht die Weigerung, für läppische Prozente und blöden Konsum zu kämpfen. Sie sehen in der gewerkschaftlichen Unorganisiertheit des Proletariats nur die Unorganisiertheit, nicht das Mißtrauen gegen die Gewerkschaftsbürokratien als Komplizen des Kapitals. Sie sehen in der Aggressivität der Bevölkerung gegen die Linken nur die Aggressivität gegen die Linken, nicht den Haß auf die sozial Privilegierten. Sie sehen in unserer Isolierung von den Massen nur unsere Isolierung von den Massen, nicht die wahnwitzigen Anstrengungen, die das System unternimmt, um uns von den Massen zu isolieren. Sie sehen in der langen Untersuchungshaft der Genossen nur die lange Untersuchungshaft, nicht die Angst des Systems vor den freien Genossen der RAF. Sie sehen im Rausschmiß von DKP-Lehrern nur das Ende des Marsches durch die Institutionen, nicht den Anfang der Revolutionierung der Kinder und Eltern, die erstickt werden soll. Sie sehen in allem nur die gegenwärtige Bewegung, nicht die zukünftige, nur das Schlechte, nicht das Gute: die Dialektik von Revolution und Konterrevolution.

Wir sagen nicht, daß es leicht ist, Guerilla zu machen, daß die Massen nur darauf warten, sich der Guerilla anzuschließen. Wir glauben aber vor allem nicht, daß die Situation von selbst umschlägt. Wir glauben nicht, daß die Guerilla aus Massenkämpfen spontan entstehen kann, wir halten solche Vorstellungen für unrealistisch. Eine aus Massenkämpfen spontan entstehende Guerilla ist das Blutbad, nicht die Guerilla. Wir glauben nicht, daß die Guerilla sich als »illegaler Stab« einer legalen Organisation bilden kann[32]. Der illegale Stab würde zur Illegalisierung der Organisation führen, d. h. ihrer Liquidation, sonst nichts. Wir glauben nicht, daß der Begriff von der Guerilla von selbst aus politischer Arbeit entstehen kann. Wir glauben, daß die Möglichkeiten und spezifischen Funktionen der Guerilla im Klassenkampf erst dadurch kollektiv denkbar, kollektiv faßbar werden, daß die Guerilla da ist, angesichts des Terrors der Bewußtseinsindustrie.

Wir haben gesagt: Erfolgsmeldungen über uns können nur heißen: verhaftet oder tot. Wir meinen damit, daß die Guerilla sich ausbreiten wird, Fuß fassen wird, daß die Entwicklung der Klassenkämpfe selbst das Konzept durchsetzen wird, aber nur dann, wenn es noch welche gibt, die es tun, die handeln, die nicht demoralisiert sind, die sich nicht einfach hinlegen.

Wir meinen, daß die Idee der Guerilla, die Mao, Fidel, Che, Giap, Marighela[33] entwickelt haben, eine gute Idee ist, daß niemand sie mehr vom Tisch fegen kann, daß man die Schwierigkeiten, sie praktisch durchzusetzen, unterschätzt hat, wenn man vor den Schwierigkeiten, mit denen wir zu kämpfen haben, nur erschrickt, daß das auch eine Unterschätzung der Schwierigkeiten beinhaltet, mit denen die Guerilla, wo sie schon weiter und in den Massen verankert ist, zu kämpfen hat. Wir meinen, daß das Berührungsangst ist vor dem Eingeständnis dessen, was das Kapital zu inszenieren bereit ist, wenn es um die Sicherung seiner Verwertungsbedingungen geht, womit es nie gezögert hat: In der Pariser Kommune nicht, 1918 in Deutschland nicht, 1933 nicht, in Algerien, Vietnam, Kongo, Kuba, Lateinamerika, Mozambique, Attika[34], Los Angeles[35], Kent[36], Augsburg und Hamburg[37] nicht.

Die Eigentumsfrage in allen Bewegungen zur Hauptfrage machen! Gegen die reaktionäre Militarisierung die revolutionäre Guerilla propagieren!

»Keine Partei kann sich als revolutionär bezeichnen, wenn sie sich nicht auf den bewaffneten Kampf vorbereitet, und zwar auf allen Stufen der Partei. Das ist das einzige Mittel, der Reaktion auf jeder Etappe des Revolutionsprozesses mit einem Maximum an Wirksamkeit entgegenzutreten. Jede Vernachlässigung dieses Standpunktes kann dazu führen, sich die Chancen einer revolutionären Situation entgehen zu lassen.« (Aus: 30 Fragen an einen Tupamaro)

Das verstehen wir unter DEM VOLK DIENEN!

4. Über aktuelle Einzelfragen

Ruhlandprozeß

Gäbe es in der Bundesrepublik noch eine liberale Presse, der Prozeß wäre ein Skandal gewesen. Ruhland[38] war nie so nah an der Roten Armee Fraktion dran, wie er es darstellt. Seine Beflissenheit, seine Berufung auf Ermittlungsergebnisse statt die eigene Erinnerung, die Tatsache, daß Mahlers Verteidiger Schily[39] zu diesem Prozeß nicht zugelassen worden ist, die Tatsache, daß von Prozeßbeginn an feststand, daß es ein Urteil geben werde, das weder Bundesanwaltschaft noch Pflichtverteidigung anfechten würden (die »FAZ« berichtete darüber), eine Verhandlungsführung, die der »Frankfurter Rundschau« so vorkommt, »als bespreche ein netter Lehrer mit einem sympathischen Schüler ein längst bekanntes Stück« – daß das alles mit Wahrheitsfindung und Rechtsstaatlichkeit überhaupt nichts mehr zu tun hat, ist überdeutlich. Die Beteuerung, Ruhland sage bestimmt die Wahrheit, die Drohung, die Leute, die er belastet, sagten nicht die Wahrheit, das Vorurteil, wer mit der Klassenjustiz nicht kollaboriert, belaste sich selbst – eben das ist Klassenjustiz, ist Schauprozeß, macht ihn – funktional überladen – zum Bestandteil der allgemeinen Offensive des Kapitals gegen die Linke als Vorhut der Arbeiterklasse in der Bundesrepublik und Westberlin.

Einer am Klassenwiderspruch sich zunehmend polarisierenden Öffentlichkeit kann man V-Leute, wie früher in den Kommunistenprozessen, wie Urbach[40], nicht mehr anbieten. Die linke Öffentlichkeit soll mit dem Kronzeugen aus der Retorte der Sicherungsgruppe Bonn eingeschüchtert werden und wird es sicher auch. Wer dabei vollends in Arsch geht, ist Ruhland selbst, seitdem er Freund und Feind nicht mehr unterscheiden kann, oben nicht von unten, die Revolution nicht von der Konterrevolution, sich armes Schwein nicht von denen, die das mit ihm abziehen.

Stadtguerilla machen heißt, sich von der Gewalt des Systems nicht demoralisieren zu lassen. Es gibt keinen Grund, sich von einem Prozeß, der uns politisch und moralisch recht gibt, deswegen demoralisieren zu lassen, weil er eben zu diesem Zweck veranstaltet worden ist. Der Ruhlandprozeß ist nur ein sehr äußerliches Ereignis innerhalb der historischen Entwicklung, innerhalb der Entwicklung der Klassenkämpfe, innerhalb derer es richtig ist, Stadtguerilla zu machen.

Über Verrat

Es gibt Leute, die meinen, an dem, was Homann[41] und Gen. so herumerzählen, könnte was Wahres dran sein. Zumindest Homann, meinen sie, habe doch nicht nur Stroh im Hirn. Sie nehmen ihn als das, als was er sich im »Spiegel« präsentiert hat: als »politisch Gebildeten«; zum gleichen Wortschatz gehören Verführer und Verführte. Mit dem Klassengegensatz haben diese Attribute nichts zu tun, eine Aussage wird dadurch nicht richtig, daß ein Gebildeter sie macht, daß einer sie macht, der auf die Techniken von »Spiegel"-Journalisten eingehen kann. Das ist das Wesen des Marxismus, der Dialektik von Sein und Bewußtsein, daß Aussage bei der Polizei und richtige Auskunft über revolutionäre Strategie einander ausschließen. Marxismus kann nur von Marxisten gelehrt werden, hat Margharita von Brentano dem »Spiegel« erklärt, was Mandel zu sagen hat, kann Schwan nicht buchstabieren. Über Möglichkeiten der gesellschaftlichen Veränderung kann, wer am Status quo interessiert ist, keine Auskunft geben. Das ist aber die Verfassung des Verräters, daß er am Status quo interessiert ist, daß er zurück will an seinen angestammten Platz in der Klassengesellschaft, daß er sich unter veränderten Bedingungen nicht zurecht findet, nur in seinem gewohnten Milieu Identität hat, Objekt der Entwicklung bleiben will. Ruhland fühlt sich in seiner alten Rolle als krimineller Proletarier wohl, in Handschellen und ausgebeutet. Homann in der Rolle des lumpenproletarisch-verlorenen Sohnes, der wie eh und je auf dem Strich der Bourgeoisie – beim »Spiegel« und »konkret« – seine Haut, keinen interessanten Aspekt in dieser Angelegenheit zu Markte trägt; die Sturm[42] ist von einem Seitensprung heimgekehrt in den Schoß der Familie. Ruhland bleibt Opfer,

Homann Konsument, der Ungebildete zahlt zu, der Gebildete profitiert – der Klassenunterschied ist wieder hergestellt, die Legalität, der scheinbare Naturzustand. Die »FAZ« schreibt über Homann: »... Journalist und bildender Künstler mit politisch nicht geschulter, aber sensibler Intelligenz«; über Ruhland: »... er will kein Bösewicht sein, er ist vielleicht ein Biedermann von arglosem Gemüt. Gegenüber seinen Bewachern im Gerichtssaal, den beiden jungen Schutzpolizeibeamten, hat er ein ganz natürliches, kameradschaftliches Gebaren«. Die psychische Verfassung des Verräters ist käuflich und konservativ. Die konservative »FAZ« sympathisiert mit Sohn und Gesinde.

Wir haben die falsche Faszination, die Illegalität hat, unterschätzt. Wir haben die Verbindlichkeit, mit der einige Organisationen arbeiten, überschätzt. Das heißt, wir haben nicht alle Implikationen der Studentenbewegung als einer Bewegung relativ Privilegierter berücksichtigt, nicht genug beachtet, daß für viele und wie viele von der Politisierung der Jahre 67/68 nicht mehr übrig geblieben ist als eine neue Möglichkeit, sich zu privilegieren. Insofern es natürlich auch sehr angenehm sein kann, ein bißchen Marxismus zu kennen, durchzublicken, über die ökonomischen Bedingungen von Herrschaft und ihre psychischen Vermittlungen ein bißchen aufgeklärt zu sein, entlastet vom selbstquälerischen Leistungsdruck eines bürgerlichen Über-Ichs, von entfremdeten Umgangsformen. Marxismus als Inventarstück intellektuellen Wohl- und Besitzstandes, erworben aufgrund von Privilegierung, nicht sozialisiert, um dem Volk zu dienen. Die Bevorzugung gewisser Handlungen wegen ihrer Illegalität ist Ausdruck eben jenes bürgerlichen Eigennutzes, von dem die Studentenbewegung von ihren Voraussetzungen her nicht frei sein konnte, von Mitläufer- und Söldnermentalität. Die mühsame, langwierige Kleinarbeit der Stadtguerilla, die ihre Existenz mit allem, was dazu gehört, überhaupt erstmal aufbauen muß, muß Leuten, die so falsch programmiert dazu stoßen, in der Tat zum Horrortrip werden. Wer mit kriminellen Vorstellungen daher kommt, wer nur seine persönliche Lage verbessern will, wird sie mit einer gewissen Zwangsläufigkeit durch Verrat verbessern.

Wir haben geglaubt, daß, wenn einer sagt, er habe in der und der Organisation so und so lange mitgearbeitet, dann weiß der, was politische Arbeit ist, was Verbindlichkeit, sonst hätten die ihn schon gefeuert. Wir wissen jetzt, daß wir den Begriff von politischer Verbindlichkeit, der die Voraussetzung für Stadtguerilla ist, selbst zu vermitteln haben, daß wir Fehler machen, wenn wir uns einfach auf andere verlassen.

Wir meinen allerdings, daß es für uns sehr schwer sein wird, allein durch die Vermeidung unserer Fehler die Verräterei zu verhindern. Wir meinen, daß ein falscher Begriff von der Funktion der Polizei und der Justiz, ein falscher Begriff von DEM VOLK DIENEN, eine falsche Behandlung der Widersprüche innerhalb der neuen Linken die Verräterei begünstigt hat.

Solange Verräter noch bei Genossen landen können, nicht mal die Fresse voll kriegen, sogar noch Verständnis dafür finden, daß sie um der schnellen Rekonstruktion ihrer bürgerlichen Existenz willen anderer Existenz vernichten, weil sie keinen Tag länger im Knast aushalten konnten, andere für Jahre reinbringen, andere den Exekutionskommandos der Polizei ausliefern; solange die Zusammenarbeit mit der bewaffneten Macht des Kapitals immer noch eher toleriert wird als eine politische Meinungsverschiedenheit, privat geduldet wird, was man politisch längst verurteilt hat – solange wird es Verräterei geben. Ohne den Liberalismus innerhalb der Linken zu kritisieren, können wir die Verräterei nicht abschaffen.

Verräter müssen aus den Reihen der Revolution ausgeschlossen werden. Toleranz gegenüber Verrätern produziert neuen Verrat. Verräter in den Reihen der Revolution richten mehr Schaden an, als die Polizei ohne sie anrichten kann. Wir meinen, das gilt allgemein. Von der Drohung, sie würden dann noch mehr verraten, darf man sich dabei nicht bestimmen. Von der Tatsache, daß sie arme Schweine sind, darf man sich nicht erpressen lassen. Das Kapital wird Menschen solange zu armen Schweinen machen, bis wir seine Herrschaft abgeschafft haben. Wir sind für die Verbrechen des Kapitals nicht verantwortlich.

Über Bankraub

Manche sagen: Bankraub ist nicht politisch. Aber seit wann ist die Frage der Finanzierung einer politischen Organisation keine politische Frage. Die Stadtguerillas in Lateinamerika nennen Bankraub »Enteignungsaktionen«. Niemand behauptet, daß der Bankraub für sich an der Ausbeuterordnung etwas ändert. Für die revolutionäre Organisation bedeutet er erstmal nur die Lösung ihres Finanzierungsproblems. Er ist logistisch richtig, weil anders das Finanzierungsproblem gar nicht zu lösen ist. Er ist politisch richtig, weil er eine Enteignungsaktion ist. Er ist taktisch richtig, weil er eine proletarische Aktion ist. Er ist strategisch richtig, weil er der Finanzierung der Guerilla dient.

Ein Politikbegriff, der sich von der parlamentarischen Demokratie herleitet, der Politikbegriff des Konkurrenzkapitalismus, der den Klassenantagonismus nur als Spiel der Kräfte erfaßt, der die Institutionen des Klassenstaates noch für Institutionen eines Rechtsstaats hält und Fortschritt und Humanität darin für gut aufgehoben, kann Bankraub nicht erfassen. In den Metropolen des Imperialismus kann die Organisierung des antiimperialistischen Kampfes als gleichzeitig legalem und illegalem, politischem und bewaffnetem Kampf auf den Bankraub nicht verzichten. Er gibt die Richtung an, die gemeint ist: Enteignung; und die Methode, mit der die Diktatur des Volkes gegen die Feinde des Volkes nur errichtet werden kann: bewaffnet.

Über Logistik und Kontinuität

Vielen Genossen imponieren die Aktionen der Tupamaros. Sie verstehen nicht, warum wir keine populären Aktionen machen, uns stattdessen mit Logistik beschäftigen. Sie machen sich nicht die Mühe, sich vorzustellen, was Stadtguerilla ist und wie das funktioniert.

Es ist wahrscheinlich schon Bosheit, wenn die Genossen die Meinung von Ruhlands Düsseldorfer Richter nachbeten, Ruhland sei der Handwerker und Knacker des Haufens gewesen. Abstrakt ist ihnen das Problem kapitalistischer Arbeitsteilung schon begegnet, praktisch stellen sie sich den proletarischen Genossen immer noch als den All-round-Handwerker aus der oberschlesischen Idylle vor. Daß die technischen Mittel nur in einem kollektiven Arbeits- und Lernprozeß beschafft werden können, daß Stadtguerilla tendenziell die Aufhebung von Arbeitsteilung sein muß, soll nicht die Verhaftung eines einzelnen die Katastrophe für alle sein – soweit reicht die Phantasie der Genossen nicht.

Ohne die logistischen Probleme teilweise gelöst zu haben, ohne sich selbst bei der Lösung logistischer Probleme kennengelernt zu haben, ohne in kollektiven Lernprozessen kollektive Arbeitsprozesse eingeleitet zu haben, wird der Ausgang von Aktionen technisch, psychisch und politisch dem Zufall überlassen.

Die Lösung der logistischen Probleme schließt die Sicherung der Kontinuität der revolutionären Organisation ein. Wir messen der taktischen Aufgabe, die Kontinuität der Roten Armee Fraktion zu sichern, große Bedeutung bei. So wie es das Interesse des Kapitals ist, zu teilen, zu unterbrechen, zu entsolidarisieren, zu isolieren, geschichtliche Zusammenhänge zu leugnen – im Bereich der Produktion wie im Bereich des Wohnens, des Verkehrs, der Meinungsbildung, der Erziehung –, um die Kontinuität der Profite zu sichern, so ist in allem das Gegenteil das Interesse der proletarischen Revolution: Einheit, Kontinuität, Geschichts- und Klassenbewußtsein. Ohne organisatorische Kontinuität, ohne die Ergebnisse revolutionärer Prozesse permanent organisatorisch zu sichern, überläßt man revolutionäre Prozesse der Anarchie des Systems, dem Zufall, geschichtsloser Spontaneität. – Die Vernachlässigung der Frage der organisatorischen Kontinuität halten wir für eine Erscheinungsform des Opportunismus.

Über Solidarität

Der revolutionäre Prozeß ist eben deswegen einer, weil er die Gesetze kapitalistischer Warenproduktion und Austauschs sich zum Objekt macht und nicht ihr Objekt ist. Er kann nicht mit den Kriterien dieses Marktes gemessen werden. Er kann nur mit den Kriterien gemessen werden, die gleichzeitig die Erfolgskriterien dieses Marktes außer Kraft setzen.

Solidarität, indem sie nicht von den Kriterien des Marktes ausgeht, setzt diese außer Kraft. Solidarität ist politisch, nicht erst als Solidarität mit Politischen, sondern als Weigerung, nur unter dem Büttel des Wertgesetzes, nur unter dem Aspekt von Tauschwert zu handeln. Solidarität ist ihrem Wesen nach herrschaftsfreies Handeln, als solches immer Widerstand gegen den Einfluß der herrschenden Klasse auf die Beziehungen der Menschen zueinander, als Widerstand gegen die herrschende Klasse immer richtig. Im Sinne des Systems sind Leute, deren Handlungen sich nicht an den Erfolgskriterien des Systems orientieren, Ausgeflippte und Trottel oder Versager. Im Sinne der Revolution ist jeder, der sich solidarisch verhält, wer es auch sei, ein Genosse.

Solidarität wird zur Waffe, wenn sie organisiert und konsequent angewendet wird: gegenüber Gerichten, Polizei, Behörden, Vorgesetzten, Spitzeln, Verrätern. Wenn jede Zusammenarbeit mit denen verweigert wird, ihnen keine Mühe erspart, kein Beweis erleichtert, keine Information geschenkt, kein Aufwand abgenommen wird. Zur Solidarität gehört: den Liberalismus innerhalb der Linken bekämpfen, Widersprüche innerhalb der Linken wie Widersprüche im Volk behandeln und nicht so, als seien sie der Klassenwiderspruch.

Jede politische Arbeit ist auf Solidarität angewiesen. Ohne Solidarität ist sie der Repression schutzlos ausgeliefert.

»Wir müssen nach Möglichkeit unnötige Opfer vermeiden. Alle Menschen in den Reihen der Revolution müssen füreinander sorgen, müssen sich liebevoll zueinander verhalten, einander helfen.«

DEM VOLK DIENEN!
DIE EIGENTUMSFRAGE ÜBERALL ZUR HAUPTFRAGE MACHEN! DEN BEWAFFNETEN KAMPF UNTERSTÜTZEN!
DIE REVOLUTIONÄRE GUERILLA AUFBAUEN!
SIEG IM VOLKSKRIEG!

»Der bewaffnete Kampf ist eine technische Angelegenheit und erfordert deshalb technische Kenntnisse: Ausbildung, Kampfmoral und schließlich Praxis. Auf diesem Gebiet kostet die Improvisation viele Menschenleben und führt zu Fehlschlägen.

Die »Spontaneität«, mit der sich diejenigen brüsten, die vage von der Revolution des Volkes, »der Massen«, reden, ist entweder einfach eine Ausrede oder besteht darin, sich in der entscheidenden Phase des Klassenkampfes auf die Improvisation zu verlassen. Jede avantgardistische Bewegung muß, wenn sie im entscheidenden Augenblick des Kampfes sich selbst treu bleiben will, eingreifen und es verstehen, die Gewalt des Volkes gegen die Unterdrückung technisch in die richtigen Bahnen zu lenken, damit das Ziel mit möglichst wenig Verlusten erreicht wird.« ALLE MACHT DEM VOLK!

Anschlag auf das Hauptquartier der US-Armee in Frankfurt/Main

Erklärung vom 14. Mai 1972

Am Donnerstag, den 11. Mai 1972 – dem Tag, an dem die Bombenblockade der US-Imperialisten gegen Nordvietnam begann –, hat das Kommando Petra Schelm im Frankfurter Hauptquartier des V. Armee-Corps der amerikanischen Streitkräfte in Westdeutschland und Westberlin drei Bomben mit einer Sprengkraft von 80 kg TNT zur Explosion gebracht. Für die Ausrottungsstrategen von Vietnam sollen Westdeutschland und Westberlin kein sicheres Hinterland mehr sein. Sie müssen wissen, daß ihre Verbrechen am vietnamesischen Volk ihnen neue erbitterte Feinde geschaffen haben, daß es für sie keinen Platz mehr geben wird in der Welt, an dem sie vor Angriffen revolutionärer Guerilla-Einheiten sicher sein können.

Wir fordern den sofortigen Abbruch der Bombenblockade gegen Nordvietnam.
Wir fordern die sofortige Einstellung der Bombenangriffe auf Nordvietnam.
Wir fordern den Abzug aller amerikanischen Truppen aus Indochina.
Für den Sieg des Vietkong!
Die revolutionäre Guerilla aufbauen!
Habt Mut zu kämpfen – habt Mut zu Siegen! Schafft zwei, drei, viele Vietnam!

Kommando Petra Schelm

Sprengstoffanschlag auf das Springer-Hochhaus in Hamburg

Erklärung vom 20. Mai 1972

Gestern, am Freitag, den 19. Mai um 15 Uhr 55 sind zwei Bomben im Springerhochhaus in Hamburg explodiert. Weil trotz rechtzeitiger eindringlicher Warnungen das Haus nicht geräumt worden ist, sind dabei 17 Menschen verletzt worden. Um 15 Uhr 29 ist unter der Nummer 3471 die erste Warnung durchgegeben worden mit der Aufforderung, das Haus wegen Bombenalarm binnen 15 Minuten zu räumen. Die Antwort war: Hören Sie auf mit dem Blödsinn. Es wurde aufgelegt. Zweiter Anruf um 15 Uhr 31: Wenn Sie nicht sofort räumen, passiert etwas Fürchterliches. Aber die Telefonistinnen hatten offenbar die Anweisung, solche Anrufe nicht zu beachten. Der dritte Anruf um 15 Uhr 36 ging an die Bullen: Sorgen Sie, verdammt noch mal, dafür, daß endlich geräumt wird. Weil der Springerkonzern die Tatsache, daß er gewarnt worden ist, nicht unterschlagen kann, verdreht er die Nachricht: Es sei nur ein Anruf gewesen, und der sei zu spät gekommen. Zwei Telefonistinnen und die Bullen können bestätigen, daß die Springerpresse einmal mehr lügt.

Springer ging lieber das Risiko ein, daß seine Arbeiter und Angestellten durch Bomben verletzt werden, als das Risiko, ein paar Stunden Arbeitszeit, also Profit, durch Fehlalarm zu verlieren. Für die Kapitalisten ist der Profit alles, sind die Menschen, die ihn schaffen, ein Dreck. – Wir bedauern, daß Arbeiter und Angestellte verletzt worden sind.

Wir fordern von Springer: daß seine Zeitungen die antikommunistische Hetze gegen die neue Linke, gegen solidarische Aktionen der Arbeiterklasse wie Streiks, gegen die kommunistischen Parteien hier und in anderen Ländern einstellen; daß der Springerkonzern die Hetze gegen die Befreiungsbewegungen in der dritten Welt einstellt, besonders gegen die arabische Völker, die für die Befreiung Palästinas kämpfen; daß er seine propagandistische und materielle Unterstützung für den Zionismus die imperialistische Politik der herrschenden Klasse Israels einstellt; daß die Springerpresse diese Erklärung abdruckt.

Wir verlangen nichts Unmögliches. Wir werden unsere Aktionen gegen die Feinde des Volkes erst einstellen, wenn unsere Forderungen erfüllt sind.

Enteignet Springer!
Enteignet die Feinde des Volkes!

Kommando 2. Juni

Bombenanschlag auf das Hauptquartier der US-Armee in Europa in Heidelberg

Erklärung vom 25. Mai 1972

»Alle Arten von Ungeheuern werden vernichtet werden!« Mao

Im Hauptquartier der amerikanischen Streikräfte in Europa in Heidelberg sind gestern abend, am Mittwoch, den 24. Mai 1972, zwei Bomben mit einer Sprengkraft von 200 kg TNT explodiert. Der Anschlag wurde durchgeführt, nachdem General Daniel James, Abteilungsleiter im Pentagon, am Mittwoch in Washington erklärt hatte: »Für die US-Luftwaffe bleibt bei Bombenangriffen künftig kein Ziel nördlich und südlich des 17. Breitengrades ausgenommen.« Am Montag hatte das Außenministerium in Hanoi die Vereinigten Staaten erneut beschuldigt, dicht besiedelte Gebiete in Nordvietnam bombardiert zu haben. Die amerikanische Luftwaffe hat in den letzten 7 Wochen mehr Bomben über Vietnam abgeworfen als im 2. Weltkrieg über Deutschland und Japan zusammen. Von weiteren Millionen Sprengstoffen ist die Rede, die das Pentagon einsetzen will, um die nordvietnamesische Offensive zu stoppen. Das ist Genocid, Völkermord, das wäre die »Endlösung«, das ist Auschwitz.

Die Menschen in der Bundesrepublik unterstützen die Sicherheitskräfte bei der Fahndung nach den Bombenattentätern nicht, weil sie mit den Verbrechen des amerikanischen Imperialismus und ihrer Billigung durch die herrschende Klasse hier nichts zu tun haben wollen. Weil sie Auschwitz, Dresden und Hamburg nicht vergessen haben, weil sie wissen, daß gegen die Massenmörder von Vietnam Bombenanschläge gerechtfertigt sind. Weil sie die Erfahrung gemacht haben, daß Demonstrationen und Worte gegen die Verbrechen des Imperialismus nichts nützen. Wir fordern die Einstellung der Bombenangriffe auf Vietnam.
Wir fordern den Abbruch der Minenblockade gegen Nordvietnam.
Wir fordern den Abzug der amerikanischen Truppen aus Indochina.

Kommando 15. Juli[1]

Erklärung zum Bombenanschlag im Hamburger Hauptbahnhof

Stammheim, 23. September 1975

Gegen den Versuch der staatlichen Propaganda, den Anschlag im Hamburger Hauptbahnhof[1] in die Nähe der RAF zu rücken, stellen wir fest: Die Sprache dieser Explosion ist die Sprache der Reaktion. Sie ist rational nur als Aktion der psychologischen Kriegsführung des Staatsschutzes gegen die Stadtguerilla. Die Methode und das Ziel dieses Verbrechens gegen das Volk weisen es als faschistische Provokation aus.

Die politisch-militärische Aktion der Stadtguerilla richtet sich nie gegen das Volk. Die RAF greift den imperialistischen Apparat, seine militärischen, politischen, ökonomischen und kulturellen Institutionen, seine Funktionäre in den repressiven und ideologischen Staatsapparaten gezielt an.

In der Offensive gegen den Staat kann Terrorismus keine Waffe der Stadtguerilla ein. Stadtguerilla operiert in dem Riß zwischen Staat und Massen, um ihn zu vertriefen, um Politisierung, revolutionäre Solidarität und Organisation von proletarischer Macht gegen den Staat zu entwickeln.

Dagegen ist die nachrichtendienstlich gesteuerte terroristische Provokation durch Terror gegen das Volk darauf aus, durch die Erzeugung von Angst und Diffusion im Volk Identifikation mit dem Staat zu erzwingen. Auf dem Hessenforum hat der Präsident des OLG Braunschweig, Wassermann[2], die Countertaktik des Staatsschutzes ausgesprochen – wörtlich: Man müsse »beim Gefühl der Unsicherheit des Bürgers ansetzen« und »vom subjektiven Gefühl der Angst« ausgehen.

Inzwischen hat ein Bericht in der *FR* (20.9.) bestätigt, daß die Counterprojekte des Staatsschutzes seit '72 – (Bombendrohung gegen Stuttgart, Drohung mit Trinkwasserverseuchung, Gelbkreuzdiebstahl, Sam-Raketen auf Fußballstadien, der Bombenanschlag im Hauptbahnhof Bremen und jetzt Hamburg) – nach dem Konzept der CIA-Zentrale entwickelt sind. Die FR teilt da nur authentisch mit, was man lange weiß: Der Gifteinsatz in U-Bahnschächten und die Trinkwasserverseuchung in Großstädten sind Countertaktiken des spezial warfare, der »psychologischen Aktion« imperialistischer Nachrichtendienste und Counterguerillaeinheiten.

Im Moment ist die Frage nicht zu klären, ob de Anschlag in Hamburg das Verbrechen eines einzelnen war, ob der von der nachrichtendienstlich geführten rechtsradikalen Gruppe in Bremen durchgeführt wurde, oder vom Staatsschutz direkt oder von der seit Stockholm[3] bei der amerikanischen

Botschaft in Bonn etablierten Spezialeinheit des CIA für Counterinsurgency initiiert worden ist.

Tatsache ist, daß der Staatsschutz sein innerhalb der reaktionären Struktur der durch Medienkonzerne und öffentliche Anstalten institutionalisierten Öffentlichkeit operierendes Netz von Staatschutzjournalisten benutzt, um die Rezeption des Anschlags gezielt gegen die Stadtguerilla zu steuern. Profilierte Figuren in diesem Netz, das an die Pressestelle des BKA und die Pressekonferenz der Bundesanwaltschaft angeschlossen ist, sind Krumm in der *FR*, Busche in der *FAZ*, Leicht und Kuehnert in der *SZ* und Rieber und Zimmermann, die in mehreren überregionalen Zeitungen publizieren. Der Artikel von Zimmermann, den einen Zusammenhang zwischen dem Anschlag, der RAF, der Bewegung 2. Juni und Siegfried Haag[4] behauptet, ist außer in der Springerpresse parallel in acht überregionalen Tageszeitungen erschienen.

Wem es angesichts der Schwäche der Stadtguerilla hier unwahrscheinlich vorkommt, dass die staatliche Reaktion jetzt schon zu diesen Mitteln greift, der soll sich die strategische Bedeutung des Moments der Instabilität, das Stadtguerilla ist, aus der strategischen Bedeutung, die die Bundesrepublik im Staatensystem des US-Imperialismus hat, klar machen. – Die BRD ist sowohl im Nord-Süd- wie im Ost-West-Konflikt zentrale Operationsbasis des US-Imperialismus: militärisch die Nato, ökonomisch in der EG, politisch und ideologisch über die Führungsfunktion der Sozialdemokratie innerhalb de Sozialistischen Internationale.

Der Versuch einer reaktionären Massenmobilisierung durch den Staat, der mit nachrichtendienstlicher projektierter Provokation operiert, reagiert nicht auf die Stadtguerilla, sondern auf die Bedingungen ihrer Strategie: die ökonomische und politische Labilität des US-Staatensystems. Er meint die Möglichkeit und Aktualität revolutionärer Politik, und er ist als Falle und Funktion des psychologischen Kriegsführung gegen jede demokratische Operation gerichtet, um sie zu spalten, zu isolieren, einzukreisen und schließlich zu vernichten.

Marx sagt: »Der revolutionäre Forschritt bricht sich Bahn in der Erzeugung einer geschlossenen, mächtigen Konterrevolution, in der Erzeugung eines Gegners, durch dessen Bekämpfung erst die Umsturzpartei zu einer wirklichen revolutionären Partei heranreift.«[5]

Die Stadtguerilla zeigt den Weg, wie der staatliche Terrorismus allein zu bekämpfen ist: durch bewaffnete proletarische Politik.

Die Gefangenen aus der RAF

Vom Deutschen Herbst zum neuen Deutschland 1977 bis 1989

In den Jahren zwischen 1977 und 1989 verschärft sich die Konfrontation der beiden Blöcke, bis die Staaten des realexistierenden Sozialismus an ihre ökonomischen und politischen Grenzen stoßen und kollabieren und sich damit die Koordinaten für die internationale Politik unwiderruflich und grundlegend verschieben. Wesentlich beigetragen zu dieser Entwicklung hat die 1979 beschlossene sogenannte NATO-Nachrüstung, die Stationierung atomarer Marschflugkörper und Mittelstreckenraketen (Cruise Missile und Pershing II) in der Bundesrepublik, die die militärischen Kräfteverhältnisse weiter zugunsten der NATO verschiebt und damit den Rüstungswettlauf forciert. 1980 gründet sich in Polen die oppositionelle Gewerkschaft »Solidarnosc«, deren Aktivitäten die Regierung mit der Verhängung des Kriegsrechts begegnet. Hier deutet sich der Anfang vom Ende des realexistierenden Sozialismus an. 1983 führt der Abschuß eines südkoreanischen Flugzeugs über Sachalin, das nach Angaben der UdSSR Aufklärungsinstrumente an Bord gehaben haben soll, durch sowjetische Jagdbomber in eine internationale Krise.

In vielen Regionen der Welt vollziehen sich in diesen Jahren grundlegende Änderungen: Im Iran stürzt die vereinigte Opposition das Schah-Regime, gegen das auch die deutsche Linke Ende der sechziger Jahre demonstriert hatte. Jetzt ergreifen fundamentalistische Islamisten um Ayatollah Chomeini die Macht. Viele linke Oppositionelle fliehen wieder ins Exil. In der internationalistischen Bewegung kommt es zu erbitterten Auseinandersetzungen über den Charakter des neuen Systems: Soll man es als antiimperialistischen Verbündeten betrachten oder wegen der aggressiven Durchsetzung religiöser Doktrinen und der systematischen Diskriminierung der Frau verurteilen? Joseph Fischer, damals noch nicht Bundesaußenminister, aber schon auf dem Weg in die bürgerliche Gesellschaft, sieht die erfolgreiche Revolution der Islamisten als Beweis dafür, daß der marxistische Antiimperialismus verfehlt war. 1979 sind auch die Sandinisten in Nicaragua erfolgreich und stürzen das Somoza-Regime. Für die USA ist der Sieg der Sandinisten Anlaß, ihre Interventionspolitik gegenüber Lateinamerika zu verstärken. Sie unterstützen die nicaraguanischen Contras, die einen Bürgerkrieg gegen die sandinistische Regierung führen. 1985 verhängen die USA ein Handelsembargo gegen Nicaragua. In anderen lateinamerikanischen Staaten finden im Verlauf der achtziger Jahre ebenfalls Aufstände und Befreiungskämpfe gegen die von den USA geförderten Militärdiktaturen und Oligarchien statt. Auch die Sowjetunion bemüht sich, ihre Interessensphäre zu sichern: Sowjetische Truppen marschieren im Dezember 1979 in Afghanistan ein, was statt einer Stabilisierung der inneren Verhältnisse in dem krisengeschüttelten bitterarmen Land einen vor allem von den USA finanzierten und unterstützten Befreiungskampf der Mudjahedin nach sich zieht. 1983 stürzen die USA mit einer Invasionstruppe die sozialistische Regierung auf Grenada. In Simbabwe erreicht die Guerilla-Bewegung 1980 die Unabhängigkeit. In Südafrika wird der Druck der zumeist schwarzen Opposition gegen das Apartheid-Regime zunehmend stärker: 1991 werden die letzten Rassentrennungsgesetze aufgehoben.

In der Bundesrepublik ist die innenpolitische Lage 1977 gespannt: »Atomstaat oder Rechtsstaat?«, lautet ein »Spiegel«-Titel. Die zunehmende Präsenz der Sicherheitsdienste im Alltag, die repressive Stimmung auf der einen, das Anwachsen der Anti-AKW-Bewegung auf der anderen Seite prägen die Lage. Von der Aufbruchstimmung der späten sechziger Jahre ist nichts mehr zu spüren. Die Entführung des Arbeitgeberpräsidenten Schleyer durch die RAF und die harte Linie des Staates signalisieren, daß hier auf eine Entscheidungsschlacht zugesteuert wird. Die schnelle Installierung des Kleinen Krisenstabes, der alle Macht auf sich konzentriert, die vollständige Kontaktsperre für die Gefangenen aus der RAF und ihrem Umfeld und die Debatte über eine »Gegen-Geiselnahme« der inhaftierten RAF-Mitglieder und die Erschießung von Gefangenen dokumentieren, wie schnell im »Modell Deutschland« in Krisenzeiten autoritäre Lösungen zur Hand sind. Am Ende des »Deutschen Herbstes« ist Hanns-Martin Schleyer von der RAF erschossen, drei führende Kader der RAF sind unter bis heute nicht wirklich geklärten Umständen in ihren Zellen gestorben, eine vierte Gefangene, Irmgard Möller, überlebt schwerverletzt.

Das Scheitern der RAF-Strategie der harten Konfrontation mit dem Staat führt zu einer entschiedenen Neuorientierung weiter Teile der Linken, der Abschied von den revolutionären Hoffnungen gerät zum Aufbruch. Die Spontis rüsten 1978 zum »Tunix«-Kongreß, die »taz« wird als Medium der Gegenöffentlichkeit gegründet, allerorten werden grüne, alternative und bunte Listen ins Leben gerufen, die den Weg in die Parlamente ebnen sollen. Noch ist dieser Weg in die Institutionen eng verbunden mit außerparlamentarischem Protest, der sich auf die Themen der neuen sozialen Bewegungen konzentriert: Hausbesetzungen, Umweltschutz, Friedensbewegung. Die Angst vor einem drohenden 3. Weltkrieg überschattet das politische Engagement. Außerdem kündigt sich allmählich eine gesellschaftliche Rechtswende an. Anzeichen sind nicht nur der Zerfall der sozialliberalen Koalition, sondern auch das Erstarken neonazistischer Parteien, wachsende ausländerfeindliche Stimmung und Anschläge von rechtsterroristischen Gruppen wie das Oktoberfestattentat, aber auch Anschläge auf Wohnviertel von US-Soldaten in der zweiten Jahreshälfte 1982. Die Reaktion der Justiz auf diese Verbrechen fällt zurückhaltend aus, die offiziell stets als Taten von Einzeltätern behandelt werden. Das ganze juristische Arsenal, das gegen militante Linke geschaffen wurde, wird auch weiterhin nur gegen diese angewendet.

Die Auseinandersetzung mit der nationalsozialistischen Vergangenheit, die sich im Historikerstreit niederschlägt, zeigt ein zunehmend selbstbewußtes und um seine Vergangenheit immer weniger besorgtes Deutschland. Die Linke befindet sich dementsprechend in der Defensive. Intellektuelle verfassen »Briefe zur Verteidigung der Republik« oder zur »Verteidigung der bürgerlichen Freiheit«, aber die »Wende« ist längst vollzogen. Die Konservativen haben die gesellschaftliche Hegemonie errungen. Zwar mobilisieren der Bombenangriff der USA auf Libyen am 15. April 1986 und die Reaktorkatastrophe in Tschernobyl am 26. April 1986 noch einmal kurzzeitig die Friedens- und Anti-AKW-Bewegung. Der Einzug der Grünen in die Parlamente trägt ansonsten aber spürbar zur Integration des Protestpotentials bei. Auch die außerparlamentarische linke Opposition hat jetzt ihre parlamentarischen Repräsentanten, die sich ihrerseits zunehmend gut an die lange eingeübten Gepflogenheiten gewöhnen.

Die RAF muß sich nach dem »Deutschen Herbst« völlig neu orientieren. Mit ihrem Versuch, die Gefangenen zu befreien, ist sie gescheitert, wichtige Mitglieder ihrer Gruppe sind tot. Auch bei den Illegalen draußen ist ein Erosionsprozeß in Gang gekommen. RAF und Bewegung 2. Juni schließen sich 1980 zusammen. Etliche Mitglieder wollen aber auch aussteigen. Sie erhalten Anfang der achtziger Jahre die Gelegenheit, in der DDR unterzutauchen und sich dort eine neue Existenz aufzubauen. In dieser Phase entwickelt die RAF ihr neues »Frontkonzept«. Sie versucht mit ihren Anschlägen gegen US-Militäreinrichtungen an die Themen der Friedensbewegung anzuknüpfen und mit Attentaten auf deutsche Spitzenmanager den militärisch-industriellen Komplex ins Visier zu nehmen. Der Anschlag auf die Rhein-Main-Air-Base am 8. August 1985 gerät zum Fiasko. Um auf die Air-Base zu kommen, locken RAF-Mitglieder einen US-amerikanischen GI, Edward Pimental, in einen Hinterhalt und ermorden ihn: Sie brauchen seine Identitätskarte. Der Mord an Pimental wird anfangs selbst von der Polizei mit den im Rhein-Main-Gebiet operierenden rechtsterroristischen Gruppen, nicht aber mit der RAF in Verbindung gebracht. Selbst als die RAF erklärt, warum sie den US-Soldaten umgebracht habe, bezweifeln viele die Authentizität dieses Schreibens. Die gezielte Tötung eines einfachen Soldaten, nur um an seine ID-Karte zu kommen, widerspricht allen Vorstellungen von der Moral der Stadtguerilla in der Bundesrepublik. An der Erschießung des US-Soldaten entzündet sich eine Kontroverse in der militanten Linken, an deren Ende die RAF noch stärker isoliert ist als zuvor. Der Anschlag auf den in der Öffentlichkeit weitgehend unbekannten Diplomaten Gerold von Braunmühl ein gutes Jahr später, am 10. Oktober 1986, zeigt noch deutlicher, in welche Sackgasse sich die RAF manövriert hat. Die Brüder Gerold von Braunmühls schreiben einen Brief an die RAF, den die »taz« veröffentlicht. Darin kommentieren sie aus einer links-liberalen Perspektive den Bekennerbrief des »Kommandos Ingrid Schubert«. Auf ihre Argumente, die bis weit in die Linke hinein auf Zustimmung oder zumindest Hochachtung stoßen, hat die RAF keine Antwort. Von ihr ist fast zwei Jahre lang nichts mehr zu hören, bis sie mit einem mißglückten Anschlag auf den Staatssekretär im Finanzministerium Hans Tietmeyer 1988 demonstriert, daß es sie noch gibt.

Die Gefangenen aus der RAF, deren Situation sich nach dem »Deutschen Herbst« erheblich verschlechtert, bleiben in dieser Phase weitgehend auf sich gestellt. Sie treten 1979, 1981, 1984/85 und 1989 jeweils für längere Zeit in einen kollektiven Hungerstreik. Die Forderungen und auch der Tonfall der Erklärungen ändern sich in dieser Zeit allerdings deutlich. 1979 fordern die Gefangen noch, sie entsprechend der Genfer Konvention als Kriegsgefangene anzuerkennen. Auch 1981 erklären die Gefangenen: »Wir sind Kriegsgefangene mit Geiselstatus.« Diese Position ist jedoch für viele Gruppen und Menschen, die die Haftbedingungen ebenfalls als Verletzung der Menschenrechte kritisieren, nicht akzeptabel. Sie sehen in der Stadtguerilla keine Kombattanten und wollen mit guten Gründen nicht einsehen, daß die Anschläge der RAF ein Befreiungskrieg sein sollen. Auch 1984/85 dominiert die Forderung nach Erfüllung der Genfer Konvention noch das Verlangen nach Zusammenlegung der Gefangenen. Mit dem Hungerstreik 1989, dem eine lange Kampagne vorausgeht, die von Gruppen draußen initiiert wird, die nicht aus der engen antiimperialistischen Szene stammen, verschwindet die Kontroverse über den Kriegsgefangenen-Status. Die Erklärung der Gefangenen zeichnet sich, anders als die Bekennerschreiben aus dieser Zeit, durch ihren offenen Ton aus und durch das deutlich artikulierte Bedürfnis nach einer Diskussion mit größeren gesellschaftlichen Gruppen. Auch diesmal wird das Ziel, Zusammenlegung in eine oder zwei großen Gruppen, nicht erreicht. Politisch wird die weitgehende Isolation der RAF-Gefangenen allerdings aufgebrochen.

Sprengstoffanschlag auf den Oberbefehlshaber der NATO, General Alexander Haig

Erklärung vom 25. Juni 1979

Am 25. 6. 79 hat das Kommando Andreas Baader einen Sprengstoffanschlag gegen den Oberbefehlshaber der NATO, General Alexander Haig ausgeführt.

Warum wir das konkrete Ziel der Aktion, Haig selbst zu treffen, verfehlt haben, erklären wir uns so:

Wir hatten unter die Straßendecke einer Brücke auf dem Weg zu Haigs Wohnsitz zum NATO-Hauptquartier einen 1,80 m lagen Tunnel gegraben und die Ladung (20 kg Plastik) etwa 40 cm tief angebracht. Die Zündung wurde über ein 200 m langes Elektrokabel in dem Moment ausgelöst, als Haigs Mercedes mit der Vordertür auf der Höhe der Ladung war. Wir hatten vorher ausgerechnet, daß sich sein Wagen zwei Meter in der Zehntelsekunde bewegt. Unser Fehler war, dass wir dachten, die Explosion auch bei einer so hohen Geschwindigkeit noch exakt genug mit der Hand auslösen zu können.

Wir haben diese Aktion gemacht, weil Haig in einer besonderen Präzision den »neuen Kurs« oder den »modified style« der amerikanischen Strategie repräsentiert und exekutiert.

Was sich verändert hat seit der politischen und militärischen Niederlage der Vereinigten Staaten in Vietnam, ist, daß ihre Aggressivität zugenommen hat statt abgenommen, ist, daß die Völker der Welt mit einer neuen amerikanischen Offensive konfrontiert sind, die gleichzeitig einen qualitativen Sprung markiert in der Entwicklung des Kräfteverhältnisses zischen Revolution und Konterrevolution – oder, wie wir gesagt haben: im weltrevolutionären Prozeß der Einkreisung der Städte durch die Dörfer.

Durch die Befreiungssiege in Südostasien und Afrika hat sich die Front näher an das Zentrum, an die Metropolen selbst herangeschoben und den Rückzug des US-Imperialismus – die sogenannte Verlagerung des strategischen Schwerpunkts nach Westeuropa – taktisch und strategisch unvermeidlich gemacht. Was Haig den modifizierten Stil nennt, verlangt von den inzwischen in das BRD-gesteuerte Europaprojekt integrierten westeuropäischen Staaten nichts weiter als die endgültige Funktionalisierung für die US-Globalstrategie: »Ebensowenig kann sich Europa den Luxus leisten, als

Beobachter am Spielfeldrand zu stehen.« Was er damit meint, ist Shaba[1], ist Tschad[2], ist die nächste Expedition an den Golf, ist die direkte militärische Aggression der von Nordamerika unterworfenen oder gekauften Staaten in »Krisenzonen« für die vielen Interessen des Westens.

Die konkreten Schritte der Politik des reinforcement, die Haig in seiner Funktion als NATO-Chef mit Hilfe der BRD durchgesetzt hat, um für diesen »halben Krieg« gerüstet zu sein (was heißt, die europäischen Staaten gleichzeitig und anders als '73[3] fest im Griff zu haben), bauen die BRD als aggressivste US-Base auf – atomwaffenstarrend, mit einer »nach oben gleitenden, eskalierenden Präsenz amerikanischer Truppen« ausgestattet, das ganze Land eine einzige Kaserne – funktional für »ambivalente, verschwommenen Situationen an den Flanken oder in Randgebieten der NATO wie z.B. im Nahen Osten und in Afrika«, und als eiserner Kragen für die angrenzenden Länder. Für die sozialliberale Regierung unter Schmidt[4] heißt das, daß das sozialdemokratische Projekt der verdeckten Kriegsführung, das schon an ihrer Maßnahme gegen die RAF gebrochen ist, abgewirtschaftet hat, daß sie international als offen kriegführende Partei begriffen wird.

Dieser Seiltanz zwischen dem Verkauf des Model Deutschland und der bundesdeutschen Realität, bei dem Brandt '73 abstürzte, ist Schmidt ganzes Problem. Die Klemme, in die er durch die Pentagon-Veröffentlichung '77 geraten ist, in der offen ausgesprochen wurde, was die Strategie der flexible response für die BRD bedeutet[5] – 5 Millionen Tote bei uns, damit das amerikanische Kernland geschützt wird – der Preis, den die SPD zahlt, um an der Macht zu bleiben – ist nur ein Symptom der totalen Abhängigkeit der BRD, gegen die wir kämpfen.

Gegen den bewaffneten Widerstand der RAF entwickelt die NATO, seit es uns gibt, ihre Programme. Nach ihren Richtlinien werden die gefangenen Kader in den westdeutschen Gefängnissen hingerichtet, wie es für die, die draußen kämpfen, jetzt den Befehl zum präventiven Kopfschuß gibt.

Daß die Vernichtung jeder revolutionären Gruppe oder Bewegung »deren Aktivitäten sich gegen die Interessen des Bündnisses richtet« und das sind alle, die ihren Kampf in einem antiimperialistischen, internationalistischen Zusammenhang begreifen und führen – die Bedingung für das Funktionieren der imperialistischen Offensive ist, ist klar.

Die Frage ist nur, was wir machen, wie wir, d. h. die Kräfte auf der Seite der Revolution in dieser Phase der Tatsache begegnen, daß der US-Imperialismus nicht aufgehört hat, der Todfeind der Menschheit zu sein.

Der Kampf hört nie auf!
Zerschlagt den US-Imperialismus und seine Basen überall auf der Welt!
Organisiert den bewaffneten Widerstand in Westeuropa!

Baut die Antiimperialistische Front in den Metropolen auf!
Solidarität mit dem Kampf des palästinensischen Widerstands gegen die imperialistische Endlösung!
Solidarität mit dem Antiimperialistischen Widerstand in der Türkei!

Kommando Andreas Baader

Bombenanschlag auf das Hauptquartier der US-Air-Force in Europa in Ramstein

Erklärung vom 31. August 1981

Die Zentren, die Basen und die Strategen der amerikanischen Militärmaschine angreifen!

Heute haben wir mit dem Kommando Sigurd Debus[1] das Hauptquartier der US Air Force in Europa in Ramstein angegriffen. Die US-Imperialisten werden ihre Weltherrschaftspläne nicht in Ruhe vorbereiten und ausführen können. Sie wollen den Krieg. Sie wollen die Geschichte zurückdrehen hinter die Offensive der Befreiungsbewegungen, die ihre politische und militärische Macht weltweit zurückgedrängt hat. Der Hebel dazu soll sein, das militärische Gleichgewicht zwischen den sozialistischen und den imperialistischen Staaten umzuwerfen.

Diese historische Veränderung zurückzurollen, wieder zur stärksten, alles beherrschenden Weltmacht zu werden, ist ihr erklärtes Ziel. Das heißt: die direkte Vorbereitung der Kriegsführung an allen Fronten in Europa und in der Dritten Welt. Alle ihre Schritte in den letzten zehn Jahren – der Beginn der technologischen Umrüstung und der strategischen Neustrukturierung ihrer Kriegsmaschine seit dem Höhepunkt des Vietnamkriegs, die Realisierung des NATO-Langzeitprogramms, Neutronenbombe[2], der »Kampf gegen den internationalen Terrorismus«: ein geschlossenes Programm zur Aufstandsbekämpfung in Westeuropa, die Steuerung des Massenmordes in El Salvador[3], der NATO-Putsch in der Türkei[4] – haben dieses Ziel. Jetzt kehrt der imperialistische Vernichtungskrieg aus der Dritten Welt nach Europa zurück, von wo er ausgegangen war. Die Menschen in Europa, in der BRD, begreifen, dass es ihre Vernichtung bedeutet, wenn diese Entwicklung nicht aufgehalten wird. Sie bekommen jetzt eine direkte körperlich nahe Vorstellung davon, was für Menschen in Afrika, Asien Lateinamerika seit Hunderten von Jahren Wirklichkeit ist:

Imperialismus in der Lage von Beherrschten. Daß Imperialismus, im Wesen und als System, Vernichtung ist – solange und soweit der Widerstand nicht stark genug ist, diese Klasse zu stoppen.

Gegen alle resignativen Fluchtphantasien vom atomaren Inferno und den komplementären hilflosen pazifistischen Wünschen sagen wir, daß dieses Monster zu besiegen ist, wenn wir hier im Zentrum den Widerstand zur Schärfe der wirklichen Situation bringen, und so die politisch-militärische Strategie offensiv im Kampf entwickeln, die die politische Basis des Imperialismus im Zentrum schneller zum Zusammenbruch bringt, als sie ihre Pläne realisieren können.

Ramstein, das Hauptquartier der US Air Force in Europa und der NATO-Luftwaffe in Europa, größter amerikanischer Flughafen außerhalb der USA, ist die Zentrale für den Atomkrieg in Europa.

Hier sitzt der Stab für die nukleare Kriegsführung, von hier sollen cruise missiles gestartet und der Abschuß der Pershing II[5] ausgelöst werden. Von hier starten die Atomjäger und die AWACS-Kommandostände, hier ist das Relais für die strategischen Bomber aus den USA und das Einfalltor für die Truppen aus den USA. Für den Krieg in der Dritten Welt ist Ramstein Startbasis. Wenn die Imperialisten sich des Nahen Ostens und des Golfs nicht mehr sich sein können, werden sie von hier ihre Unterwerfungsmaschine losschicken.

Die US-Militärstrategie ist das äußerste Mittel der Politik der imperialistischen Staatenkette. Alle politischen, ökonomischen und sozialen Mittel sind auf sie abgestimmt. Sie bestimmen die gesellschaftliche Entwicklung in den NATO-Ländern, und in ihr kommt dieses System – imperialistische Politik insgesamt – wie in einem Brennpunkt auf seinen reinen Begriff.

Der schleichende Tod im 24-Stunden-Tag der Metropole, die Zerstörung im Existenzkampf, Perspektivlosigkeit, Entfremdung, die Entmenschlichung der Arbeit, die Tendenz zur Eliminierung der Menschen durch die Maschine aus der Produktion überhaupt, die Vernichtung der Lebensbedingungen durch Atomindustrie, Chemie, Beton, die Gefängnisse, die Kontrolle und Kanalisierung aller Lebensäußerungen und ihre Repression, wenn sie nicht für das System umgedreht werden können.

Wer gegen den imperialistischen Krieg kämpfen will, muß für die Zerstörung des imperialistischen Systems kämpfen.

Den Widerstand gegen die Vernichtung zur Front für die Revolution in Europa entwickeln.

Den Kampf in der Metropole gemeinsam mit den Revolutionären der Dritten Welt führen.

Kommando Sigurd Debus

Guerilla, Widerstand und antiimperialistische Front

Das Mai-Papier 1982

Wir reden von dem, was wir in den letzten Jahren erfahren haben und was wir daraus machen wollen. Das muß hier natürlich auf seine allgemeinen Bestimmungen begrenzt bleiben. Wir sagen, daß es jetzt möglich und notwendig ist, einen neuen Abschnitt in der revolutionären Strategie im imperialistischen Zentrum zu entfalten. Hier wollen wir als eine Voraussetzung dafür, aus dem was sich in den letzten 2, 3 Jahren in Diskussionen, Versuchen, realen Schritten zusammengeschoben hat, ein Stück von dem Boden holen, auf dem die Sache laufen kann.

Die Idee, die Vorstellung hat eingeschlagen, davon kann man ausgehen. Die praktischen Anfänge zeigen, daß es geht und daß es trifft: *Guerilla und Widerstand, eine Front.* Jetzt geht es darum, was insgesamt als Möglichkeit quer durch alle Gegenden und Szenen schon lebt, oft diffus und nur als ungefähre Vorstellung spürbar auf neuer Stufe Kampf werden zu lassen, daß heißt zur Wirksamkeit und Strategie zu bringen. Jetzt, weil sonst das Neue, Produktive und Offene, der Stachel des Ganzen, die Möglichkeit so noch nicht dagewesener Entwicklungen wieder verschwimmt und zerfällt.

Wir haben 77 als den Übergang von der ersten zur nächsten Etappe der Guerilla bestimmt. Der Zusammenstoß zwischen Guerilla und Staat 77 war Katalysator für einen Umschlag der politischen Situation hier. Die Bedingungen des Kampfs haben sich in der Dialektik von Angriff und Reaktion verändert. Und wie sich die Bedingungen ändern, können und müssen sich die Formen des Kampfs ändern. Nach 77 war nichts mehr wie vorher, der Staat nicht, die Linke nicht, die Rolle der BRD in der internationalen Politik nicht, die Stellung des bewaffneten Kampfs im Zentrum im Rahmen des internationalen Klassenkriegs nicht.

Wir haben 77 Fehler gemacht und die Offensive wurde zu unserer härtesten Niederlage. Dazu werden wir hier noch im einzelnen etwas sagen. Die Situation heute – daß wir durch die Wirkung, die die Konfrontation entwickelt hat, stärker als vorher daraus hervorgekommen sind – zeigt, daß Fehler und Niederlage nicht das Entscheidende waren. In grundsätzlicher Sicht hat die Offensive 77 unseren Kampf seit 1970 zusammengefaßt und zur Entscheidung gestellt.

Die gesamte Phase der Kämpfe um die Entstehung und Entwicklung der RAF war in der einen Machtfrage konzentriert: ob diese Gefangenen freikommen, mit denen der Staat die RAF und die Staatsraison verbunden hat – wie überhaupt der Kampf um die Durchsetzung des Konzepts der Metropolenguerilla: ob bewaffnete Politik in der BRD sich tatsächlich verankern und so die revolutionäre Perspektive eröffnen kann, die erste grundsätzliche Machtfrage war, die in allen Aktionen, Gefechten, Fahndungen, Medienkampagnen in den Jahren bis dahin als Kern enthalten war.

Hundertmal hat die Regierung deshalb unser »Scheitern« verkünden lassen. Tausendmal hat deshalb das Gezeter des größten Teils der Linken die »Aussichtslosigkeit« bewaffneten Kampfs beschworen. Isolation, Trakts, der Schauprozeß in Stammheim sollten auslöschen, was aufgetaucht war. Schließlich 77.

Wir sind uns heute sicher, daß sie sich für den Tod Schleyers, für die Möglichkeit, fast hundert Leute in Mogadischu in die Luft fliegen zu lassen, entschieden haben und sich entschlossen haben, die Stammheimer Gefangenen zu liquidieren, weil sie wirklich gehofft und geglaubt hatten, daß damit ein für allemal oder jedenfalls für die nächsten Jahre Schluß ist. Die Dialektik der Entwicklung, durch die jetzt alles anders aussieht, zeigt genau, was Guerilla ist und was der Staat ist und wie der Kampf läuft. Sie hätten es fast geschafft – aber die Ironie ist, daß sie genau dadurch eine Situation geschaffen haben, in der wir unter veränderten und so besseren Bedingungen weiterkämpfen konnten.

In dieser äußersten Anstrengung, in der es für sie keine Grenzen mehr gab, durch die Niederschlagung der Offensive 77, die sie wie nichts vorher an der Gurgel hatte, unser Ende herbeizuführen, waren sie gezwungen, zum reinen starken Staat zu werden, die Unterwerfung des gesamten oppositionellen Spektrums zu erzwingen, jede auch nur kritische Geste niederzuwalzen und sich als unentrinnbarer Apparat der Gesellschaft bis in die feinsten Verästelungen gegenüberzustellen.

Damit haben sie im Herbst 77 jeder Fundamentalopposition neue Verhältnisse und existentielle Lebensbedingungen gesetzt – als aktuelle Erfahrung und als Perspektive zukünftiger Kämpfe, die jeden gezwungen haben, grundsätzlich neu zur Macht in Beziehung zu treten – oder sich aufzugeben.

An dem Punkt ist die objektive Situation in ihrer einfachsten Rückführung auf die Frage, ob jetzt vielleicht tatsächlich Schluß ist mit Guerilla, subjektiv für viele, für die es hier keine Perspektive mehr gibt, zum Augenblick der existentiellen Erfahrung geworden, daß wenn es wirklich so wäre, ihre ganzen Hoffnungen und Vorstellungen von einem anderen Leben auch verschwunden sind. Daß es nur Hoffnung gibt, solange es Kampf gibt. Daß sie die Guerilla wollen und brauchen, daß unsere Niederlage ihre Niederlage ist. Aus dieser neuen Erfahrung der Notwendigkeit der Guerilla kann der Sprung zu einem neuen Bewußtsein leicht sein: wenn der Kampf der Guerilla die eigene Sache ist, kann die Verwirklichung davon nur sein, sich selbst

– auf welcher Ebene auch immer – politisch und praktisch in den Zusammenhang der Strategie der Guerilla zu stellen.

Der Sprung ist das innere, lebendige, in konkreten Personen verkörperte Moment der Veränderung der Bedingungen für den Kampf hier: *für die Entwicklung der revolutionären Front in der Metropole.*

Es ging 7 Jahre lang darum, in dieser politischen Wüste, in der alles nur Schein, Ware, Verpackung, Lüge und Betrug ist, den Geist und die Moral, die Praxis und die politische Orientierung des unwiderruflichen Bruchs und der Zerstörung des Systems hereinzubringen. Guerilla. Aus der Verbindung und der Identität mit den Kämpfen in Südostasien, Afrika und Lateinamerika, gewaltsam hier hereinzubrechen und sich festzusetzen. Was Che die Phase des Überlebens und der Verankerung genannt hat, war hier die Phase der Durchsetzung des Konzepts, das weiterlebt und aufgegriffen wird, selbst wenn die in einem bestimmten Moment existierenden illegalen bewaffneten Gruppen aufgerieben wären. Gewaltsam durchgesetzt, allerdings. In jeder Beziehung. Und isoliert. Nicht nur gegen einen historisch beispiellosen Repressionsapparat, auch gegen die Vorstellung von Leuten, mit denen wir lieber anders zusammengekommen wären. In dieser seit Generationen niedergewalzten und eingeebneten Landschaft konnte der Gedanke an Befreiung kaum mehr durch die meterdicken Schichten von Korrumpierung, Entfremdung, Deformierung die Herzen und Hirne erreichen. Jetzt ist die Frage, ob in der BRD und Westeuropa bewaffnet gekämpft werden soll und gekämpft wird, erledigt. Es ist evident. Das heißt nicht, daß Guerilla gesichert wäre, das ist nie so, aber die Existenz der Politik der Guerilla ist jetzt Grundlage, auf der der Kampf entwickelt wird.

Im internationalen Klassenkrieg ist die Entfaltung der authentischen revolutionären Strategie im imperialistischen Zentrum aktuell geworden.

Nachdem aus dem internationalen Zusammenhang der Kampf um Befreiung vom isolierten Guerillaprojekt zur greifbaren Wirklichkeit in den Auseinandersetzungen des Tages durchgebrochen ist, geht es jetzt um den Sprung mit beiden Beinen auf den Boden der Situation hier, um Widerstand in der Metropole in der umgekehrten Bewegung von hier aus zur Front im internationalen Klassenkrieg zu bringen.

Also die Strategie, die ihre Wurzel hier hat. Im existentiellen Hunger nach einem anderen Leben, in der Erfahrung der Totalität des imperialistischen Zentrums, in der Notwendigkeit des Widerstands hier. *Die daraus die revolutionäre Front im Zentrum als weiteren Abschnitt neben den Kämpfen in Asien, Afrika, Lateinamerika erobert.*

Das heißt, radikal sich selbst in dem, wo man mit Guerilla, Kampf um Befreiung verbunden ist, zum Ausgangspunkt der Entwicklung des antiimperialisitischen Kampfs zu machen. In einem offenen strategischen Konzept zu kämpfen, wo jeder, der aus dem Ernst seiner eigenen Lage, aus seiner Geschichte und seinem subjektiven Prozeß sich über das gemeinsame Ziel der Zerstörung des imperialistischen Systems und der revolutionären Umwälzung der Gesellschaft in den konkreten Kampf, den Zusammenhang der Politik der Guerilla stellt, Teil der revolutionären Front hier ist. Und es vom ersten Moment an seine wie unsere Sache ist, daß und wohin die Front im Zentrum sich entwickelt. Das meinen wir mit: zusammen kämpfen, eine Front.

Wenn man so will, unterscheidet sich unsere Aktionslinie bis 77 von der jetzt darin, daß es bis 77 immer auf das ankam, was direkt zum bewaffneten Kampf gekommen ist oder diesen Schritt vorbereitet hat und daß es jetzt darauf ankommt, daß Guerilla, militante und politische Kämpfe als integrale Komponenten im perspektivischen Fluchtpunkt der zu entfaltenden Metropolenstrategie zusammenkommen.

Wir sagen: Wenn auch bewaffnete, illegale Organisation der Kern dieser Strategie ist, bekommt sie erst ihre ganze notwendige Kraft, wenn bewaffnete Politik mit militanten Angiffen, mit den Kämpfen aus der ganzen Breite der Erdrückung und Entfremdung und mit dem politischen Kampf um die Vermittlung ihres Prozesses zusammen zu einem bewußten und gezielten Angriff gegen die Dreh- und Angelpunkte des imperialistischen Zentrums gebracht wird.

Wir stellen die subjektive Seite der Entwicklung aus der Dialektik von 77 – die Möglichkeit der Front im Zentrum – in den Mittelpunkt. Sie ist das Entscheidende im Kampf in den imperialistischen Zentren, aus denen gesetzmäßig – allein aus den sich entwickelnden objektiven Widersprüchen und Bedingungen unter dieser Herrschaftsweise von Krisenmanagement und Transformierung jeder gesellschaftlichen Entwicklung zum Herrschaftsmittel – keine revolutionären Bedingungen, sondern nur Zerstörung und Fäulnis kommen können.

Aber natürlich zieht sich keiner am eigenen Schopf auf eine neue Stufe, die qualitativ veränderte Situation jetzt ist aus der objektiven Entwicklung des internationalen Klassenkriegs entstanden und nur in ihm zu begreifen.

Im Kampf der Befreiungsfront in Vietnam war die lange Geschichte der Befreiungskriege in den kolonisierten Kontinenten wie in einem Brennpunkt konzentriert und ihr Sieg hat die gesamte historische Phase der nationalen, antikolonialen Befreiung der vom Imperialismus unterworfenen Völker entschieden.

Die Wirkungen dieses historischen Durchbruchs: Die neue Stärke der jungen Nationalstaaten auf der Ebene der internationalen Politik – die ökonomisch-politisch-soziale Gesamtkrise der imperialistischen Kernländer –

und der mit den Befreiungskämpfen gleichzeitige Aufstieg der Sowjetunion zur den USA gleichwertigen Großmacht – haben das Gesamtkräfteverhältnis aus den Linien Nord-Süd, Ost-West und Staat-Gesellschaft innerhalb der imperialistischen Zentren zu einem zugespitzten, labilen Gleichgewicht zwischen Imperialismus und Befreiung gebracht. Mit anderen Worten: Die Instabilität des imperialistischen Systems bedeutet seitdem weltweit eine Situation, in der der Imperialismus mit einer Niederlage an jedem Punkt des Weltsystems, oder dem Verlust irgendeiner seiner Machtpositionen – ob es um eine militärstrategische Position (wie südliches Afrika, Naher Osten), oder die Verfügung über eine ökonomische Komponente (wie Öl, strategische Rohstoffe, technologischer Vorsprung), oder die politische Dominierung einer geographischen Region (wie Mittelamerika, Golf) geht, in die endliche Krise des Systems kippen kann.

Die Auseinandersetzung hat sich nach Vietnam von einer Konfrontationsstellung: Zentrum des Befreiungskriegs, Front und Hinterland zu einer Linie hin verschoben, die weltweit quer durch jeden Abschnitt, jeden Kontinent, jedes Land geht. Weil jeder Abschnitt aus seiner Verflechtung und Bedeutung im Gesamtsystem zum Auslöser des Einsturzes des Kräfteverhältnisses werden kann – und so tendenziell zur Front des Befreiungskriegs.

Die imperialistische Reaktion mußte sich, bildlich gesagt, auf das Konzentrat ihrer Macht: Staat, die vereinheitlichten Apparate der US-Staatenkette, die Rekonstruktion ihrer militärischen, ökonomischen und politischen Handlungsfähigkeit und ihrer Durchsetzungsinstrumente zusammenballen, um von da aus, im Versuch die globale Entwicklung wieder zu bestimmen, überall: in den jetzigen Kämpfen in Asien, Afrika, Lateinamerika, in den jungen Nationalstaaten, am Ost-West-Gegensatz, in Westeuropa anzugreifen mit dem Ziel, aus dieser Gesamtoffensive die Übermacht wieder zu erreichen.

Für den antiimperialistischen Kampf heißt das, daß gegen diese Einheit der imperialistischen Reaktion die Kämpfe an allen Linien jetzt parallel geführt werden müssen. Es sind verschiedene Abschnitte einer einzigen Front. Und als Kämpfe, die Seite an Seite geführt werden, wird jeder Abschnitt – so auch der westeuropäische – nur aus seiner eigenen Kraft, aus seiner besonderen Entwicklung und seinen besonderen aktuellen und historischen Bedingungen wirklich zur Front, die den Imperialismus erschüttern kann.

So ist der Sprung aus der Dialektik der Konfrontation 77 zu qualitativ veränderten subjektiven Bedingungen des Kampfs hier und unser Schritt zur Basis des Prozesses des Widerspruchs im Inneren dieses Zentrums vollkommen in die Entwicklung, in die Notwendigkeiten und Möglichkeiten des internationalen Klassenkriegs integriert. Er kam sozusagen gerade rechtzeitig. Tatsächlich hat 77 der Staat auch in diesem Zusammenhang gehandelt. Gegen Ende der ersten Formierungsphase der US-Staatenkette hat er sich an unserer Niederlage als diese Übermacht, die so erscheinen wollte, als gäbe es für seine Grenzen, keineswegs als Nationalstaat, sondern in der Dimension des globalen konterrevolutionären Projekts aufgetürmt. Als die europäische Führungsmacht, die in ihrer Funktion für das US-Staatensystem, die innerstaatliche und innerwesteuropäische politische Stärke gegen jede Form von Widerstand durchsetzen will, um international den Angriff führen zu können. Aber damit haben sie die Auseinandersetzung in zwei Richtungen vorangetrieben, auf deren Linien die entscheidenden Kämpfe auch laufen werden: in die Breite zur Guerillabekämpfung als vereinheitlichte westeuropäische Staatspolitik – gegen die die Perspektive der westeuropäischen Front der Guerilla real geworden ist – und in die Tiefe der Gesellschaft, woraus die schärfste Polarisierung und der gesellschaftlich breiteste Riß aus der Einbindung in diesen Staat, aus seiner Logik und seinen Gesetzen in der Geschichte der BRD gefolgt ist – und damit die Möglichkeit der revolutionären Front hier.

Es ist jetzt nicht mehr der Punkt, die inneren Veränderungen hier im einzelnen zu analysieren. Denn die Haltung und die Lebenspraxis derjenigen, die seitdem kämpfen, hat die veränderte Situation schon in sich und geht ganz einfach von ihr aus. Wir stellen einfach fest: Fundamentalopposition ist mit diesem System wie nie zuvor grundsätzlich fertig. Kalt, illusionslos, vom Staat nicht mehr zu erreichen. Da ist nichts mehr von »Systemveränderung« und »alternativen Modellen« im Staat. Sie sind nur noch skurril. Da ist einfach Schluß – und erst hinter dem Ende des Systems wird eine Lebensperspektive vorstellbar.

Der Imperialismus verfügt über keine positive, produktive Perspektive mehr, es ist nur noch die von Zerstörung. Das ist der Kern der Erfahrung, die die Wurzel der neuen Militanz in allen Lebensbereichen ist. Materiell in der ökonomischen Lebensgrundlage, in Rüstung und atomaren Kriegsplänen, die der natürlichen und sozialen Lebensbedingungen, und in der Person selbst, wo Entfremdung und Erdrückung in massenhafte Deformierung und Abtöten von individuellem Reichtum des Denkens, Fühlens, der Persönlichkeitsstruktur umgeschlagen ist. Die meisten verzweifeln daran. Soweit hat der Imperialismus in den Zentren seine Herrschaft perfektioniert und systematisiert, daß sie die Kraft zum Widerstand nicht mehr finden. Steilansteigende Selbstmorde, Flucht in Krankheit, Suff, Pillen. Drogen, das ist die Reaktion auf die Wirklichkeit aus der langen Geschichte von Niederlagen, Ertragen und Leiden, aus der Entpolitisierung, in der die äußere Gewalt nicht mehr als die Ursache gesehen werden kann.

Aber aus dieser Dimension des Elends kommt jetzt auch die existentielle Tiefe der Kämpfe und der Haß. Das ist nicht mehr die spontane, kurze Wut. Die ist in den ganzen Jahren verbrannt. Das ist der Boden, aus dem sich jetzt im Zentrum die revolutionäre Front entwickelt. Denn wenn die Entwicklung des Systems letztlich auf Zerstörung und Vernichtung zurückgeführt erlebt wird, trägt der Widerstand – bewußt oder auch nicht – das Moment in sich, daß es jetzt gegen und um das Ganze geht. Innerhalb konkreter Einzelkämpfe und über sie hinaus. Die Einheit des revolutionären Kampfs wird möglich und notwendig. Eine Aktionslinie für jeden, der diesen Kampf will, auf der Bruch mit dem Staat, Revolte, militante Kämpfe überall zur Politik – zur Strategie des Angriffs auf das imperialistische Zentrum zusammenkommen können und die aus ihrer Praxis zwingend macht, daß sie darin zusammenkommen.

Antiimperialistische Front

Es hat in den letzten zwei Jahren eine Menge Flugblätter und Aktionen mit der Parole »Eine Front mit der RAF« gegeben und wir wissen, daß das Bedürfnis und die Bereitschaft dazu durch alle politisierten Bereiche geht. Aber zwischen dem, was in Bedürfnis, Bereitschaft, Anfängen potentiell an Front existiert und dessen Realisierung in Entwicklungsprozeß, Organisierung, Bewegung ist immer noch eine enorme Diskrepanz.

Die Front stellt sich nicht automatisch über ein Nebeneinander von Kämpfen und durch ihre Proklamation her. Sie verkommt in der Proklamation und die Mobilisierung dahin wird wieder zerfallen, wenn nicht mehr als jetzt schon dieses Konzept als praktische Frage – wie es laufen kann und daß es läuft angepackt wird. Nicht nur von uns.

Die Front wird nur darüber real werden, daß jeder, egal an welcher Stelle, es zu seiner Sache macht, die Momente und Formen der Einheit des bewaffneten Kampfs aus der Illegalität und des politisch-militanten Widerstands aus der Legalität, die Mittel, die Taktiken und die Struktur, also ihren Handlungs- und Entwicklungsraum, der illegal ist, praktisch herauszufinden und sie bewußt im strategischen Prozeß selbst weiterzubringen.

Die Front ist Entwicklung des politischen und praktischen Zusammenhangs des Angriffs gegen die imperialistische Macht – oder sie ist nichts.

Unsere Erfahrung aus den letzten zwei Jahren, in denen wir einen ersten Kern dieser neuen Struktur der Guerilla erreicht haben, ist, wie leicht sich der Zusammenhang spontan herstellt, wie stark er ist – subjektiv und objektiv-materiell als Möglichkeit zum Angriff – und wie schwer es andererseits ist, den Prozeß der Strategie über einzelne politische Initiativen, Aktionen und begrenzte praktische Zusammenhänge hinaus als kontinuierlichen in Gang zu bringen. Das ist der Knoten, der jetzt durchschlagen werden muß.

Es geht dabei nicht um Moral, Eifer, Leistung. Es geht darum, aus der Entscheidung für diesen Kampf sich in voller Konsequenz die reale Vorstellung davon zu machen, wie das System hier tatsächlich zu brechen ist und darin sich selbst zu bestimmen.

Wir haben es mal an uns selbst erfahren und erfahren es jetzt mit denen, die wir direkt kennen: Das sprengende Moment für den Durchbruch, von dem jetzt abhängt, wie weit wir kommen, ist der Kampf derer, die angefangen haben, in diesem Konzept zu kämpfen oder die das wollen, um den Begriff von sich selbst als Subjekte der antiimperialistischen Front. Sie in und mit sich selbst zu antizipieren und jede politische Initiative, jede Aktion aus ihr und für sie zu bestimmen: sich selbst in dem, was man anfängt, bis zur Front des Angriffs zu denken.

Praktisch verhindern seit den ersten Diskussionen 79 um die Einheit des antiimperialistischen Kampfs immer wieder dieselben Blockierungen in und zwischen den antiimperialistischen Gruppen, was schon längst sein könnte: die handelnde Front. Wir können mit den Scheingefechten um den Fetisch militante Aktion oder um die Beschwörung der »Verbindung mit den Massen« nichts anfangen. Auch das Ringen um ein Bekenntnis zu uns, bzw. umgekehrt, das Lauern auf die Aufdeckung einer Verbindung zu uns in den Auseinandersetzungen sind überflüssig. Tatsache ist, daß dabei nur rauskommt, daß die einfachsten nächsten Schritte nicht gemacht werden.

Front meint mehr als Actions, Front, also Kämpfe, die in ihren gemeinsamen Zielen zu einem Kampf werden und von daher sich politisch und praktisch verbinden können, wird im westeuropäischen Zentrum in vielen Gestalten leben. Die antiimperialistische Front in der BRD jetzt – das sind militärische Angriffe, einheitliche koordinierte militante Projekte, die darauf aus sind, die imperialistische Strategie zu durchkreuzen, politische Initiativen zur Vermittlung der Politik, die im aktuellen Widerstand eingreifen, sie ist struktureller und organisatorischer Kampf um die Handlungsfähigkeit, sie ist zu jedem Moment ihrer Entwicklung Kampf um die Möglichkeit und den praktischen Zweck von Diskussion und Kommunikation für den Prozeß der Strategie.

Front meint etwas anderes als die Erweiterung der Guerilla um eine Struktur aus der Legalität. Wir haben gesagt, daß es einen »legalen Arm der RAF« nicht gibt und nicht geben kann. Natürlich haben wir Verbindung zu Leuten an verschiedenen Ecken und Enden und natürlich machen wir darin konkrete Politik der Guerilla – antiimperialistischer Widerstand kann aber nur als selbständige, spezifische Entwicklung auf diesem Terrain auf das gemeinsame Ziel hin Teil der antiimperialistischen Front werden und erst darin ist die Trennung aufgehoben. Der Kampf auf diesem Terrain kann nur so politisch zünden, nur so Kontinuität und Stärke erreichen – und grundsätzlich ist Selbstbestimmung und volle Verantwortlichkeit an jeder Stelle des Kampfs revolutionärer Politik im westeuropäischem Zentrum substantiell.

Die Auseinandersetzungen auf immer derselben Stelle, in denen isolierte Standpunkte und Glaubensbekenntnisse einander entgegengehalten werden, die Enge des vereinzelten Gruppendenkens, die Entschlußlosigkeit, es selbst anzupacken, fallen dort einfach weg, wo sich der Begriff der Situation zu eigen gemacht wird: daß die antiimperialistische Front so dringend notwendig wie schwach entwickelt ist – und dabei potentiell so stark in ihrer Position im westeuropäischen Zentrum und in ihrer enormen Möglichkeit im internationalen Befreiungskrieg sein kann.

Die relevante, kämpfende Front gegen die imperialistische Strategie muß das unmittelbare nächste Ziel sein. Die Menge Wissen über Imperialismus und seine Pläne, wie es immer aus den Papieren quillt und die Entschiedenheit und das Feuer in militanten Aktionen sind umsonst, wenn aus beidem nicht der Entschluß kommt, den Zusammenhang herzustellen, der sich vornimmt, eine ganze Entwicklung zusammen durchzukämpfen.

Aus dem was jetzt ist: aus dem, was im aktuellen Widerstand steckt und aus den Bedingungen des Kampfes in der Metropole, die politischen, strukturellen, praktischen Elemente und Linien des Angriffs auf den Kern der imperialistischen Macht hier: BRD-Staat und NATO herauszuziehen, um sie offensiv weiterzuentwickeln.

Die Situation ist – daß der antiimperialistische Kampf hinter der Offensive der zwar widersprüchlich, aber doch vereinheitlichten imperialistischen Maschinerie zurück ist. Die Anfänge der neuen antiimperialistischen Mobilisierung haben sich nicht gegen die imperialistische Rekonstruktion nach Vietnam und dem Beginn der Krise, gegen die Vorbereitung und Einleitung ihrer Offensive gebildet – in dieser Phase war der Widerstand im Abfuck und schließlichen Zusammenbruch der 68er Linken gelähmt – sondern erst gegen die längst laufenden reaktionären Angriffe auf allen Ebenen. Ihre Offensive rollt, spontan gibt es großen Widerstand, antiimperialistische Politik ist darin aber keine durchschlagende Orientierung. Dazu muß sie als initiativer, relevanter Faktor in den Auseinandersetzungen um und gegen die imperialistischen Projekte überhaupt präsent sein, an denen sich der Verlauf der realen Geschichte jetzt bestimmt. Die US-Kriegsstrategie in Europa – die reaktionäre Offensive des Staats nach innen – die internationale Rollback-Strategie der imperialistischen Staatenkette gegen die Befreiungsbewegungen und die jungen Nationalstaaten und gegen die sozialistischen Staaten.

Die Situation ist – daß es tatsächlich offen ist, wie die Geschichte jetzt verlaufen wird. Der US-Imperialismus kann in seiner historischen Krise – in der es seit 40 Jahren zum erstenmal um seine Existenz geht – zu den äußersten Mitteln greifen und wird das auch tun, wenn das System in die unkalkulierbare Krise rutscht und wenn sie nicht daran gehindert werden. Das hat angesichts seines nuklearen Vernichtungspotentials allerdings eine katastrophische Perspektive – die zu fürchten wir, die international Unterdrückten und Ausgebeuteten keinen Grund haben. Denn bedeutet sie in jedem Fall das Ende des Imperialismus, so bedeutet der Imperialismus in jedem Fall unser Ende. Unsere Haltung zur Perspektive nuklearer Vernichtung ist erstens, daß wir sie nicht fürchten und zweitens, daß wir sie nur durch den revolutionären Krieg verhindern können und verhindern werden. Viel mehr als in der Wahrscheinlichkeit eines Atomkriegs liegt die Schärfe der Situation darin, daß der US-Imperialismus mitten in der Entfaltung einer umfassenden Offensive ist, die alle Dimensionen enthält, deren Ziel es ist, sich wieder als die Weltmacht aufzurichten, was dann nur auf einer erweiterten Stufe seiner gesamten Herrschaft möglich ist – in die eingegriffen werden kann und es entscheidend auch vom antiimperialistischen Kampf in Westeuropa abhängt, ob ihr Versuch für sie ausgeht oder zu einem weltweiten Sprung im Kampf um Befreiung gegen sie wird. Erweiterte Stufe der Herrschaft heißt eben auch ohne den großen Krieg: Produktion von Vernichtung im täglichen Leben, in den Lebensbedingungen, in Manipulation und Repression – Sterben und die Zerstörung von menschlicher Substanz für Millionen und für lange.

Für uns, aus der relativen Schwäche gegenüber einer Macht, die hier fast alles hat, ist die Situation auch – daß sie zwar in der Lage sind – und das noch länger – eine Front, die hier ihre Macht bedroht, nicht zustandekommen zu lassen, daß sie zur Lösung ihrer Gesamtkrise aber auf sozialer, gesellschaftspolitischer, militärpolitischer Ebene gezwungen sind, aggressiv Macht an sich zu reißen und damit die politischen Grenzen in der Metropole, die »Belastbarkeit«, zu überschreiten – Demokratie, Wohlstand, innerer Friede – und sie das nicht ewig durchhalten werden, wenn es immer wieder im antiimperialistischen Kampf gebrochen, d. h. in der Konfrontation offen wird und so der dünne ideologische Faden zwischen Staat und Gesellschaft reißt. Diese politischen Grenzen sind für das imperialistische Zentrum Westeuropa historisch konstitutiv geworden. Sie sind als Säulen des Systems gerade gegen Arbeiterbewegung und Befreiungskriege aufgebaut worden und lassen sich nicht mehr ohne Auseinanderbrechen der gesamten Gesellschaft generell wegräumen. An diesem Punkt kann die relative Schwäche des antiimperialistischen Kampfs im westeuropäischen Zentrum zur Stärke im internationalen Kampf gemacht werden. Denn im Maßstab des gesamten imperialistischen Systems wird ihr globales Restrukturierungsprojekt nur funktionieren, wenn die Formierung im Inneren der imperialistischen Zentren ohne ernsthafte, durchgreifende Friktion verhältnismäßig glatt und zügig läuft. Über den Bruch im antiimperialistischen Kampf hier kommt ihr Projekt in den internationalen Widersprüchen nicht durch – oder sie erzwingen Lösungen nach innen wie außen mit ihrer Übermacht um den Preis eines internationalen, vereinheitlichten Klassenkriegs auf höherer, intensiverer und weiterreichender Stufe, d. h. um den Preis der Aktualität des Kampfs zur Zerschlagung des imperialistischen Systems.

Von hier aus kämpfen wir. Und nur das, der Begriff unserer Möglichkeit, der eigenen Kraft, der Chance, die nur wir hier haben – und damit auch der unserer Verantwortung – kann das Mobilisierende sein, an dem die antiimperialistische Front hier aufsteht und sich entwickelt.

Die Entwicklung in Westeuropa ist zu einem Angelpunkt in der weltweiten Auseinandersetzung geworden. Aus der Bewegung des internationalen Klassenkriegs ist einerseits für die imperialistische Strategie die Offensive in und aus Westeuropa mit dem Kernstaat BRD zentral für den Versuch, sich in einer neuen Runde als funktionierendes Weltsystem Herrschaft und Kapitalreproduktion zu sichern, und andererseits, von unserer Seite aus, die Entwicklung der Front im Zentrum wie als pure Lebensnotwendigkeit dagegen zwingend, so als Bedingung dafür notwendig, daß die Tendenz zur Stagnation des globalen Befreiungsprozesses jetzt im Ost-West-Gegensatz und durch die Zwänge der staatlichen Entwicklung in den national befreiten Ländern, aufgebrochen werden kann.

Die Zentren selbst und Westeuropa als Schnittpunkt der Linien Ost-West, Nord-Süd und Staat-Gesellschaft im besonderen, sind Ausgangspunkt und Kernstück ihres Restrukturierungsprojekts. Hier müssen sie versuchen, die militärische Macht für den Druck auf die sozialistischen Staaten und gegen den nationalen Befreiungskampf herauszuholen und die ökonomische Potenz, die schlingernde wirtschaftliche und soziale Krise im Innern in den Griff zu kriegen und die sich entwickelnden jungen Staaten zu dominieren und sich einzugliedern und – als Bedingung von allem – die innere politische Homogenität, wenn nicht als Konsens, dann jedenfalls als Ruhe im eigenen Haus gewaltsam zu erzwingen. In diesem Sinn sind sie auf die Zentren zurückgeworfen. Sie müssen und werden offensiv und aggressiv im Zentrum das reaktionäre Gesamtkonzept versuchen durchzusetzen, auf allen Ebenen und mit allen Kräften.

Mittelstreckenraketen, Neutronenbombe, konventionelle Hochrüstung – Kapitalkonzentration und -zentralisation, Rationalisierung, eingeplante, massenhafte Arbeitslosigkeit, Instrumentalisierung des Menschen als Anhängsel der Maschine – die wegen der Bedeutung als Kriegsmittel auf dem Weltmarkt für sie unabdingbare Forcierung der Energiepolitik – die Zerstörung der gesellschaftlichen Strukturen nach dem Interesse der Polizei und des Großen Geldes – Auspowerung beim Run nach dem Lebensunterhalt, Ausbildung als Fabrikbullen, Justiz, Knast – usw.

Sind Vorstöße dieser militärisch konzipierten Offensive, die eiserne Klammer um alle Teilbereiche der Metropolengesellschaft, die uns längst keine Wahl mehr läßt, ob wir die Front im Zentrum wollen oder nicht – der Krieg läuft. Die Frage ist nur noch, ob es gegen die reaktionäre Offensive die revolutionäre Front geben wird oder nicht.

Gegen diesen Horizont entsteht die antiimperialistische Front im Zentrum. Ihre Wirkung ist allein an der Verhinderung oder Nicht-Verhinderung einzelner, aktueller imperialistischer Projekte hier nicht zu messen, was sie erreicht, erreicht sie immer als Kampfabschnitt der internationalen Front für sie und erst aus dieser Totalität der Konfrontation Imperialismus – Befreiung kann das Kräfteverhältnis geschaffen werden, das die soziale Revolution hier möglich macht.

Widerstand gegen die hier ausholende imperialistische Maschine – das ist auch unsere Definition der Aktion der Guerilla und der Entwicklung der antiimperialistischen Front – ist Angriff und Entwicklung der revolutionären Front im Zentrum im Rahmen des weltweiten Kampfs.

Angriff, den die ganze Situation jetzt verlangt – und der von hier kommen muß. International stehen sich die beiden Blöcke waffenstarrend versteinert im Overkill-Potential gegenüber, Befreiungsbewegungen sind Staaten geworden und die ihn noch nicht haben, handeln im Kampf um ihn als Quasi-Staaten. Das Hauptterrain auch für die Befreiungsbewegungen und die jungen Staaten ist das der internationalen Politik, der internationalen Beziehungen geworden – zwischen dem Ost-West-Gegensatz, der sich in diesen Ländern reproduziert, dem Weltmarkt, in dem und gegen den sie gezwungen sind, sich zu entwickeln und der neuen politischen Stärke der national befreiten Staaten in den internationalen Gremien, die ihnen etwas Raum gibt, das ist die logische Entwicklung. Ausdruck der Stärke, die der nationale Befreiungskampf erreicht hat und Ausdruck der Schwäche, sich noch auf das vom Imperialismus bestimmte System der Staaten beziehen zu müssen.

Die Entwicklung des Landes in dieser Situation bringt die politische Führung der jungen Staaten in den doppelten Widerspruch – zum sich vertiefenden Elend, der Armut der Bevölkerung, der Unterentwicklung und den Forderungen daraus nach radikalen Lösungen – und zu der Unvermeidlichkeit im Kampf um die Mittel dafür, über die fast völlig die imperialistischen Staaten verfügen, sich mit ihnen auch arrangieren zu müssen, der sie tendenziell in eine immer weiter auseinanderklaffende Schere von Zwängen treibt, die sie katastrophal in Bürgerkriegen, Hunger, Verzweiflung, Repression, Intervention auseinanderreißen kann. Diese Widersprüche haben sie sich aber nicht ausgesucht. Sie sind zuallererst Ergebnisse der Kolonialgeschichte, aus der der Imperialismus selbst noch aus den hinterlassenen Zerstörungen profitiert, auch wenn er schon aus dem Land hinausgeflogen ist.

Die Guerilla in den Metropolen und die militanten Kämpfe heute sind die Ergebnisse einer Dynamik, die die Befreiungsbewegungen ausgelöst haben – und wenn durch ihren Kampf überhaupt eine Bewegung hier nach über 30 Jahren hochgekommen ist, dann ist die Situation jetzt dort zentral darin bedingt, daß die Kämpfe hier so wenig entwickelt sind.

Es kann keine Perspektive zur Zerstörung des imperialistischen Systems geben, solange die Perspektive der Zerstörung in seinen Macht-, Kommando- und Produktionszentren nicht eröffnet ist. Das heißt, solange die Politik nicht materielle Gestalt geworden ist, die als relevante Kraft im internationalen Kampf, in ihrer realen Bewegung, den Zielen und der Kontinuität, den Willen und die Möglichkeit zum Ende des Systems zeigt. Erst dann wird ein revolutionärer Sprung denkbar. Der Imperialismus bricht nicht an sich selbst zusammen. Er bricht auch nicht durch eine Einkreisung und Einschnürung von außen zusammen. Ohne Entwicklung der Front hier wird in weltweiter Dimension kommen, was in der Geschichte der Klassenkämpfe in Europa und politisch im Ost-West-Konflikt das Tödliche geworden ist: erstarrter, verbitterter Grabenkrieg. Ein imperialistischer Apparat, militärpolitisch aggressiv, technologisch und produktions- und organisationstechnisch hochgepusht, der sein Ziel, wieder einzige Weltmacht zu werden, militärisch gegen den Willen der Sowjetunion und der sozialistischen Staaten gleichwertige Macht zu bleiben und politisch gegen das Selbstbewußtsein der Völker in Afrika, Lateinamerika, Asien nicht mehr erreichen wird – der mit seinen umfassenden politisch-ökonomisch-militärischen Kriegsmitteln aber stark genug ist, den national befreiten Ländern die Bedingungen ihrer Entwicklung zu diktieren und sie damit zu blockieren und vielleicht stark genug, die sozialistischen Staaten durch Rüstungszwang und über den Weltmarkt ökonomisch zu zerrütten – und der in der Metropole in der der Staat nicht aufhören wird zu versuchen, die imperialistische Macht doch noch zur Übermacht aufzurichten, unter Auspowerung, Polizeistaat und Krisenmanagement eine faulende Gesellschaft festpreßt.

Kampf um Befreiung

So zwingend Widerstand und revolutionärer Angriff aus der eigenen Lage ist, ist das auch unsere Möglichkeit – und nur unsere – diese Perspektive zum Ende des Systems zu eröffnen. Eine Perspektive, die in der Funktion zum Bruch der imperialistischen Macht über diese Funktion hinaus geht:

Aus der Reife der Metropole, in der die produktive gesellschaftliche Entwicklung begonnen hat, in Vernichtung umzuschlagen, weist revolutionärer Kampf hier in seinen Zielen und in der Struktur der kämpfenden Front in eine gesellschaftliche Zukunft über die historischen Grenzen des existierenden Staatensystems hinaus. Im historischen Abschnitt des auf den äußeren Linien zurückgedrängten und im Innern in der Gesamtkrise sich zersetzenden Imperialismus, ist die Reife der Metropole umgewälzt zu werden auch die Reife zum Kampf, der radikal auf den Umbruch der gesellschaftlichen Verhältnisse zu den kommunistischen Zielen orientiert ist. Worin Leben nicht in einer weiteren Übergangsetappe, Sieg nicht als Übernahme des Staats vorgestellt ist, sondern der einheitliche Prozeß des Widerstands, der Gegenmacht und der Umgestaltung zur Befreiung ist.

Revolutionäre Politik hier ist die Strategie, die in einem den Widerstand in der täglichen Realität hier als Prozeß des Kampfs um Befreiung faßt – und ihn als Teil, Abschnitt und Funktion der weltweiten Kämpfe, in deren Zusammenwirken das Ziel nur erreicht werden kann.

Diese Politik hat mit Weltanschauung nichts zu tun. Sie stellt nicht noch eines dieser sich ablösenden ideologischen Modelle auf, von denen behauptet wird, daß sie später verwirklicht werden. Sie kann nur realer Prozeß sein. Signal der Utopie, ist sie eine langfristige und direkte Strategie – man kann sagen, eine Lebensweise – in der das strategische Ziel der Zerstörung der imperialistischen Macht verbunden ist mit realer Veränderung jetzt – der Prozeß, der in den Schritten der Entwicklung der Front, die Besetzung des politischen Terrains und der Person durch den Staat zerstört – der sich in der Produktion von Gegenmacht die jeweiligen Bedingungen zur politisch-militärischen Offensive schafft, und als Produktion, als materielle Entwicklung, die Wiederherstellung der vollen Dimension des Menschen in den Beziehungen der Kämpfenden in sich hat. Unmittelbare Veränderung, befreites Gebiet, Revolution sind vollkommen in den Prozeß des Widerstands integriert – und nur so haben sie Wahrheit. Revolutionäre Strategie ist hier einfach die Strategie gegen ihre Strategie.

Die ihren strategischen Plan in ihren konkreten Projekten angreift durch den materiellen Angriff die imperialistische Offensive nach innen und außen politisch bricht und damit Bewußtsein schafft, daß neuer Widerstand und Prozeß der

Front national wie international wird, die ihre Pläne blockiert, bevor sie sie ausführen können.

Die als relevante kämpfende Front hier den Bruch des Konsens im imperialistischen Zentrum materiell macht und durch die internationale Vermittlung des inneren Bruchs ihnen die Legitimität bzw. Attraktivität nimmt, das System aus Geld, Manipulation und Vernichtung in einer neuen Phase weltweit reproduzieren zu können.

Und die als radikale Wendung der Lage in der Metropole die Möglichkeit des Endes der imperialistischen Macht und ihrer Existenz unter den Menschen, die Reife zur befreiten Gesellschaft zeigt.

Zu 77

Das Problem, das sich während der Schleyerentführung gegen uns ausgewirkt hat, war, daß wir – auf unser konkretes Ziel, die Gefangenen rauszuholen, konzentriert – die Entwicklung des politischen Ziels in der ganzen Offensive, die Vertiefung der Widersprüche in der Krise, nicht angepackt haben. Obwohl die Aktion den Staat an seinem Nerv getroffen hatte, haben wir nicht auf dem politischen Niveau der Herausforderung gehandelt.

Im Sommer 77 war die Situation bei den Gefangenen so zugespitzt, daß wir uns nicht mehr lange Zeit lassen konnten für eine Befreiungsaktion. Die Gefangenen waren im Durststreik und Gudrun lag im Sterben.

Wir wußten, daß wir den Angriff zu diesem Zeitpunkt aus einer relativen politischen Schwäche heraus machen würden, aber wir wollten ihn, weil Krieg nicht einfach als Zustand zwischen uns und ihnen existiert, sondern nur wenn er materiell entwickelt wird als Machtfrage. Seit Stockholm ist der Kampf um die Gefangenen zu einer Kernfrage in der Auseinandersetzung Guerilla – Staat geworden. Die Kernfrage, in deren Forderung nach den Gefangenen beides zusammenkommt wie in einem Kristallisationspunkt: das Verhältnis einer Guerilla zu ihren gefangenen Genossen, die Beziehung untereinander, die Funktion dieses Kampfs ist, und die Bedeutung jedes einzelnen für das Ganze – und das Machtverhältnis überhaupt, weil die Guerilla darin die Machtfrage materiell und direkt an den Staat stellt, ihr Angriff bewußt auf die politische Krise zielt, indem er ihnen wie mit Schleyer einen Pfeiler ihrer Macht unter den Füßen wegzieht (nur dann gibt es eine realistische Chance). Und so die innere Struktur der Macht durch den Zwang zur Reaktion sichtbar macht und gleichzeitig auseinanderreißt.

Unser Gedanke war, der SPD die Frage des Austauschs an den beiden Figuren zu stellen, die die ökonomische Weltmacht des BRD-Kapitals direkt verkörperten wie höchstens zehn andere: Ponto für ihre internationale Finanzpolitik (und daran der ganze Begriff der Funktion der deutschen

Banken, im besonderen seiner, der Dresdner, für die reaktionären Regimes in den sich entwickelnden Ländern und der BRD-Geldpolitik als Mittel der institutionellen Strategie, nach der die europäische Integration läuft) – und Schleyer für die nationale Wirtschaftspolitik (die fetten Konzerne, Konzertierte Aktion, BRD als internationaler Modellfall des sozialen Friedens). Das heißt der Macht im Staat, auf die die SPD als Regierungspartei Rücksicht nehmen muß, wenn sie an der Regierung bleiben will.

Die Spannung zwischen der Strategie des amerikanischen Kapitals, von der das Staatsverständnis der SPD seit 45 und jedes einzelne ihrer reaktionären innen- und außenpolitischen Manöver bestimmt ist und den Banken und Konzernen, wenn man so will, dem nationalen Kapital, war der Widerspruch, auf den die Aktion zielte. Zwar kann das nationale Kapital gegenüber der hegemonialen, der amerikanischen Linie keine eigene Politik formulieren – wenn man nicht die provinziell-bornierten Varianten Kohls, Albrechts usw. oder das Grand Design von Strauß, aus dem seit über 20 Jahren nichts wird, dafür halten will – aber die Macht, mit der es innerhalb der Vertikale des gesamten kapitalistischen Mechanismus konkurriert und expandiert, hat natürlich ihren Ausdruck in einem Konsens und einem Selbstbewußtsein der nationalen Eliten, das Schmidt nach oben und nach unten im internationalen und nationalen Kontext vermitteln muß.

Die politische Eskalation der Aktion war erst mal dadurch entschärft, daß die Entführung Pontos schiefging und so der eine Fuß in der ganzen taktischen und politischen Bestimmung fehlte. Unser entscheidender Fehler aber war, die Aktion nicht noch mal von Grund auf neuzubestimmen, nachdem die Bundesregierung das erste Ultimatum hatte verfallen lassen, also klar war, daß sie Schleyer aufgegeben hatten und auf seinen Tod warteten, der ihre schnelle Konsolidierung hätte bringen sollen. An Schleyers Anstrengungen, doch noch den Austausch zu erreichen, hatten wir gesehen, daß seine connections und sein Einfluß einen Dreck wert waren gegen die Macht der geschlossenen imperialistischen Strategie.

Ihr Verhalten an der Taktik und Psychologie des BKA entlang: die offizielle Regierungsentscheidung zu vermeiden, durch Als-ob-Verhandlungen die Aktion hinzuziehen, um sie polizeilich zu beenden, durch die Nachrichtensperre öffentlichen Druck von vornherein auszuschalten und mit Wischnewskis Reise in die sogenannten Aufnahmeländer eine internationale »Absage an den Terrorismus« am Beispiel dieser Gefangenen durchsetzen zu wollen, gab uns objektiv Zeit und die Möglichkeit, mit dieser Situation politisch zu arbeiten. Das wäre gewesen, die Gespräche mit Schleyer sofort einzusetzen, um so die Widersprüche, die inzwischen wieder die »Einheit aller Demokraten« auseinandergetrieben hatten, auch tatsächlich auf die

Spitze treiben zu können. Widersprüche, die so weit gingen wie z.B. der Anlauf der CSU, Schmidt um die Regierung zu bringen mit dem Vorschlag, die Gefangenen freizulassen und hinterher den Notstand zu erklären, was so das Ende aller SPD-Politik bedeutet hätte, nämlich das offene Eingeständnis der Staatskrise, was sie mit allen Mitteln verhindern mußten.

In dieser eskalierten Situation, in der unsere Defensive offensichtlich geworden war, hat das Kommando Martyr Halimeh sich entschlossen zu intervenieren – wie es ihnen unter dem objektiven Druck möglich war. Es war das erste Mal, daß ein Kommando einer Befreiungsbewegung direkt in die Auseinandersetzung hier eingegriffen hat, den Kampf in der Metropole zu seiner Sache gemacht hat. Über die taktisch und strategisch falschen Bestimmungen dieser Aktion, die der BRD erst die Chance gegeben hat, selbst in die Gegenoffensive zu gehen, ist viel geredet worden. Die Verantwortung dafür liegt ganz bei uns.

Es war ein Fehler, die Entscheidung, die aus dem Kräfteverhältnis nur hier fallen kann, weil es um die Gefangenen geht, die für den Kampf hier stehen und weil es darum ging, die BRD zu isolieren, nicht in der Metropole selbst zu suchen, sondern die Zuspitzung in einen der jungen Nationalstaaten zu verlagern. Im Zusammenhang mit einer Aktion aus der Metropole, mit dem Ziel der Polarisierung in der Metropole, den Bruch zwischen Volk und Staat, mußte das Mittel – Flugzeugentführung – gegen den ganzen Angriff kippen, weil es die, die in dem Flugzeug saßen, zwangsläufig in die gleiche Objektsituation gedrückt hat, wie es der imperialistische Staat sowieso und immer mit den Menschen macht – worin aber das Ziel einer revolutionären Aktion gebrochen ist.

Gegen das Kommando war die falsche Bestimmung der Aktion die Zange, mit der das Kalkül der Bundesregierung operieren konnte, ausgehend davon, daß das Kommando natürlich alles versuchen wird, solange weiterverhandeln wird wie sie noch irgendeine Hoffnung sehen, daß die BRD die Gefangenen freiläßt. Für die SPD war das Massaker wie schon in Stockholm die Lösung, weil sie auf jedes populäre Image verzichtet, wenn das amerikanische Interesse, Herrschaftssicherung im Zentrum, angegriffen ist. »Es war unbekannt, ob es zu einem erträglichen Ausgang kommt«, so Schmidt damals.

Es war die Entscheidung für die militärische Lösung zu einem Zeitpunkt, wo ein Sieg der Guerilla in der BRD, dem Kernland der reaktionären Integration der westeuropäischen Staaten, ihr ganzes Konzept der imperialistischen Rekonstruktion entscheidend zurückgeworfen hätte. Sie war der Sprung an die Spitze der reaktionären Gegenoffensive zur Vereinheitlichung der Apparate der inneren Sicherheit in Westeuropa, aber an Stammheim und

Mogadischu ist auch ein zentraler Bestandteil sozialdemokratischer Politik, die verdeckte Kriegsführung zerbrochen. Da stand der offen reaktionär auftretende imperialistische Staat, der den Vergleich mit seiner faschistischen Vergangenheit nicht mehr scheute, sondern feierte. Die »Desert Foxes« von Mogadischu als Vorbild für die deutsche Jugend. An ihm ist aber auch die politische Schwäche der Metropolenstaaten, die innere Brüchigkeit der ganzen nach außen so potenten Struktur, so evident geworden wie nie.

Sprengstoffanschlag auf die NATO-Shape-School in Oberammergau

Erklärung vom 20. Dezember 1984

Anruf bei der »Süddeutschen Zeitung«

Wir haben am 18.12.84 ein mit Sprengstoff beladenes Auto in unmittelbarer Nähe der Shape-School in Oberammergau abgestellt.

Dort werden die Kader für die integrierten Stäbe der NATO ausgebildet. Ziel der Aktion war, die Militärs dort direkt auszuschalten.

Einheit in der Offensive gegen die NATO, das multinationale Kapital – die revolutionäre Front in Westeuropa aufbauen!

Den Kampf in den Metropolen im Rahmen des internationalen Klassenkriegs führen!

Kommando Jan Raspe[1]

Warum wir das Ziel der Aktion nicht erreicht haben:
Als der, der das Auto reingefahren hatte, zu Fuß durch die Pforte zurückging, kam in dem Moment ein Bundeswehroffizier auf den Pförtner zu und blieb dort stehen. Die anderen vom Kommando, die zur Absicherung gegenüber in einem Waldstück, ca. 15 Meter vom Eingang entfernt waren, hörten noch, wie der Offizier fragte und vom Pförtner die Antwort bekam »der ist vorhin reingefahren, jetzt geht er wieder« – das heißt, von da an hatte der Offizier einen konkreten Verdacht. Wir sind dann weggegangen. Der Zeitzünder war so eingestellt, daß die Ladung um 9.30 Uhr hochgeht – weil um diese Zeit die meisten Militärs in der Schule sind. »8 Stunden zu früh stehengeblieben« und was die Bullen sonst noch behaupten, ist Quatsch. Sie hatten 1 1/2 Stunden Zeit, um das Auto zu identifizieren (was bei den 10 Autos, die auf dem Parkplatz standen, kein Problem war) und die Bombe zu entschärfen.

Das Kalkül der Bundesanwaltschaft, die Aktion gegen den Hungerstreik der Gefangenen zu drehen, wird nicht aufgehen. Es zerbricht am kollektiven Kampf der Gefangenen und an der Offensive der westeuropäischen Guerilla, der Perspektive der revolutionären Front in Westeuropa, die jetzt real wird. Daran bestimmen wir unseren Angriff.

Wir werden in Kürze ausführlich was sagen.

Anschlag auf die Rhein-Main-Air-Base

Erklärung vom 8. August 1985

Wir haben heute mit dem *Kommando George Jackson* die Rhein-Main-Air-Base angegriffen.

Proletarischer Internationalismus ist das fundamentale Bewußtsein für den revolutionären Kampf in den Metropolen: er ist die Identität der Ausgebeuteten und Unterdrückten im weltweiten Kampf gegen die Herrschaft des Kapitals und das Wissen, daß das Ziel der völligen Zerschlagung des imperialistischen Systems erst dann real wird, wenn diese Perspektive auch in den Zentren seiner Macht eröffnet ist. Das heißt: wenn wir die imperialistische Bourgeoisie hier mit den Zielen der Revolution konfrontieren, die politisch-militärischen Angriffe gegen ihre Machtstrukturen verschärfen und ihr so die Basis zerstören, auf der sie sich durch Kriege, kapitalistische Umstrukturierung und Repression – als Mittel zur Lösung ihrer umfassenden Krise – zum alles beherrschenden Gesamtsystem aufrichten will.

Die westeuropäische Guerilla entwickelt im Angriff die Strategie, die die punktuellen und partiellen Kämpfe gegen die Lebensrealität im imperialistischen System als Prozeß des Kampfes um Befreiung faßt, die Massenantagonismen in der politischen Bestimmung und in der Praxis des revolutionären Kampfes vereinheitlicht und daraus *die Front des Befreiungskrieges hier aufbaut.*

Die revolutionäre Bewegung in Westeuropa muß ihren Kampf heute auf eine neue Stufe bringen, indem sie die Diskussion und Organisierung der Offensive gegen den imperialistischen Apparat in allen seinen politischen, ökonomischen und militärischen Verzweigungen und auf allen Ebenen vorantreibt.

Die imperialistische Maschine holt zur Offensive aus. Der »Kampf gegen den internationalen Terrorismus« soll der politische Konsens zwischen den imperialistischen Staaten für militärische Operationen gegen Befreiungsbewegungen auf der ganzen Welt sein und als Propaganda der psychologischen Kriegsführung für Denunziation und Spaltung funktionieren: »die von Moskau Gesteuerten«, »die religiösen Fanatiker«, »die, denen es viel zu gut geht«, usw. – um in den Metropolen Akzeptanz für ihre Ausrottungsstrategie zu erreichen und zu verhindern, daß sich die Unterdrückten hier im Kampf der Guerilla wiederfinden. Und wenn Reagan[1] in Straßburg vor dem Europaparlament »*ein* Europa von Lissabon bis Moskau« propagiert, so ist das die Formulierung des Kriegszieles der Bourgeoisie: der Einbruch in die Sowjetunion – ihr Traum seit 1917.

Kein Mittel ist ihnen zu dreckig, um sich die Bedingungen für militärische Interventionen und Vergeltungsanschläge – wie sie aktuell gegen Nicaragua und die Kämpfe im Libanon geplant werden – zu schaffen: geheimdienstlich gesteuerte Terror-Aktionen (Bombe im Frankfurter Flughafen, Irland, Tokio...) sollen die Bevölkerung zur Duldung dieses »Schmutzigen Krieges« (Shultz) zwingen und ein politisches Klima schaffen, in dem alles möglich ist. In ihrer Anstrengung, den Antagonismus auszulöschen, wollen sie keine Grenze kennen. Der Zuspitzung der weltweiten Konfrontation zwischen Revolution und Imperialismus und der Tatsache, daß sich die Kämpfe an allen Abschnitten – so auch dem westeuropäischen – vereinheitlichen, kann die imperialistische Bourgeoisie nur die Verschärfung ihrer Projekte und die beschleunigte Formierung zum funktionierenden Gesamtsystem entgegenstellen.

Aber der Peis für ihre offen militärische Linie ist, daß sich der internationale Klassenkrieg in der Dialektik der Kämpfe auf verbreiterter und höherer Stufe weiterentwickelt. Jede strategische antiimperialistische Aktion und Offensive verändert das gesamte Kräfteverhältnis für die Seite der Revolution, treibt den Zerrüttungsprozeß des imperialistischen Staatensystems weiter.

Die internationale revolutionäre Front kann die Kräfte des Imperialismus zersplittern, sie ist die konkrete Perspektive für den Sieg über die imperialistische Maschine.

Die Rhein-Main-Air-Base – größter Militärfrachtflughafen der US-Streitkräfte außerhalb der USA – ist eine Drehscheibe für Kriege in der 3. Welt von Westeuropa aus; konkret läuft der Transport von US-Interventionstruppen und ihrem militärischen Gerät in den Mittleren/Nahen Osten und nach Afrika darüber. Die 435th Tactical Airlift Wing, Teil des Military Airlift Command, ist integriert in die Kommandostruktur der Schnellen Eingreiftruppe (RDF). Von hier aus wurde der Transport französischer und belgischer Fallschirmjäger nach Shaba 1978 organisiert, 1980 der Überfall der Yankees im Iran[2], jetzt während der TWA-Entführung[3] der Transport von Spezialeinheiten in den Nahen Osten. Die Air Base ist ein Geheimdienstnest: hier stehen Computer, Flugzeuge, Hubschrauber für

Einsätze der Special Forces bereit. Der Großteil an Nachschub und Versorgung aller in Westeuropa, Mittel/Nahost und Afrika stationierten US-Truppen läuft über die Air Base. Zugleich soll sie »Einfallstor nach Europa« für den Krieg gegen die sozialistischen Staaten im Osten sein.

Die Air Base – für deren militärstrategischen Zweck der Bau der Startbahn West[4] unverzichtbar war – steht aber auch für den langen, zähen Kampf einer Widerstandsbewegung, ihre Konfrontation mit dem geballten staatlichen Gewaltapparat und den Einkreisungsmanövern der reformistischen Linken – und ihre Erfahrung: daß der Kampf für Lebensbedingungen – gegen Zerstörung, Ausbeutung, Entfremdung im imperialistischen System – nicht zu trennen ist von der Entwicklung revolutionärer Ziele und Gegenmacht, und daß der Imperialismus nur als einheitliches System zu begreifen und zu bekämpfen ist.

»Niemals vor der ungeheuren Dimension der eigenen Ziele zurückschrecken!«
Unité dans le combat pour la révolution internationale!
Einheit im Kampf für die Weltrevolution!

RAF & Action Directe[5]

Zur Aktion gegen die Rhein-Main-Air-Base und die Erschießung von Edward Pimental

Erklärung vom 25. August 1985

Die Bestimmung der Aktion war, eine Schaltstelle der US-Militärmaschine – *Zentrum der imperialistischen Kriegsführung* – aus der Funktion zu bringen.

Das heißt: materiell gegen ihre Kommandozentrale oder ihr militärisches Gerät (falls es gegen das HQ aus irgendeinem Grund nicht möglich gewesen wäre) und die, die diese Maschinerie zum Funktionieren bringen – also gegen die Air Base und alle Soldaten, die im HQ oder sonst irgendwo »ihren Job machen«. Tatsache ist, daß jeder dort heute schon den Transport von US-Interventionstruppen in den Mittelmeerraum und/oder den Nahen Osten organisiert – als wir die Aktion gemacht haben, war das »Bright-Star«-Manöver kurz vor dem Abschluß und die ersten Truppen mit ihrem Gerät wurden bereits über die Air Base zurückverlegt; während der TWA-Entführung flog ein Killerkommando der Delta Force für die geplante militärische Lösung Richtung Naher Osten – oder als Soldat direkt zum Einsatz geschickt wird, z.B. die Spezialeinheiten der Air Force, die auf der Air Base stationiert sind.

Die Air Base in ihrer Funktion als Drehscheibe des imperialistischen Krieges und Geheimdienstzentrum steht unmittelbar in der Konfrontation zwischen internationalem Befreiungskampf und Imperialismus - die Krieg ist - und damit alle Soldaten, die dort sind.

Der internationale Klassenkrieg hat sich seit Vietnam in der Dialektik der Kämpfe so weit entwickelt, daß wir die Eskalation des revolutionären Krieges in der Metropole heute für uns bestimmt haben – *als Angriff der westeuropäischen Guerilla.*

Im Angriff des Stadtguerillakommandos der FMLN gegen US-Marines in San Salvador, der Entführung der TWA-Maschine durch die »Organisation der Unterdrückten der Welt« im Libanon und jetzt im Angriff gegen die Air Base durch ein gemeinsames Kommando von Action Directe und uns ist die Perspektive der internationalen antiimperialistischen revolutionären Front auf neuer Stufe real geworden: sie kann die Kräfte des Imperialismus zersplittern und einen neuen Durchbruch für den weltweiten Prozeß der Befreiung erkämpfen.

Nur in dieser Schärfe der Konfrontation wird es real: Befreiungskrieg, Kampf für den Kommunismus in der westeuropäischen Metropole.

In diesem Prozeß ist es eine wesentliche Aufgabe und Möglichkeit der westeuropäischen Guerilla, die Funktionsfähigkeit der imperialistischen Militärmaschine hier im Zentrum zu stören, die Planbarkeit und Kalkulierbarkeit ihres Einsatzes unmöglich zu machen.

Wir haben Edward Pimental erschossen, den Spezialisten für Flugabwehr, Freiwilliger bei der US-Army und seit drei Monaten in der BRD, der seinen früheren Job an den Nagel gehängt hat, weil er schneller und lockerer Kohle machen wollte, weil wir seine ID-Card gebraucht haben, um auf die Air Base zu fahren. Für uns sind die US-Soldaten in der BRD nicht Täter und Opfer zugleich, wir haben nicht diesen verklärten, sozialarbeiterischen Blick auf sie. Nach Vietnam, Libanon, Grenada[1] und der offiziellen Einführung der Air-Land-Battle-Doktrin[2], der Offensivstrategie für Blitzkriege in der 3. Welt und Angriffe gegen die sozialistischen Staaten im Osten, muß jeder GI begreifen, daß er dafür bezahlt wird, Krieg zu führen, d. h. *alle müssen begreifen, daß Krieg ist – und sich entscheiden.*

Natürlich geht es nicht um einen durchgeknallten Anti-Amerikanismus, wie die Counter-Propaganda das streut. Worum es geht, ist der praktische Begriff des internationalen Klassenkriegs für die Entwicklung des revolutionären Prozesses in der westeuropäischen Metropole.

Die militärischen Basen, Einrichtungen, Kommandostellen der US-Streitkräfte, der NATO sind Kriegsgebiet.

Die revolutionäre Front aufbauen

Erklärung von 1986

Wir haben die Offensive gegen die US-Militärmacht hier aus unseren Erfahrungen und Diskussionen während des Hungerstreiks[1] entwickelt. Die Offensive im Winter '84/'85 war für uns selber der Bruch mit einer langen Phase der Defensive. Die Defensive, das war die Erfahrung der eigenen Orientierungslosigkeit in revolutionärer und antiimperialistischer Politik. Was sich ausdrückte in einerseits endlosen Theorie- und Ideologiedebatten, Verbalradikalismus, Kleingruppenzirkel, sich selbst mehr über die eigene praktische und politische Vorstellung zu definieren, die nicht entwickelt war, was auf die Suche nach Unterschieden statt Gemeinsamkeiten rauslief, da das gemeinsame praktische Ziel nicht vor Augen war.

Und andererseits in dem Mitschwimmen und Anhängen an die Massenbewegungen, um mit ihnen und in ihnen unterzugehen, der Fehler aus der eigenen Schwäche die Stärke in der Quantität zu suchen und dabei die Erfahrung zu machen, daß das Propagandieren und Debattieren der Möglichkeiten der revolutionären Front in der Metropole bedeutungslos und hohl wird, für uns und die Menschen in den Bewegungen. Solange die Front nicht real wird und damit als konkrete Vorstellung erfahrbar und mobilisierend für viele.

Aus diesen Erfahrungen und dem Feeling, daß der ganze Aufbruch des militanten Widerstands seit '80 in punktuell aufflammenden Revolten steckenbleibt, letztendlich der Resignation verfallen muß, kam für uns die Entscheidung, sich auf die eigenen Füße zu stellen und im kollektiven Prozeß die politische und praktische Organisierung und Entwicklung der antiimperialistischen Front in die Hand zu nehmen.

Es war die Entscheidung gegen den ganzen persönlichen und politischen Abfuck, den resignativen und zerstörerischen Tendenzen: Alk, und die Wut gegeneinander oder sich selbst zu richten in endlosen Selbstanalysen der eigenen Drecksstrukturen, anstatt gegen die Ursache, diesen Staat und die herrschenden kaputten Verhältnisse und sich selbst im Kampf verändern.

Es war der Wille und die Entscheidung aus uns heraus zur politischen Vorstellung und zum gemeinsamen Angriff, Guerilla und Militante, zu kommen, aus dem existentiellen Bedürfnis nach einem anderen Leben, konkret die Macht und Kraft zu schaffen, um uns gegen den Staat hier und das ganze imperialistische System durchsetzen zu können. Das war für viele so, und daraus kam die Breite und Mili-tanz des Angriffs gegen den Staat und die imperialistische Herrschaftsstrukturen während des Hungerstreiks.

Für uns hier und darüberhinaus hat der Winter mit seiner politischen Durchschlagskraft starke Erfahrungen gebracht und neue Möglichkeiten für die ganze weitere Entwicklung aufgerissen. Wo der Anfang einer Bewegung da war, in der sich die Kämpfe in ihrer Vielfalt, auch Ungleichzeitigkeit und Widersprüchlichkeit, zusammenschieben und vereinheitlichen werden. National und international. Prozeß, der am gemeinsamen Ziel läuft, die soziale Revolution zu wollen, die radikale Umwälzung des Systems, weil vorher und anders kein Leben vorstellbar ist. Einheit im Angriff und Kampf gegen die Säulen der imperialistischen Macht: Staat, die Unterdrückungsmaschinerie der imperialistischen Staatenkette mit der NATO als Spitze, die faschistische Strategie der Schweine in den Metropolen und von hier aus in weltweiter Dimension.

Der Winter war vor allem auch die Erfahrung, daß in der Offensive jeder seinen Platz finden und selbstbestimmen kann, und an sich begrenzte Initiativen – Flugblatt, Veranstaltung, militante Aktion – im Rahmen und als Teil des politisch-praktischen Angriffs zur Wirkung kommen können, wenn sie politisch und praktisch zueinander bestimmt werden. Das war nach der Erfahrung der gesamten stumpf und wirkungslos gebliebenen praktischen Ansatze – von den vereinzelten militanten Aktionen, den punktuellen Mobilisierungen – die Orientierung, wie es laufen kann.

Für uns war es danach so, daß wir gemerkt haben, daß der erkämpfte Boden schnell wieder wegkippt, wenn wir nicht von ihm ausgehend zur Praxis kommen, die das ganze erweitert und weiterentwickelt. Wir sind von dem ausgegangen, was unsere Auseinandersetzung nach dem Streik war: die Front zu wollen und zu brauchen. Die Entwicklung zur politisch-praktischen Einheit Guerilla-Widerstand, die Erweiterung der Handlungsfähigkeit der Front ist unser Ding!

Daran sind wir im Sommer zusammengekommen, und unser Prozeß von Diskussion, Austausch und Organisierung ist an der Vorstellung losgegangen, gemeinsam zu kämpfen, unsere Möglichkeiten mit ihren in der gemeinsamen Offensive zusammenbringen. Klar gibt es Unterschiede, aber auf die kommt es nicht an, bestimmend und wichtig ist der Wille von jedem in der Auseinandersetzung, zu konkreten Vorstellungen zu kommen, wie die Entwicklung der revolutionären Front in der ganzen Bewegung der revolutionären Kämpfe hier und international laufen kann, wie sich durch den Angriff dadrin Prozesse, Sprünge, Dynamik erzeugt und wie sie in jeder Situation in der Zerstörung und Schwächung der imperialistischen Machtposition die eigene revolutionäre Macht schafft.

Wir haben da angefangen zu kapieren, daß das ganze Feld revolutionärer Politik in den Metropolen völlig offen und mit ungeheuren Möglichkeiten vor uns liegt und es jetzt direkt drauf ankommt, daß es grad auch vom Widerstand praktisch beackert wird. Metropolenstrategie, überhaupt revolutionäre Strategie, wird nicht als Programm und nicht in der ideologischen Auseinandersetzung entwickelt, sie entwickelt sich als praktischer Prozeß, in der Bestimmung von Schritten, Etappen, Linien, die sich immer neu und konkret aus der Situation bestimmen und durchkämpfen lassen. Und aus der Verarbeitung der authentischen Erfahrungen dadrin und der durch den Kampf veränderten Bedingungen und Möglichkeiten.

Wir, die revolutionäre Metropolenfront, haben die Macht, die von hier aus durchstartende Aggression der Imperialisten in Schach zu halten. Auf diese Möglichkeit der revolutionären Bewegung in Westeuropa innerhalb der gesamten internationalen Klassenkonfrontation zwischen Weltproletariat und imperialistischer Bourgeoisie sind wir aus.

Der globale Herrschaftsanspruch des Kapitals und seine Verwertungsstrategie bricht im Weltmaßstab am politisch-militärischen Kampf der antiimperialistischen Befreiungsbewegungen. Das ist der Prozeß der Zerrüttung des Systems, der im Krieg der Befreiungsbewegungen auf den 3 Kontinenten begonnen hat und der sich heute in der Gleichzeitigkeit revolutionärer und antiimperialistischer Fronten – Mittelamerika, Südafrika, Philippinen, Westeuropa, Naher Osten, Südamerika – verschärft und beschleunigt.

Gegen diesen Einbruch läuft der Versuch der Imperialisten, ihre Machtposition weltweit wiederherzustellen. Gegen den Druck der Krise und der revolutionären Befreiungskämpfe quer durch alle Länder läuft die Formierung zum imperialistischen Gesamtsystem – die Konzentration aller Mittel in der Eskalation des imperialistischen Krieges an allen Abschnitten.

Weil sie anders nicht grundsätzlich durchgekommen sind, jetzt Staatsterrorismus und imperialistischer Krieg. Whitehead sagte vor kurzem bei seiner Antiterrorismus- Tournee. »Das Problem muß zertreten werden.«

Aus der ganzen historischen Entwicklung heißt es jetzt und für eine lange Phase ganz knallhart und in weltweiter Dimension: wir oder sie. Entweder die Schweine, wenn sie ihr System hinter ihrer terroristischen Kriegsoffensive neu aufrichten können, oder revolutionärer Durchbruch im Prozeß der Weltrevolution, der heute in der Bewegung zur internationalen Front des antiimperialistischen Klassenkrieges Gestalt annimmt. Die Internationale Front kann die Gewaltmaschinerie der imperialistischen Macht zersplittern und sie im langandauernden Prozeß des revolutionären Krieges endgültig zerschlagen. Uns ist das an den ganzen Erfahrungen und Tatsachen klargeworden, daß diese scharfe Polarisierung heute den Gang der Geschichte bestimmt. Wo es überall in der knallharten Konfrontation mit dem zu allen Verbrechen bereiten imperialistischen System um jeden Handbreit Boden für sie oder für uns geht und an jedem Abschnitt/Front weltweit. Der Sommer war für uns da Entscheidung und Einschnitt, daß wir in diesem frontalen Zusammenstoß zwischen Revolution und Imperialismus keinen Moment beiseite stehen wollen und mit unseren Möglichkeiten in diesen Krieg eingreifen wollen.

Die revolutionäre Front kann hier im Zentrum die Möglichkeit für den Durchbruch des weltrevolutionären Prozesses aufreißen, wenn sie die materielle und politische Grenze gegen Strategie, Planung und Verlauf des Rollback-Krieges im Zentrum ist.

Wenn die Schweine heute in der BRD und in Westeuropa die militärisch-strukturellen Bedingungen für das Losbrüllen der US-/NATO-Maschine schaffen, dann geht es für uns in allem darum, den politisch-materiellen Angriff genau dagegen zu verschärfen und so die Planbarkeit ihrer Kriege zu verhindern. Wo sie die Formierung des westeuropäischen Blocks forciert anschieben, da werden wir im Angriff gegen die Projekte, Säulen und Schienen, über die es läuft, die Front in Westeuropa entwickeln, die da reinhaut. Wenn sie hier die politische Stabilität der Metropolengesellschaften als Bedingung für ihre Handlungsfähigkeit brauchen, dann reißt die Praxis der revolutionären Front neuen Widerstand auf und schafft im Angriff gegen die Projekte, über die der Staat die Ruhe erzwingen will, die Perspektive, den revolutionären Prozeß gegen den Faschismus durchzusetzen.

Das hat mit solidarischer und unterstützender Parteinahme für die Revolution woanders nichts mehr zu tun. In diesem Krieg geht es für uns um alles: um die Chance, uns mit unseren Zielen durchzusetzen, um die Perspektive Sieg, Befreiung.

Der proletarische Internationalismus ist unsere revolutionäre Antwort auf die Tatsache, daß das internationale Kapital die Ursache unseres Elends ist. Das ist keine moralische Kategorie, sondern unsere Vorstellung von dem Weg, dieses System im internationalen Kampf gemeinsam zu besiegen. Diese Perspektive ist in der Tendenz zur Gleichzeitigkeit der revolutionären, antiimperialistischen BefreiungsKämpfe weltweit historisch aktuell. Heute ist auf erweiterter Stufe aktuell, wovon Che einst träumte: »Wie glänzend und nah wäre die Zukunft, wenn zwei, drei, viele Vietnams auf der Oberflache des Erdballs geschaffen werden könnten.« Der revolutionäre Krieg ist unsere Antwort und Entscheidung gegen die Wirklichkeit der imperialistischen Totschlagspolitik – in der Metropole genauso wie in der »3. Welt« –; wir wollen ihn, weil er unsere Möglichkeit ist zu siegen!

Der imperialistische Krieg in der Metropole ist längst unsere Wirklichkeit. Die ganze Politik des internationalen Kapitals, des imperialistischen Staats und seiner Apparate hat heute hier in allem den Zweck, national und international Widerstand zu verrichten und alle Bereiche durch den Staatsschutz zu besetzen, in denen er entstehen kann. Verwertbar machen für das Kapital, für den Markt, das heißt zu liquidieren, was nicht mehr für den kapitalistischen Zweck funktioniert oder nicht mehr gebraucht wird (in der Vernichtung von Millionen Menschen in der »3. Welt«, für die das Kapitalsystem keinen Platz mehr hat, ist das auf den Punkt gebracht), das läuft im Fitmachen der BRD und des westeuropäischen Staatenblocks für die militärische Aggression. Das ist die faschistische Vision einer von High-Tech durchstrukturierten, kontrollierten und versklavten Gesellschaft und dadurch »versöhnten« Gesellschaft. Und das ist die Umstrukturierung der Ökonomie, die ihr Streben nach Profit mit dem politischen Zweck, zu herrschen, verbindet. Von der Forschung bis zur Produktion ist alles an der Entwicklung von Kriegsmitteln orientiert. Am offensichtlichsten in der Rüstungsproduktion, aber auch in der Biochemie/Gentechnologie, der Mikroelektronik, der »Kommunikations«-Technologie usw. In der Metropole, bei jedem von uns gibt es jetzt schon die Erfahrung von der Zerstörungskraft ihrer »3. Industriellen Revolution« und ihrem Zweck und Wesen als Kriegsmittel. Die Vernichtung von Menschen und Leben, indem jeder denkbare Sinn, Inhalt und Gefühl im 24 Std. Tag des Imperialismus langsam und systematisch gekillt wird. Wenn wir Mensch nicht auf eine körperliche Hülse reduzieren und Leben nicht auf das bloße Funktionieren, dann ist das Massaker, die Massenvernichtung schon lange im Gang! Die Totalität des Krieges, von Anfang an und in Jedem gesellschaftlichen Bereich.

Das fängt in greifbarer Zukunft vor der Geburt mit der Manipulierung der Gensubstanz an: dann Kindergarten, Schule, Fabrik, Uni, Eliteproduktion, Auslese durch und für das Kapital in der Produktion, Anhängsel ihrer Maschinen, Konsumterror, die Selbstvernichtung und Degeneration des Menschen zur Zielscheibe, zur Hülle, zur »Zielgruppe« für den Profit der Industrie, Marktlogik, Marketing, Marktstrategie. Überall die Atomisierung der Gesellschaft in vereinzelte isolierte Figuren im Konkurrenzkrieg

Da ist nichts mehr, nur noch Scheiße, nur noch Zerstörung, Elend, Entmenschlichung und Sinnentleerung: Millionen Drogensüchtige, eine viertel Million Selbstmordversuche jährlich. Jetzt schon 10000 Süchtige, deren Lebensinhalt (!) der Spiel- und Geldautomat ist. Millionen, die wie die Ratten im Laborkäfig isoliert im Wohnknast vor der »totalen Glotze« von innen her verfaulen. Sensorische Deprivation und Gehirnwäsche als gesellschaftliche Realität – die Schweine sagen: »Kommunikationsgesellschaft«. Das ist ja auch der Punkt sie wollen uns alles nehmen, woran wir unsere Lage, unser Elend ticken könnten: Sprache, Geschichte, Kultur, selbst die nackten Tatsachen um uns rum. Die Fähigkeit, die Realität zu kapieren, den Stoff, aus dem die Reflexion über die Realität möglich wird. Orwells Weitblick ist da längst hinter den technischen Möglichkeiten und der stattfindenden Politik des Imperialismus zurückgeblieben. Dieser unblutige Krieg ist die Erfahrung von jedem hier, mehr oder weniger bewußt, und wir haben angefangen zu revoltieren und zu kämpfen. Am und im revolutionären Kampf, in der Entfaltung revolutionärer Macht, zerbricht diese faschistische Fesselung des Menschen, der Gesellschaft, und so wird es möglich, die Fähigkeit zu fühlen, zu denken und die Möglichkeit zur Selbstbestimmung zurückzuerobern, die eigene beschissene Lage zu erkennen und zu begreifen. Sie schließlich auf die Schweine und ihr System zurückzuführen. Daraus zum Bedürfnis und zur Entscheidung zu kommen, für die totale Umwälzung zu kämpfen, für seine eigene, des Staates hier, der ganzen globalen imperialistischen Wirklichkeit. Das ist unsere Erfahrung und unser Prozeß: von sich selbst auszugehen: davon, daß man hier nichts besitzt und nichts von dem will, was die Schweine einem hier im Austausch für das Leben bieten. Dagegen die Entscheidung für die Befreiung, den revolutionären Krieg immer neu am Ziel, für die Einheit, den revolutionären Prozeß von Aufbau und Zerstörung jetzt und sofort, an der eigenen konkreten Vorstellung und Initiative voranbringen.

Wir finden wichtig, an den Erfahrungen und Tatsachen jetzt zu begreifen, daß der Krieg überall im Imperialismus die Realität ist und die Bedingungen bestimmt – »mit der Gesetzmäßigkeit einer Dampfwalze« *(AD).* Die Ermordung von Günther Saré[2], der Brandsatz in der Hafenstr., die Geheimdienstaktionen, die exzessive Anwendung des 129a in Bereiche rein, in denen Widerstand noch nicht revolutionär bestimmt ist, wie bei den militanten Tierschützern. Das dicke Paket der »neuen Notstandsgesetze« *(SZ)* zur Volksüberwachung und Kontrolle, die sie dieses Jahr durchpowern wollen[3], Rebmanns Konstrukt der Gesamt-RAF mit den 4 Ebenen, die für uns klarmacht, in welchem Umfang die operative Planung des Staatsschutzes läuft[4]. Der Staat als Bullenterror gegen alle Widerstandsbewegungen: Wackersdorf, Gorleben, Startbahn. Da gibt es nichts dran mißzuverstehen, das ist die Richtung, wie es hier weiterlaufen wird.

Zu begreifen ist das ganze eben aus der ganzen Bewegung des internationalen Klassenkrieges, der zugespitzten Konfrontation zwischen imperialistischen Staatenblock und dem internationalen antiimperialistischen Befreiungskampf. Sie müssen den Boden für ihre globale Aggression gegen die Revolution in den Metropolen selbst schaffen – die militärische Infrastruktur, die technologischen und ökonomischen Mittel und vor allem die politische Stabilität in den Gesellschaften hier. Das heißt Sie müssen hier vor allem herrschen! Deshalb reagieren sie auf jeden Ansatz antagonistischer Politik sofort und total als geballte SS-Macht, und gegen revolutionären Widerstand ist es ganz nackt: Liquidierungsstrategie.

In der Konfrontation im Winter und in der Diskussion danach ist es uns so nah gewesen wie noch nie, daß wir hier jetzt und von Anfang an mit der ganzen imperialistischen Macht konfrontiert sind. Im Streik war das konkret Shultz' Intervention: die NATO bestimmte die Richtlinien und die Politik, »entschied« sich für tote Gefangene, um der Entwicklung der Offensive des revolutionären Widerstands in der BRD und in Westeuropa die Spitze zu nehmen, zu demoralisieren und zurückzurollen.

Die repressiven und konterrevolutionären Maßnahmen des Staates laufen immer auf dem Niveau der internationalen Klassenauseinandersetzung. Jede revolutionäre Politik, die nicht von diesen Erfahrungen ausgeht, von diesem Niveau der Konterrevolution, und die eigene Praxis in dieser Dimension entwickelt hier, ist von Anfang an dazu verurteilt, überrollt und zerschlagen zu werden.

Das ist unser Begriff unserer Lage hier und von dem, was deshalb notwendig ist: gegen die Wirklichkeit der imperialistischen Vernichtungsstrategie überall in der Welt, hier in den Metropolen den revolutionären Befreiungskrieg entwickeln. Entscheidend dafür, wie weit sie mit ihrem Terror tatsächlich kommen, ist immer das konkrete Kräfteverhältnis zwischen Imperialismus und Befreiungskampf. Die Entscheidung der Schweine läuft immer als Kosten-Nutzen-Rechnung. Wenn sie damit rechnen müssen, daß ihnen durch die Eskalation an einem Abschnitt oder durch die Durchsetzung eines Projektes mehr wegbricht als sie gewinnen – also als Folge revolutionärer Kampf auf neuer Stufe entsteht: in der Zuspitzung der Kämpfe in einer ganzen Region, in der Ausweitung und Vereinheitlichung der Kämpfe in einer ganzen Region, oder in der Eskalation des revolutionären Krieges international – dann lassen sie es erstmal, bis sie es anders einschätzen oder die politisch-militärischen Bedingungen geschaffen haben, mit denen sie glauben, die Konfrontation an allen Fronten im Griff zu behalten und so durchzuhalten. So läuft es im großen und kleinen, ob das die Invasion von US-Truppen in Mittelamerika ist, die Überlegung eines militärischen Angriffs auf Libyen oder die Entwicklung von Widerstandsstrukturen in der Hamburger Hafenstraße.

Aus dem Begriff der zugespitzten Konfrontation hier und international und mit dem Blick für unsere Möglichkeit, in der BRD/Westeuropa den Verlauf dieses Krieges mitzuentscheiden, haben wir die Offensive im Sommer bestimmt. Für uns geht es jetzt darum, die Offensive der revolutionären Metropolenfront gegen ihre konterrevolutionäre Strategie im Zentrum auf allen Ebenen zu erweitern und uns und den revolutionären Prozeß hier, auf neuer Stufe, zur Schärfe der wirklichen Situation zu bringen. Darum geht es hier immer: den revolutionären Prozeß, der nur auf dem Boden der Entwicklung hier, aus und gegen die authentische Metropolenrealitat entsteht, den zusammenzubringen mit der Bewegung des internationalen Klassenkriegs.

Solange, wie dazwischen eine Kluft existiert, wird Befreiung vom Imperialismus für uns und in internationaler Dimension nicht real. Unsere Vorstellung und die eigene Orientierung von und in der Entwicklung der Front hier ist genau, diese Dynamik im revolutionären Kampf von Anfang bis Ende mit und durch uns anzuschieben und vorwegzunehmen. Die Entscheidung für den revolutionären Klassenkrieg wird hier nie als massenhafter einmaliger Sprung – »Jetzt ist Krieg« -laufen. Es wird immer der Bruch, die Entscheidung, der Sprung jedes Einzelnen aus dem eigenen authentischen subjektiven Prozeß sein. »Abzufordern« oder »hinzuzutreten« ist unmöglich. Die Aktion der Guerilla und der Front kann in der Bewegung des Widerstands vorangehen und dadurch den Horizont des Möglichen aufreißen. Das ist der einzige Weg, um Entwicklung/Auseinandersetzung/Bewegung zu schaffen und Sprünge in der Entwicklung des revolutionären Prozesses anzuschieben. Praktischer Ausdruck unserer Auseinandersetzung nach dem Winter und zum Sommer hin war der Wille, zum materiellen Angriff zu kommen. Klar, auf dem Niveau, was jeder von uns wollte und für sich selbst vorstellen konnte. Und insgesamt in eine Angriffslinie und Offensive von Guerilla und Widerstand integriert.

Durch die Fähigkeit zur gezielten Sabotage der US/NATO-Kriegsmaschine nehmen wir den Militärstrategen die Sicherheit, den Einsatz ihres Militärapparates von hier aus ungestört planen und durchziehen zu können. Wir setzen ihm dagegen vor die Nase, daß die Mobilisierung gegen den imperialistischen Krieg, die NATO, US-Interventionismus aus den vergangenen Jahren auf neuer Stufe materielle Gestalt bekommen kann. Weit über das hinaus, was hier in Westeuropa heute schon ist. Für uns war das auch ein Gedanke im Sommer. Wir wollten den Schweinen klarmachen, in welche Richtung es hier abgeht, wenn sie nach Beirut und San Salvador – egal, wo – eskalieren. Wir wissen, daß sie das vor allem genau am Risiko überlegen und entscheiden, daß revolutionärer Kampf in den Zentren ihrer Macht daran auf neuem Niveau losbricht.

Die Gegenmacht ist immer die materielle Fähigkeit, in konkrete Entwicklungen – gegen sie und ihre konterrevolutionäre Planung und Strategie hier, und für uns und unsere Stärkung in jeder Beziehung. Die Erweiterung dieser Fähigkeit auf allen Ebenen – politisch und militärisch – ist Zweck und Ziel der revolutionären Front, nur dadrin entwickelt die Praxis der Front die politische Wirkung.

Wir wollen noch was zu der Erschießung von dem GI durch die Genossen des Kommandos George Jackson sagen, was ja ein Knackpunkt in der ganzen Diskussion nach dem Sommer war. Für uns selber war die Auseinandersetzung damit wichtig.

Wir denken, daß in den Diskussionen oft der Fehler gemacht wird, die Erschießung und das Verhältnis zu dem GI zu trennen von der Diskussion um die ganze politische Bestimmung des Angriffs auf die US-Armee und ihre Basen.

Für uns ist es so: Die US-Armee ist die Speerspitze, die vorderste Front im Krieg des Imperialismus gegen uns und die um Befreiung Kämpfenden Völker. Die Yankee-Soldaten – die Personen – sind der Kern der US-Kriegsmaschine. Es sind die konkreten Figuren – ob Offizier oder einfacher Soldat –, von denen jeder einzelne seine speziellen und gleichzeitig unverzichtbaren Aufgaben hat uns zu vernichten – in El Salvador, im Nahen Osten ... hier in der BRD, auch wenn hier die Konfrontation noch nicht so offen läuft. Bestes Beispiel ist da das Einrichten eines ständigen Krisenstabes von der US-Armee in Europa, besetzt mit US-Offizieren, zuständig für die Krisenherde Naher Osten und Westeuropa. Ob sie den Krieg planen, ob sie befehlen, uns killen oder dafür sorgen, daß die logistische Versorgung klappt: Zwischen ihnen und uns ist Krieg! Das ist die Realität und unser Verhältnis, das Verhältnis des internationalen Proletariats zu ihnen.

Klar gibt es in der feindlichen Gewaltmaschine potentielle Klassengegensätze, und die historische Erfahrung ist auch, daß diese sich im Verlauf des Krieges für die Schwächung des Feindes nutzen lassen. Die Genossen haben schon gesagt, daß historische Erfahrung auch ist, daß die Soldaten des Feindes erst dann beginnen nachzudenken, sich zu entscheiden, wenn sie mehr zu verlieren haben, als ihnen der Job einbringt!

Den revolutionären Krieg oder Angriff gegen die imperialistische Militärmacht auf den Moment zu verschieben, wo sie für Jeden sichtbar im Nahen Osten, Mittelamerika oder gegen revolutionäre Aufstände in Europa losrollt, zeugt von einer Distanz zu dem, was gegen uns und unsere Genossen, wo immer sie auch im Kampf gegen die Schweine stehen, heute schon abläuft. Uns geht es darum, zu verhindern, daß sie sich mit ihrer gesamten Macht auf irgendeine Front des internationalen Klassenkrieges stürzen können. Uns geht es darum, den Krieg als unsere Wirklichkeit zu begreifen und ihn für uns jetzt aufzunehmen, damit wir und die Perspektive von Befreiung und sozialer Revolution in den Metropolen und damit auch weltweit nicht vom Faschismus weggefegt werden.

Uns ist in der Diskussion um den GI aufgefallen, daß da oft von der eigenen Erfahrung und der eigenen Praxis getrennt/abstrahiert wird. Wer redet in der Konfrontation mit den Bullen, den SEKs, den Folterknechten in den Knästen, den Faschisten vom Klassenstandpunkt, der es verbietet, sie im Kampf anzugreifen? Obwohl sie objektiv »Opfer« des Systems sind und im allgemeinen genauso viel oder wenig Unterstützung genießen wie Yankee-GIs. Unser Verhältnis ihnen gegenüber ist prinzipiell klar: Ihr Job ist es, uns fertigzumachen, und in dieser Funktion müssen wir sie bekämpfen, um uns zu schützen und uns gegen sie durchzusetzen. Alles andere wäre Selbstaufgabe und Freifahrtschein für die Schweine.

Es ist immer so, daß wir aus der Situation und Konfrontation und in der Bestimmung unseres politischen und praktischen Ziels dadrin bestimmen, ob der Angriff politisch sinnvoll und notwendig ist und deshalb läuft oder nicht – und in welcher Schärfe. Die militanten Angriffe auf die Bullen nach der Ermordung von Günther, die bewaffnete Selbstverteidigung der Brixonleute, der Bombenanschlag auf die SEKs in Griechenland sind die Beispiele für scharfe Aktionen, über deren Notwendigkeit und Richtigkeit es im revolutionären Widerstand keine Diskussionen gibt, und wir finden das nur gut.

Die RAF in der Auflösung 1989 bis 1998

Als die RAF im Februar 1989 ihren großen Hungerstreik beginnt, kann niemand ahnen, daß am Ende dieses Jahres der realexistierende Sozialismus am Ende ist und die Wiedervereinigung Deutschlands kurz bevorsteht. Als auf den Leipziger Montags-Demonstrationen anstelle der Parole »Wir sind das Volk« wie selbstverständlich »Wir sind ein Volk« skandiert wird, wird es für die ehemaligen Mitglieder der RAF, die im anderen deutschen Staat Zuflucht gesucht haben, eng. Innerhalb weniger Monate werden alle zehn, die unter dem Schutz von Tarnidentitäten in der DDR leben, verhaftet, die meisten werden schließlich auch vor bundesdeutsche Gerichte gestellt. Die Verfahren zeichnen sich, mit Ausnahme des Prozesses gegen Inge Viett, durch große Kooperations- und Aussagebereitschaft der Angeklagten aus. Dafür, daß sie andere belasten, kommen sie in den Genuß der Kronzeugenregelung, die ihnen erheblichen Nachlaß bei den Strafen und günstige Haftbedingungen sichert.

Mittlerweile, 13 Jahre nach ihrem Ende, sind die Erinnerungen an die DDR schwach geworden. Die Sowjetunion hat sich aufgelöst und Rußland ist, wie andere ehemals im Warschauer Pakt organisierte Staaten, zu einer Hochburg des Frühkapitalismus geworden. Die NATO hat den Kalten Krieg gewonnen und führt Krieg, wann und wo es ihr angebracht scheint. Auch Deutschland, das sich stolz Berliner Republik nennt, hat eine bemerkenswerte Karriere gemacht: Es hat sich auf dem europäischen Kontinent als Hegemonialmacht etabliert, deutsche Kampftruppen-Kontingente sind, wenngleich noch als Friedenstruppen berufen, auf dem Balkan und in Afghanistan stationiert. Ein ehemaliger Verteidiger von RAF-Mitgliedern, Otto Schily, ist Bundesinnenminister. Ein anderer Anwalt, der RAF-Mitglieder vertrat und der dann selbst in Illegalität ging, Horst Mahler, profiliert sich als überzeugter Nazi und vertritt die NPD im Parteiverbotsverfahren vor dem Bundesverfassungsgericht. Über

100 Menschen werden im neuen Deutschland aus rassistischen Motiven umgebracht. Anfang der neunziger Jahre brennen Neo- und Altnazis serienweise Flüchtlings- und Ausländerwohnheime nieder, bisweilen, wie in Rostock, unter den Augen der Polizei. Viele Täter bleiben ungeschoren. Die Bundespolitik reagiert auf die zunehmend ausländerfeindliche Stimmung mit einer drastischen Verschärfung der Asylgesetzgebung – ein Kurs, der auch mit dem Wahlsieg der rot-grünen Koalition 1998 nicht aufgegeben wird.

Die Linke ist in dieser Zeit in Deutschland praktisch bedeutungslos geworden. Zwar mobilisiert die Friedensbewegung gegen den Golfkrieg 1991 noch Zehntausende – aber die Gleichsetzung der Luftangriffe auf Bagdad mit den alliierten Bomberflügen gegen Dresden im Zweiten Weltkrieg, die scharfen antiisraelischen Töne, die es bisweilen schwer machen, linke von rechten Kriegsgegnern zu unterscheiden, prägen die politischen Auseinandersetzungen in der Opposition stärker als der Widerstand gegen den Krieg. Es verwundert nicht, daß mit der Zunahme des deutschen militärischen Engagements in den Jahren darauf die Friedensbewegung immer schwächer wird. Aber auch die Versuche von Gruppen und Einzelpersonen, eine antideutsche Linke zu mobilisieren und zu organisieren, scheitern, das Projekt »Radikale Linke«, dem eine große Demonstration gegen die Wiedervereinigung gelingt und eine schwache Boykott-Kampagne gegen die »Reichstagswahl«, ist mit dem Kongreß »Deutschland? Nie wieder!« Pfingsten 1990 an ein schnelles Ende gekommen. Der ideologische Niedergang angesichts der neuen welt- und innenpolitischen Lage geht einher mit der Auflösung der organisatorischen Strukturen der radikalen Linken. Ende der neunziger Jahre existiert fast keine der kommunistischen und linkssozialistischen Gruppen der alten BRD mehr, die Autonomen treten nur noch selten in Erscheinung, und die antirassistischen Gruppen, die einen kurzen Frühling erleben, sind aus dem Blickpunkt der Öffentlichkeit verschwunden. Eine Ausnahme bildet allein das Bündnis »Kein Mensch ist illegal«, in dem auch viele Menschen aus dem Kultur-Sektor aktiv sind. Gruppen aus der Anti-AKW-Bewegung gelingt bisweilen eine respektable Mobilisierung gegen die »Castor«-Transporte, andere ökologisch geprägte Bewegungen, wie die Initiativen gegen den Ausbau des Rhein-Main-Flughafens, liegen völlig danieder. Allerdings entstehen im Zuge der weltpolitischen Auseinandersetzungen, die unter dem Schlagwort »Globalisierung« geführt werden, zahlreiche neue Gruppierungen , die enge internationale Kontakte unterhalten und sich im »attac-Netzwerk«, das auch in Deutschland eine starke Basis aufbauen kann, zusammenschließen.

Die RAF vollzieht in diesen Jahren ihre Auflösung schrittweise – unterstützt jeweils im nachhinein von den Gefangenen aus der RAF. Mit der Erklärung vom April 1992, keine Anschläge auf Personen mehr machen zu wollen, geht sie einen ersten Schritt, der von vielen als Reaktion auf die Kinkel-Initiative gewertet wird. Die Zerstörung des Gefängnisneubaus von Weiterstadt 1993 stellt unter Beweis, daß die Gruppe noch aktionsfähig ist. Sie dokumentiert aber auch ihre politische Ratlosigkeit. Nicht lange nach dem Anschlag werden Wolfgang Grams und Birgit Hogefeld auf dem Bahnhof in Bad Kleinen verhaftet. Wolfgang Grams wird im Verlauf des großangelegten und lange im voraus geplanten Polizeieinsatzes unter Umständen erschossen, die an die Fahndungen nach RAF-Mitgliedern in den siebziger Jahren erinnern, bei denen auch mehrere Verdächtige bei der Festnahme sterben. Wie der GSG-9-Beamte Michael Newrzella bei diesem Einsatz ums Leben kommt, ist bis heute umstritten[1]. Birgit Hogefeld wird vor dem Oberlandesgericht Frankfurt der Prozeß gemacht. Und auch dieses Verfahren erinnert, so wie es die Bundesanwaltschaft betreibt, an die Zeiten der harten Konfrontation von militanter Linker und Staat. Obwohl sich Birgit Hogefeld in dem Verfahren offen und selbstkritisch äußert, beispielsweise zur Erschießung des US-Soldaten Pimental, und deutlich wird, daß sie zu der Entscheidung, den bewaffneten Kampf einzustellen, erheblich beigetragen hat, wird sie 1996 zu lebenslanger Haft verurteilt[2].

In dieser Zeit bemüht sich der Verfassungsschutz verstärkt um Aussteiger aus der RAF, während andererseits das BKA die Fahndung nach RAF-Mitgliedern intensiviert. Als 1997 Christoph Seidler, der lange Zeit als Top-Terrorist gesucht wurde, in die Legalität zurückkehrt und sich herausstellt, daß er zwar lange Zeit auf der Flucht war, aber niemals Mitglied der RAF, gerät der Fahndungsapparat kurzzeitig in eine Legitimationskrise, denn auch andere Menschen, die auf den Fahndungslisten stehen, waren wahrscheinlich niemals RAF-Mitglieder – wie Andrea Klump, die in Wien als RAF-Kader verhaftet wird, aber im Mai 2001 lediglich wegen eines mißglückten Sprengstoffanschlages, nicht aber wegen Mitgliedschaft in einer »terroristischen Vereinigung« verurteilt wird.

Die Auflösung der RAF, 26 Jahre nach ihrer Gründung, geschieht unspektakulär in einem ausführlichen, aber wenig ergiebigen Dokument. Eine zwanzigköpfige Sonderermittlungsgruppe des BKA arbeitet allerdings immer noch an der Aufklärung von RAF-Anschlägen und tritt bisweilen mit Ergebnissen, die überwiegend aus der Zuordnung von Genspuren zu Verdächtigen bestehen, an die Öffentlichkeit.[3]

Hungerstreikerklärung vom 1. Februar 1989

Wir sind seit heute im Hungerstreik. Jetzt lassen wir nicht mehr los, die Zusammenlegung muß jetzt erreicht werden.[1]

Jeder, der es wissen will, weiß was die Isolation ist, sie ist international begriffen und als Folter definiert. Hier haben sie inzwischen die Isolation für gefangene Revolutionäre, ob aus Guerilla, aus dem Widerstand, oder ausländische Genossen und Genossinnen zur Regel gemacht, und sie setzen sie gegen kämpfende soziale Gefangene ein – international wird sie als die saubere perfide Methode der feinen BRD-Europäer immer mehr übernommen. Hier muß sie gebrochen werden. Neun Hungerstreiks haben wir gemacht, zwei Gefangene sind darin gestorben, viele von uns haben Gesundheitsschäden. Jetzt muß Schluß sein mit dieser achtzehn Jahre langen Tortur. Das ist unser definitiver Entschluß, so werden wir kämpfen.

Es gibt dazu nicht mehr viel zu erklären. Unsere Situation und unsere Forderung sind klar. Uns sträubt sich inzwischen auch schon alles, von der Isolation noch zu reden und davon, daß wir zusammen wollen. Diese dürren Wörter und ihre Wiederholung sind schon ein Hohn auf die Wirklichkeit in den Gefängnissen. Im Lauf des Streiks wollen wir dann noch öfter etwas sagen, jetzt nur ein paar Hauptsachen, worum es uns geht.

Wir machen so nicht mehr weiter, das Ziel der Isolation war von Anfang an, die Gefangenen zu zerstören, um die Politik der RAF zu ersticken. Damit sind sie an uns gescheitert – aber wir ertragen es so auch nicht mehr. Wir wollen es jetzt nicht mehr aushalten, so ist es. Das ist jetzt unsere politische und existentielle Entscheidung. Denn wenn wir uns auch gegen ihren Zerstörungsautomat behaupten konnten, und wenn wir selbst in dieser Lage noch entscheidendes Neues für uns gewonnen haben – es gibt eine Grenze, an der der permanente Kampf der einzelnen und die ständig weit reduzierte Lebensweise als gefangene politische Gruppe für uns nicht mehr gehen. Die ist jetzt da.

Es ging immer nur eine begrenzte Zeit, an den Hungerstreikzyklen durch all die Jahre ist es abzulesen. In ihnen haben wir unsere Identität im Kampf verteidigt und uns die Kollektivität in der Vereinzelung immer wieder lebendig gemacht. Bis das, was wir uns aus dem Kampf in die Löcher geholt hatten, wieder aufgebraucht war. Jetzt fügen wir dem nicht mehr noch einen Streik nur dazu, das ist nicht mehr möglich, jetzt gibt es für uns nur noch das materielle Ziel.

Wir wollen jetzt die Zusammenlegung, und wir wollen damit auch diese ganze lange Phase abschließen – und dann wollen wir weiter. Auf eine absehbare Reaktion »Die Isolation wird aufgehoben«, also Kosmetik, einzelne, differenzierte Anpassungen, die dem BRD-Staat nur die Angriffe wegen der Isolation vom Hals schaffen sollen und für uns nicht das Grundlegende ändern, werden wir uns nicht mehr einlassen. Nicht mehr nach dieser langen Zeit. Das soll von Anfang an klar sein. Wir haben immer jede kleine Veränderung genutzt, waren immer zu Schritten bereit. Jetzt gibt es aber nichts mehr als die Zusammenlegung. Zu glauben, mit einer neuen Aufmachung, was sich dann vielleicht »Normalvollzug« nennt, unserem Kampf zusammenzukommen den Boden entziehen zu können, ist ein Irrtum. Das heißt dann nur eine neue Runde. Es gibt nichts mehr als die Zusammenlegung.

Es ist auch nicht mehr nur das Alte – die Notwendigkeit gegen die Isolation und die Möglichkeit einer Gegenstruktur in diesen Bedingungen – in diesem Brennofen bleibt nichts wie es war. Die Forderung hat für uns in der Zeit auch eine viel weitergehende Materialität bekommen. Nur aus den Beziehungen zueinander und deren permanente lebendige Entwicklung sind wir durch diese Zeit gekommen – und darin ist unser Zusammenhang Teil von uns geworden wie Arme und Beine. Das nimmt uns heute niemand mehr, das dreht keiner zurück. Es ist eine Materialität, die der Kampf gegen die Vernichtung geschaffen hat – und dasselbe jetzt einfach auch mal so: es ist das dialektische Produkt ihrer Maßnahmen. Und nachdem die jetzt achtzehn Jahre mit allen Varianten so stehen und keine »Normalität« damit exekutiert werden konnte, müssen sie die Kröte, die die Zusammenlegung für sie ist, auch schlucken.

Aber nicht nur subjektiv, auch bezogen auf die politische Entwicklung geht es schon um mehr. In der Wirklichkeit klaffen unsere Situation und damit unsere Möglichkeiten – und was die reale Situation insgesamt verlangt, damit es weitergeht, längst weit auseinander. Während wir die Zusammenlegung noch nicht haben, entwickelt sich schon die Frage nach einer weitergehenden Perspektive für die politischen Gefangenen überhaupt. Es geht um uns, von allen Seiten will man was von uns – aber wir können nicht zusammen reden und kaum handeln. Es läuft bei uns nur zusammen. Und ohne uns läuft es dabei nicht, das sollte aus den vielen Versuchen in den letzten Jahren, über uns wegzubügeln, doch klar geworden sein. Wir wollen jetzt an der gesamten politischen Diskussion teilnehmen. Das ist die andere Seite der Zusammenlegung.

Aus einer ganzen Reihe von Entwicklungen, hier und international, sind neue Fragestellungen entstanden. Es ist insgesamt eine neue Stufe der Auseinandersetzung geworden, in der überall, auf beiden Seiten, die Ziele, die Forumulierung der Politik, die Formierung für den Kampf ein neues Mal angegangen werden. Auch das ist eine Widerspiegelung davon, daß hier aus beiden Richtungen neu die Frage nach den Gefangenen hochgekommen ist. Der Staat bringt Begnadigungen, staatskonforme Gruppen wollen eine Amnestie – und der revolutionäre Widerstand nimmt wieder auf, daß die Freiheit der politischen Gefangenen erkämpft werden muß.

Auch wir meinen, daß diese Auseinandersetzung jetzt reif ist. Das wird aber nur in einem Prozeß von Diskussion und Praxis weitergebracht werden, in dem revolutionäre Politik hier zu einem neuen realen Faktor wird. Unser Kampf für die Zusammenlegung jetzt soll Teil davon sein. Aus vielen Ansätzen im letzten Jahr, aus der Offenheit und dem Willen quer durch verschiedene Zusammenhänge im Widerstand, halten wir eine neue Einheit im revolutionären Kampf für möglich. Es zeichnet sich jetzt schon eine Umkehrung der linken Rückentwicklung seit Ende der 70er Jahre ab, der Kampf in der Metropole kann auch neu in die internationale Auseinandersetzung kommen. Dann werden auch ganz neue politische Möglichkeiten in der BRD eröffnet sein. Wir hoffen das.

Die Zusammenlegung ist jetzt für uns das erste. Dann wollen wir die Diskussion. Zur gesamten Situation – und für unsere Freiheit. Darauf spitzt es sich für uns praktisch zu.

Denn die Freiheit ist natürlich unser Ziel. Wir wollen ja nicht ein Stück politischer Organisation im Gefängnis etablieren, eine Gegenstruktur als Gefangene ist wirklich nicht unser höchstes Glück.

Wir halten es aus allem für möglich, das dann als realistisches Ziel anzupacken. Soweit ist Konsens unter uns. Für das weitere, wie das zu konkretisieren ist, müssen wir zusammen sein. Wir haben die Zusammenlegung als Übergang bestimmt.

Wir nehmen jetzt eine neue Form von kollektivem Kampf. Im letzten Streik haben sie ein Gesetz gemacht, mit dem sie uns das Mittel Hungerstreik nehmen wollten, das »Komagesetz«. Es bedeutet, daß dem einzelnen im Koma in einer langgestreckten medizinisch-technischen Manipulation in der Intensivstation der Wille und die Entscheidungsfähigkeit, den Kampf weiterzuführen, genommen werden soll. Es bedeutet weiter für die Auseinandersetzung insgesamt, daß sie die Zuspitzung und Entscheidung auf einen engen Zeitraum bringen wollen, praktisch auf einen Punkt, den, wenn nach zwei, drei Monaten viele von uns gleichzeitig auf der Kippe sind. Es sterben dann vielleicht mehrere, aber dann in einer kurzen, frontalen Konfrontation – und die »tragen« sie, wie sie letztes Mal gesagt haben und dann, stellen sie sich vor, ist Schluß.

Und das würde auch bedeuten, daß das Mittel des Kampfes politisch sich gegen uns dreht. Denn in dieser Kulmination für alle zum selben Zeitpunkt, käme die Frage nach Sinn und Ziel auf uns zurück. Wenn viele tot sind, wie wollen die anderen dann zusammen sein.

Wir werden ihnen das umdrehen und einen langgezogenen Kampf führen. Jeder von uns ist das Kollektiv. Wir fangen alle zusammen an, nach zwei Wochen gehen wir in eine Kette über. Bis auf zwei unterbrechen alle, nach wieder zwei Wochen kommen die nächsten zwei wieder dazu, nach den nächsten zwei Wochen wieder zwei, und weiter. Wir lassen jetzt nicht mehr los, bis wir die Zusammenlegung haben.

Wir fordern:
Zusammenlegung aller Gefangenen aus Guerilla und Widerstand in ein oder zwei große Gruppen, in die neue Gefangene integriert werden, mit Zugang zu den Gemeinschaftshöfen. Zusammenlegung aller Gefangenen, die dafür kämpfen.
Freilassung der Gefangenen, deren Wiederherstellung nach Krankheit, Verletzung oder Folter durch Isolation unter Gefängnisbedingungen ausgeschlossen ist. Freilassung von Günter Sonnenberg, Claudia Wannersdorfer, Bernd Rössner, Angelika Goder[2]. Freie medizinische Versorgung ohne Staatsschutzkontrolle für alle Gefangenen.

Freie politische Information und Kommunikation der Gefangenen mit allen gesellschaftlichen Gruppen.

Für die Gefangenen aus der RAF
Helmut Pohl[3]

Anschlag auf Alfred Herrhausen

Erklärung vom 2. Dezember 1989

»Die revolutionären Prozesse sind die Erfahrungen, die aus der Agonie zwischen Leben und Tod heraus, hin zu einem entschlossenen Kampf für das Leben geführt werden.«

Am 30.11.1989 haben wir mit dem »Kommando Wolfgang Beer« den Chef der Deutschen Bank, Alfred Herrhausen, hingerichtet;[1] mit einer selbstgebauten Hohlladungsmine haben wir seinen gepanzerten Mercedes gesprengt.

Durch die Geschichte der Deutschen Bank zieht sich die Blutspur zweier Weltkriege und millionenfacher Ausbeutung und in dieser Kontinuität regierte Herrhausen an der Spitze dieses Machtzentrums der deutschen Wirtschaft; er war der mächtigste Wirtschaftsführer in Europa.

Deutsche Bank, das ist quer durch Westeuropa und in weiten Teilen der Welt zum Symbol für die Macht und Herrschaft geworden, die überall frontal mit den fundamentalen Interessen der Menschen nach einem Leben in Würde und Selbstbestimmung zusammenstößt. Unter Herrhausens Regie hat sich die Deutsche Bank zur europaweit größten Bank aufgeschwungen und dominiert die wirtschaftliche und politische Entwicklung. Sie hat ihr Netz über ganz Westeuropa geworfen und steht an der Spitze der faschistischen Kapitalstruktur, gegen die sich jeder Widerstand durchsetzen muß.

Seit Jahren bereitet sie den Einbruch in die Länder Osteuropas vor, jetzt steht sie und andere lauernd in den Startlöchern, um auch die Menschen dort wieder dem Diktat und der Logik kapitalistischer Ausbeutung zu unterwerfen.

Herrhausens Pläne gegen die Länder im Trikont, die selbst in »linksintellektuellen« Kreisen als humanitäre Fortschrittskonzepte gepriesen werden, sind nichts anderes als der Versuch, die bestehenden Herrschafts- und Ausplünderungsverhältnisse längerfristig zu sichern; sie verlängern und verschärfen noch weiter die Leiden der Völker.

Es ist weltweit eine destruktive Entwicklung, die der Imperialismus zur Sicherung seiner Profit- und Machtpositionen produziert: Völkermord,

Hunger, Erniedrigung, Existenzunsicherheit und umfassende Zerstörung schafft eine im Kern einheitliche Situation, die überall existentielle Dimension angenommen hat, nirgends können die Menschen wirklich nach ihren eigenen Vorstellungen und Werten leben. Aber die Akteure dieses Systems müssen wissen, daß ihre Verbrechen ihnen erbitterte Feinde geschaffen haben, daß es für sie keinen Platz geben wird in der Welt, an dem sie vor den Angriffen revolutionärer Guerilla-Einheiten sicher sein können.

Wir alle, die gesamte revolutionäre Bewegung in Westeuropa stehen vor einem neuen Abschnitt.

Die völlig veränderte internationale Situation und die ganzen neuen Entwicklungen hier erfordern, daß der gesamte revolutionäre Prozeß neu bestimmt und auf neuer Grundlage weiterentwickelt werden muß.

Daran arbeiten wir und daran wollen wir die Diskussion mit allen, die Schluß machen wollen mit der imperialistischen Zerstörung und die für eine grundsätzlich andere, an den Menschen orientierte gesellschaftliche Realität kämpfen und die diese Auseinandersetzung mit uns wollen.

Neuer Abschnitt, das heißt für hier vor allem auch die Neuzusammensetzung der revolutionären Bewegung, was möglich ist, weil viele es wollen und es gibt die ersten Schritte dahin schon. Wir stellen uns das vor als einen Prozeß von gemeinsamer Diskussion und Praxis, in dem offen über die verschiedenen Erfahrungen, Vorstellungen und Kritiken geredet wird, um die gesamte Entwicklung zusammen zu begreifen und um zu politischen Bestimmungen und konkreten greifbaren Vorstellungen für den Umwälzungsprozeß zu kommen.

In der Diskussion darüber müssen die Gefangenen Teil sein, dafür und weil das Vernichtungsprojekt gegen sie endlich gestoppt werden muß, muß jetzt ihre Zusammenlegung und damit die Perspektive für ihre Freiheit erkämpft werden.

In dieser neuen Phase müssen wir es schaffen, die vielfältige und unterschiedliche revolutionäre Praxis in einer Orientierung gegen das System zu verbinden. Der revolutionäre Prozeß braucht neue Dynamik und produktive Wechselbeziehungen, nur zusammen können die Kämpfe die nötige Kraft entwickeln, um destruktive Entwicklungen des Imperialismus zu stoppen und überhaupt seine ganze zerstörerische Entwicklungsrichtung umzudrehen – nur zusammen, also als eine Front gegen den Imperialismus, können wir hier in Westeuropa gemeinsam mit den Befreiungskämpfen weltweit einen einheitlichen, internationalen und langandauernden Umwälzungsprozeß durchsetzen.
Zusammen kämpfen!

Kommando Wolfgang Beer

An alle, die auf der Suche nach Wegen sind, wie menschenwürdiges Leben hier und weltweit an ganz konkreten Fragen organisiert und durchgesetzt werden kann

Erklärung vom 10. April 1992

Das ist auch unsere Suche. Es gibt Tausende Probleme, die auf dem Tisch liegen und nach Lösungen schreien und die, wenn sie nicht bald angepackt und gelöst werden, die ganze Menschheit in die Katastrophe führen. Sie alle sind entstanden durch das kapitalistische Prinzip, daß nur Profit und Macht zählen und die Menschen und die Natur dem untergeordnet sind.

Wir, die RAF, haben seit 89 angefangen, verstärkt darüber nachzudenken und zu reden, daß es für uns wie für alle, die in der BRD eine Geschichte im Widerstand haben, nicht mehr so weitergehen kann wie bisher. Wir haben überlegt, daß es darum geht, neue Bestimmungen für eine Politik herauszufinden, die tatsächliche Veränderungen für das Leben der Menschen heute durchsetzen kann und die längerfristig den Herrschenden die Bestimmung über die Lebensrealität ganz entreißt. Dafür ist es notwendig, sich die eigene bzw. gemeinsame Geschichte aller im Widerstand anzusehen, darüber nachzudenken, was wir falsch gemacht haben und was wichtige Erfahrungen waren, die wir oder andere gemacht haben, und welche Bedeutung sie für die Zukunft haben können.

Ausgangspunkt war: 1. Die Tatsache, daß wir alle vor einer veränderten Situation im weltweiten Kräfteverhältnis standen – die Auflösung des sozialistischen Staatensystems, das Ende des kalten Krieges. Wir waren damit konfrontiert, daß die Vorstellung, im gemeinsamen internationalen Kampf einen Durchbruch für Befreiung zu schaffen, nicht aufgegangen ist. Die Befreiungskämpfe waren insgesamt zu schwach, um gegen die auf allen Ebenen ausgeweitete Kriegsführung des Imperialismus anzukommen.

Der Zusammenbruch der sozialistischen Staaten, der seine Ursache wesentlich in den im Innern ungelösten Widersprüchen hatte, hat katastrophale Auswirkungen für Millionen Menschen weltweit und hat alle, die rund um den Globus um Befreiung kämpfen, auf sich selbst zurückgeworfen. Aber dadurch hat sich für alle die Notwendigkeit noch mal deutlicher gezeigt, daß die Kämpfe um Befreiung nur aus dem Selbstbewußtsein der eigenen, speziellen Geschichte der Völker, den authentischen Bedingungen und Zielen entwickelt werden können. Und nur daraus kann eine neue internationale Kraft entstehen. Das haben viele GenossInnen aus dem Trikont in die Diskussionen eingebracht und sie haben dort Anfänge einer ganz neuen

Politik gefunden und umgesetzt – das werden wir hier auch. Darin sind wir mit ihnen verbunden.

2. Wir selbst waren damit konfrontiert, daß wir so, wie wir in den Jahren vor 89 Politik gemacht haben, politisch nicht stärker sondern schwächer geworden sind. Wir haben aus verschiedensten Gründen keine Anziehungskraft mehr für die Menschen hier entwickelt, die gemeinsames Handeln möglich macht. Als einen zentralen Fehler haben wir gesehen, daß wir viel zu wenig auf andere, die hier auch aufgestanden waren, zugegangen sind; und auf die, die noch nicht aufgestanden waren, gar nicht. Uns ist klar geworden, daß wir die Leute suchen müssen, und daß es so nicht weitergeht, daß wir als Guerilla alle Entscheidungen allein treffen und erwarten, daß die anderen sich an uns orientieren. Wir haben das zwar oft anders formuliert, aber die Realität war so.

Wir hatten unsere Politik ganz stark auf Angriffe gegen die Strategien der Imperialisten reduziert und gefehlt hat die Suche nach unmittelbaren positiven Zielen und danach, wie eine gesellschaftliche Alternative hier und heute schon anfangen kann zu existieren. Daß das hier möglich ist, daß es geht, so etwas anzufangen, haben uns die Erfahrungen, die andere erkämpft haben, gezeigt. Die Verhältnisse zu den Leuten, mit denen wir am meisten zu tun hatten, waren aber in erster Linie darüber bestimmt, gemeinsam zum Angriff zu kommen. Deshalb gab es in der Bestimmung gar nicht den Raum, daß sie eigene soziale Werte in ihrem Alltag und mit vielen zusammen entwickeln und leben konnten. Nur daraus hätten wir zusammen zu einer Politik kommen können, die für mehr Menschen, auch für welche, die außerhalb der verschiedenen Szene-Ghettos leben, erfahrbar macht, daß die Kälte und Ohnmacht im Imperialismus nicht Schicksal wie Naturgewalt ist, sondern da aufhört, wo Menschen ihre Bedürfnisse, ihre Solidarität gemeinsam umsetzen und das hier und heute anfangen zu leben.

Daraus hatten wir die Konsequenzen gezogen und zwei Jahre lang einen parallelen Prozeß von Neubestimmung und praktischen Interventionen versucht. Wir dachten, wir könnten dadurch, wie wir unsere Aktionen bestimmen und wie wir reden, von uns aus ein neues Verhältnis schaffen und dadurch die notwendigen Voraussetzungen für eine gemeinsame Diskussion und daraus eine gemeinsame Perspektive mit viel mehr Menschen und Gruppen möglich machen. Daß wir unseren Prozeß nicht nachvollziehbar, sondern nur bruchstückhaft als Ergebnis unserer Diskussion in den Erklärungen und Briefen vermittelt haben, war ein Fehler. Und das hier ist auch nur ein Anfang und wir werden demnächst über alles genauer reden.

Nach diesen zwei Jahren ist uns klar geworden, daß es so nicht ausgereicht hat, daß wir so nicht den Raum aufmachen können für alles das, was wir jetzt und für die nächste Zeit am wichtigsten finden: die seit langem notwendigen gemeinsamen Diskussionen und den Aufbau von Zusammenhängen unter den verschiedensten Gruppen und Menschen; da, wo sie leben, ausgehend vom Alltag der Menschen in dieser Gesellschaft, aus dem für viele die Notwendigkeit drängt, ihre eigene Lage in die Hand zu nehmen und gemeinsam mit anderen nach Lösungen zu suchen. Wir denken, solche Zusammenhänge können die Basis werden von der Kraft, die wir Gegenmacht von unten genannt haben und die so noch nicht lebt. Solange eine solche gesellschaftliche Alternative zur Zerstörung und Verzweiflung im System nicht spürbar und greifbar existiert, werden es immer mehr werden, die ausgegrenzt und ohne Perspektive alleine bleiben, immer mehr, die an der Nadel verrecken oder in den Selbstmord getrieben werden usw. Und es wird dabei bleiben, daß immer mehr Leute den Faschisten hinterherlaufen.

Aus unseren Erfahrungen und aus den Diskussionen mit GenossInnen über alle diese Fragen, steht für uns heute fest, daß die Guerilla in diesem Prozeß von Aufbau nicht im Mittelpunkt stehen kann. Gezielt tödliche Aktionen von uns gegen Spitzen aus Staat und Wirtschaft können den jetzt notwendigen Prozeß im Moment nicht voranbringen, weil sie die gesamte Situation für alles, was in Anfängen da ist und für alle, die auf der Suche sind, eskalieren. Die Qualität solcher Angriffe setzt eine Klarheit darüber voraus, was sie an Veränderungen konkret in Gang setzen können. Diese Klarheit kann es jetzt, in einer Zeit, in der es für alle um ein Sichfinden auf neuer Grundlage geht, nicht geben. So verstehen wir das auch, wenn uns welche sagen, mit solchen Aktionen nehmen wir das Ergebnis doch schon vorweg.

Wir haben uns entschieden, daß wir von uns aus die Eskalation zurücknehmen. Das heißt, wir werden Angriffe auf führende Repräsentanten aus Wirtschaft und Staat für den jetzt notwendigen Prozeß einstellen.

Dieser Prozeß von Diskussionen und Aufbau einer Gegenmacht von unten schließt für uns als einen ganz wesentlichen Bestandteil den Kampf für die Freiheit der politischen Gefangenen mit ein. Aus 20 Jahren Ausnahmezustand gegen die Gefangenen, Folter und Vernichtung, geht es jetzt darum, ihr Recht auf Leben durchzusetzen – ihre Freiheit erkämpfen!

Justizminister Kinkel hat mit seiner Ankündigung im Januar, einige haftunfähige Gefangene und einige von denen, die am längsten im Knast sind, freizulassen, das erste Mal von staatlicher Seite offen gemacht, daß es Fraktionen im Apparat gibt, die begriffen haben, daß sie Widerstand und gesellschaftliche Widersprüche nicht mit polizeilich-militärischen Mitteln in den Griff kriegen.

Gegen die Gefangenen haben sie seit 20 Jahren auf Vernichtung gesetzt. Die Kinkel-Ankündigung[1] wirft die Frage auf, ob der Staat dazu bereit ist, aus dem Ausmerz-Verhältnis, das er gegenüber allen hat, die für ein selbstbestimmtes Leben kämpfen, die sich nicht der Macht des Geldes beugen, die eigene Interessen und Ziele entgegen den Profitinteressen formulieren und umsetzen. Also ob er Raum für politische Lösungen zuläßt (und wenn auch Vertreter aus der Wirtschaft dahingehend Druck auf die Regierung machen, kann das nur gut sein).

Wir werden uns genau ansehen, wie ernst der Kinkel-Vorstoß ist. Bis jetzt ist nicht viel davon zu sehen, außer daß Claudia Wannersdorfer nur einige Monate, bevor sie sowieso entlassen worden wäre, rausgekommen ist. Alle anderen Haftunfähigen – Günter Sonnenberg, Bernd Rössner, Isabel Jacob, Ali Jansen– sind noch immer drin. Und Irmgard Möller, nach 20 Jahren immer noch im Knast. An den Haftbedingungen hat sich bis heute nichts verbessert. Die 2/3-Anhörungen bei Norbert Hofmeier, Bärbel Perau und Thomas Thoene glichen Inquisitionen. Angelika Goder[2] wird trotz ihrer Krankheit mit Knast bedroht. In der Ankündigung neuer Prozesse gegen Gefangene aufgrund der Kronzeugenaussagen drückt sich weiter das eiskalte Rachebedürfnis des Staates aus und das Ziel, Gefangene für ewig im Knast einzumauern. In der »Welt« wird mit Bezug auf das Stuttgarter Justizministerium der ungebrochene Vernichtungswille formuliert: Wenn es nach denen ginge, wäre bei Günter, der schon seit 15 Jahren haftunfähig gefangengehalten wird, nur dann an eine Freilassung zu denken, wenn er sich widerstandslos den repressiven Knastschikanen unterwirft. »Renitenter Gefangener«, weil er solidarisch ist und mit seinen Freunden weiterhin zu tun hat. So hetzen sie gegen seine Freilassung. Das alles steht im krassen Widerspruch dazu, daß sich auf seiten des Staates wirklich eine andere Haltung durchzusetzen beginnt.

Die Haftunfähigen und die Gefangenen, die am längsten sitzen, müssen sofort raus und alle anderen bis zu ihrer Freilassung zusammenkommen!

Das wird sich nicht nur am staatlichen Verhalten gegenüber den politischen Gefangenen zeigen. Es gibt auch andere Brennpunkte, an denen diese Weichenstellung ganz unmittelbar sichtbar wird. Da, wo die Kämpfe schon soweit sind, daß sie einen Raum durchgesetzt haben, wird es sich schnell zeigen, wie weit sie politische Lösungen zulassen oder auf Krieg setzen. Zum Beispiel, ob sie den Leuten in der Hafenstraße nach 10 Jahren Kampf weiterhin ihre Existenzberechtigung streitig machen. Aber langfristig geht es ja um viel mehr:

– Es gibt Kämpfe der sozialen Gefangenen gegen Sonderhaft und überhaupt gegen unmenschliche Bedingungen in den Knästen. Es darf nicht so laufen, daß die politischen Gefangenen aus den Vernichtungstrakten kommen, und danach andere hinein. Alle Isolationstrakte müssen geschlossen werden!

– Es gibt Kämpfe um Zentren, um Lebens- und Wohnraum von vielen, die das heute hier nicht haben.
– Es wird sich zeigen, inwieweit die Menschen in der Ex-DDR weiterhin im Schnellverfahren zu willenlosen Objekten in das kapitalistische System gepreßt werden sollen, oder sie Raum erobern können, die Entwicklung selbst zu bestimmen.
– Es ist eine wichtige Frage, wie lange noch der Staat den Rassismus gegen die Flüchtlinge schüren und sie als »Untermenschen« behandeln kann, um sich und die Wirtschaft damit aus der Verantwortung für Arbeitslosigkeit, Wohnungsnot, Altersarmut usw. zu ziehen. Und wie lange er noch diese Menschen wieder ins Elend zurückschicken kann, das er ständig mitproduziert.
– Es ist seit langem Realität, daß die Bullen Faschisten schützen und Antifaschisten niederknüppeln, daß sie DemonstrantInnen in den Tod hetzen, wie Conny Wissmann[3], daß sie auf sie schießen, wie vor ein paar Monaten in Frankfurt, und Flüchtlinge mit Elektroschocks foltern usw.
– Es ist die Frage, ob deutsche Soldaten wieder gegen andere Völker marschieren und wie lange denn noch faschistische Regimes mit Waffen und Unterstützung von hier die Bevölkerung massakrieren können.

Vor allem daran, wie an allen diesen Fragen – und logisch ist das nicht vollständig hier – Kämpfe in der Gesellschaft entwickelt werden, wird sich entscheiden, wie weit hier ein politischer Raum für Lösungen erkämpft werden kann. Von allein werden sie an keinem Punkt zurückweichen, dafür wird immer gesellschaftlicher Druck und Kämpfe für unsere Forderungen notwendig sein.

Wir haben von uns aus jetzt mit der Rücknahme der Eskalation aus der Auseinandersetzung einen Schritt gemacht, um diesen politischen Raum aufzumachen. Jetzt ist die staatliche Seite gefragt, wie sie sich verhält; und weil das heute noch niemand weiß, wollen wir den Prozeß von Diskussionen und Aufbau schützen. Wenn sie diejenigen, die diesen Prozeß für sich in die Hand nehmen, mit ihrer Walze aus Repression und Vernichtung plattmachen, also weiter auf Krieg gegen unten setzen, dann ist für uns die Phase des Zurücknehmens der Eskalation vorbei – wir werden uns das nicht tatenlos anschauen.

Wenn sie uns, also alle, die für eine menschliche Gesellschaft kämpfen, nicht leben lassen, dann müssen sie wissen, daß ihre Eliten auch nicht leben können. Auch wenn es nicht unser Interesse ist: Krieg kann nur mit Krieg beantwortet werden.

Anschlag auf den Knast Weiterstadt

Erklärung vom 30. März 1993

Es hat sich nichts daran geändert, daß wir den Einschnitt in unsere Geschichte, den wir gemacht haben, brauchen und wollen. Denn wir sind auf einen Prozeß aus, in dem soziale Gegenmacht von unten und daraus eine neue Vorstellung für den revolutionären Umwälzungsprozeß entwickelt werden kann. Das erfordert eine Diskussion, in der sich die unterschiedlichsten Menschen finden und neue Grundlagen und gemeinsame Kriterien für diesen Prozeß schaffen. Es geht um den Aufbau einer sozialen Gegenmacht, die sich als relevante Kraft in einem neuen internationalen Kampf für die Umwälzung der zerstörerischen kapitalistischen Verhältnisse einbringen kann.

Es wird darum gehen, die sowohl international wie auch innergesellschaftlich veränderte Wirklichkeit umfassend zu begreifen und in diesem Prozeß auch »den ganzen alten Begriffsschrott [der Linken] abzuklopfen ...«, denn nur in einer tiefgreifenden Auseinandersetzung wird es möglich werden, eine Vorstellung zu gewinnen, wie die Verhältnisse revolutionär aufzuheben sind. Und nur aus diesem Prozeß können die Fragen nach den Mitteln des Kampfes und den konkreten Formen der Organisierung neu beantwortet werden.

Dieser Prozeß hat für uns nach wie vor die größte Priorität. Die Notwendigkeit dazu ist jeden Moment spürbar, wenn wir uns die rasante destruktive Entwicklung des kapitalistischen Systems vor Augen halten. Dieses System hat schon lange die Ausgrenzung, das materielle und soziale Elend und den Tod von Millionen Menschen im Trikont hervorgebracht. Heute ist die Entwicklung der fortschreitenden grundsätzlichen Krise dieses Systems an einem Punkt angelangt, an dem die Zerstörung der Lebensgrundlagen selbst in den Metropolen nicht mehr zu verdrängen ist und soziales und materielles Elend auch hier zur Realität von immer mehr Menschen geworden ist und viele spüren, daß die Perspektive in diesem System für sie selbst nur Hoffnungslosigkeit bedeutet. In dieser Situation hat das Fehlen einer sozial sinnvollen Alternative als gesellschaftliche Kraft katastrophale Auswirkungen.

Während der Staat die Ausbreitung und Eskalation faschistischer und rassistischer Mobilisierung in der Gesellschaft schürt und fördert und es z.B. mit seiner gezielten Hetze gegen Flüchtlinge geschafft hat, einen Großteil der aufbrechenden Widersprüche in eine reaktionäre Richtung zu kanalisieren, ist die Situation auf unserer Seite nach wie vor von Vereinzelung und Desorganisation geprägt.

Im August letzten Jahres haben wir einen Text geschrieben[1], in dem es uns um die Reflexion unserer Geschichte geht und wir gleichzeitig Kriterien und Überlegungen für die Zukunft angerissen haben; Gedanken, die sich aus unserer Auseinandersetzung in den letzten Jahren entwickelt haben. Diese Gedanken sind für uns Ausgangspunkt in der Diskussion, die wir führen wollen. Natürlich sind neue Fragen und Überlegungen dazugekommen. Auch wenn wir nicht viel Resonanz auf unser Papier bekommen haben, ist es unser Bedürfnis, die Diskussion weiter und genauer zu entwickeln.

Aus Teilen der Frauenbewegung gab es die Kritik an uns, daß wir nur wenig auf ihre Diskussionen eingegangen sind, die für Teile von ihnen in den letzten Jahren sehr wichtig gewesen sind, wie die Diskussion um Rassismus. Und auch durch die sich überschlagenden Ereignisse wie z.B. in Rostock ist es für uns dringend geworden, diese Auseinandersetzung genauer zu führen.

Wenn wir auch nach wie vor die Verschärfung der Lebensbedingungen hier und die um sich greifende Perspektivlosigkeit vieler Menschen sowie das Fehlen der Linken als Kraft als einen Grund für den Zulauf bei den Faschisten sehen, ist es auf der anderen Seite aber auch klar, daß die Wurzeln dafür, warum sich hier in der Metropole, im neuen Großdeutschland, die Unzufriedenheit in einem solchen Ausmaß gegen Fremde entlädt, tiefer liegen. Damit müssen sich alle sehr bewußt auseinandersetzen. Wie ein Mosambikaner sinngemäß gesagt hat: Bei uns sind die Menschen auch arm, und trotzdem schlagen sie deshalb nicht auf die nächsten unter ihnen ein.

Die Auseinandersetzung über Rassismus wird also sicher ein wichtiger Teil beim Aufbau einer Gegenmacht von unten sein – die nicht im Ghetto bleiben oder als Abgrenzung zu anderen geführt werden kann, sondern als Frage ans eigene Bewußtsein, wie jede/r sein will und welche gesellschaftliche Entwicklung man/frau will.

Daß da in der Vergangenheit Fehler gelaufen sind, kritisiert die autonome l.u.p.u.s.-Gruppe in ihrem Buch »Geschichte, Rassismus und das Boot« so:

»So selbstverständlich und geübt es scheint, heute über Rassismen, über das ›spezifisch Deutsche‹ oder über deutsche Einzigartigkeiten zu streiten, so selbstverständlich sah die revolutionäre Linke in den letzten 20 Jahren darüber hinweg. Was in der linken Auseinandersetzung um patriarchales Verhalten unmöglich geworden ist, schien in der Frage des Deutschseins auffällig leicht zu fallen: wir haben damit nichts zu tun.«

Die Chancen, heute vieles anders zu machen und neues herauszufinden, sind groß: Die Frage nach dein Aufbau einer Gegenmacht von unten ist nicht aus- schließlich eine Frage an weiße, deutsche Linke, sondern eine Frage danach, wie Menschen, die hier leben, sich gemeinsam organisieren können.

Und die Bevölkerung setzt sich hier aus Menschen der unterschiedlichsten Nationalitäten und Hautfarben zusammen.

Der Dialog mit schwarzen Frauen muß nicht in fernen Ländern stattfinden, sondern ist/wäre viel einfacher und intensiver mit den Frauen möglich, die in der BRD leben. Die Geschichte von Migrantinnen und ihr Wissen aus den Herkunftsländern ist dabei für das Begreifen internationaler Zusammenhänge so wichtig, wie ihre politischen Meinungen und Erfahrungen mit Rassismus und dem anderen Sexismus, der sie hier trifft, für das Verständnis der BRD-Gesellschaft ...« (aus: »!basta! Frauen gegen Kolonialismus«).

»... es war die 68er-Bewegung, die das, was der Faschismus nach dem Judentum innerstaatlich am grausamsten verfolgt und ausgemerzt hatte, die Linke, ihre Werte, Kultur und Kontinuität, wieder lebendig und berechtigt hat werden lassen in Deutschland-West. Und wenn heute eine Re-Faschisierung läuft, dann breitet sie sich aus in jenem politisch-kulturellen Vakuum, das diese Linke in ihrem Rückzug aus einer gesamtgesellschaftlichen Verantwortung und Neusetzung von Werten und Einstellungen hinterlassen hat« (Lutz Taufer, Gefangener aus der RAF[2]).

Es ist eine Aufgabe der Linken, in ihrer Praxis neue Werte zu setzen und zu leben, ansonsten wird in der Gesellschaft immer nur das hervorbrechen, was 500 Jahre Kolonialismus im Bewußtsein der Metropolenbevölkerung angerichtet haben: rassistische Ideologie. Das weiße Herrenmenschenbewußtsein ist seit 500 Jahren Voraussetzung für kolonialistische und imperialistische Ausbeutung der Völker im Trikont. Es ist im Bewußtsein der weißen Metropolenbevölkerung aus dieser Geschichte vorhanden und wird in Krisenzeiten von Staat und Kapital offen mobilisiert.

Rassismus heißt, Menschen in »Andersartige« und »Mehr-« und »Minderwertige« zu kategorisieren. So werden immer die kategorisiert, die im kapitalistischen Produktionsprozeß entweder nicht mehr gebraucht werden oder härter ausgebeutet werden sollen.

Die Zerstörung des Sozialen unter den Menschen ist die Voraussetzung für Rassismus. Diese Zerstörung bedeutet, daß auf der Basis des kapitalistischen System, dem 24-Stunden-Alltag von Leistung und Konkurrenz, den Menschen eigene Kriterien geraubt und durch für den Kapitalismus funktionale Werte ersetzt wurden am effektivsten in den Metropolen. Das zeigt sich z.B. am Verhältnis zu Arbeit und Leistung als Wertdefinition des Menschen: Ohne Arbeit bist du nichts Es ist das Verhältnis zur Zeit, wo es für die meisten Menschen zur Normalität geworden ist, in einem vollkommen vorbestimmten Rhythmus und Streß das ganze Leben zu verbringen, in dem es keinen Platz für Kreativität und Lebenslust gibt.

Es zeigt sich daran, daß in diesem System alles zur Ware wird, auch das

Verhältnis zur Körperlichkeit, wobei natürlich die Frauen am meisten dazu gezwungen werden, ihren Körper als Ware zur Schau zu tragen, die von Männern konsumiert oder eben abgelehnt wird.

Es war und ist immer die Voraussetzung für die Herrschaft des kapitalistischen Systems über die Menschen gewesen, mit solchen Kriterien auch tausend Trennungen zwischen sie zu setzen: die Trennungen in Mehr- und Minderwertige; in Leistungsfähige und »Arbeitsscheue«; in Schwarze und Weiße; in Männer und Frauen; Alte und Junge, Kranke, Schwache, Behinderte und Starke, Gesunde; in Gescheite und »Dumme«.

Dieser Prozeß der Zerstörung hat heute eine Dimension erreicht, in der die Gesellschaft in ein inneres Um-Sich-Schlagen übergeht.

Rassistisches Bewußtsein wie überhaupt der destruktive Prozeß in der Gesellschaft kann nur in Kämpfen, in denen soziale Beziehungen und Werte hervorgebracht und umgesetzt werden, aufgehoben bzw. umgekehrt werden. Eine Perspektive revolutionärer Entwicklungen wird nur in solchen Prozessen wieder vorstellbar werden. Entweder schafft die Linke – und damit meinen wir alle, die auf der Suche nach Wegen sind, wie menschenwürdiges Leben hier und weltweit durchgesetzt werden kann – einen neuen Aufbruch, der seine Wirkung in die Gesellschaft hat, oder der »Aufbruch« bleibt auf der rechten, faschistischen Seite.

Entweder wird von unserer Seite aus eine Basisbewegung von unten entwickelt, die von Solidarität und Gerechtigkeit, vom Kampf gegen soziale Kalte, Perspektivlosigkeit und Armut bestimmt ist, oder die explodierenden Widersprüche werden weiterhin destruktiv bleiben und die Gewalt jede/r gegen jede/n eskalieren.

Es gibt Linke, die sich mit diesen Fragen nach der gesellschaftlichen Entwicklung, wie wir und auch andere sie gestellt haben, nicht auseinandersetzen wollen, weil dies reformistisch sei. Solche Scheindiskussionen um revolutionär/reformistisch sind ohne jeden Gebrauchswert für die Neubestimmung revolutionärer Politik; und auch im Festhalten und Beharren auf zeitlos alten Klarheiten wird niemand Antworten auf die sich heute stellenden Fragen finden. Die gegenseitigen Bestätigungen, daß die Revolution international sein muß, sind banal – sie nutzen niemandem, auch nicht den Völkern im Süden oder Osten.

Die wirklichen Fragen fangen danach erst an, nämlich wie hier eine soziale Gegenmacht aufgebaut werden kann, die aus den gemachten Erfahrungen und eigenen Fortschritten sich tatsächlich als relevante Kraft in die internationalen Diskussionen und Kämpfe einbringen kann. In diesem Sinne ist der Vorwurf an uns, wir würden eine Neubestimmung nicht mehr im internationalen Zusammenhang suchen, inhaltlich genauso oberflächlich, wie er absurd ist.

Das Draufstürzen auf das Bemühen anderer, um zu sehen, wie man es zerreißen kann (oder ob es besser ist, sich dranzuhängen), ist eine alte Rangehensweise der deutschen Linken. Das Positive daran, daß in den Diskussionen seit dem 10.4. letzten Jahres innerhalb der radikalen Linken zentnerweise alter Mist – wie Konkurrenz und Abgrenzungsdenken oder verkrampftes Festhalten an alten Rangehensweisen – Hochkonjunktur erlebt hat, ist, daß er, so offen, wie er nun dasteht, auch endlich überwunden werden kann.

Die Voraussetzung für die Neubestimmung revolutionärer Politik ist, daß jetzt die Leute zusammenkommen, sich organisieren und handeln, die voneinander wirklich was wissen wollen und neue Gedanken zulassen und entwickeln wollen.

Seitdem wir vor einem Jahr die Eskalation von unserer Seite aus zurückgenommen haben, hat der Staat die Verfolgung fortschrittlicher Menschen, die politische GegnerInnen dieses Systems sind, teilweise noch verschärft: Versuche, aus der Vereinzelung heraus Räume für eine andere Entwicklung zu erkämpfen, werden nach wie vor niedergemacht. Herausragendes Beispiel war der Versuch, den Gegenkongreß gegen den Weltwirtschaftsgipfel in München von vorneherein zu verhindern, eine internationale Diskussion unmöglich zu machen sowie die Einkesselung der Demonstration.

Die antifaschistische Organisierung wird kriminalisiert und antifaschistische Demonstrationen wie in Mannheim im Sommer letzten Jahres niedergeprügelt.

Natürlich besteht ein Zusammenhang zwischen dem Niedermachen von selbst-bestimmten Ansätzen, der Verfolgung und Einknastung von Antifas und der stärker werdenden faschistischen Mobilisierung.

Die Herrschenden wissen, daß alle Maßnahmen, zu denen sie aus der Krise gezwungen sind, die Widersprüche im Inneren verschärfen werden – Sozialabbau, steigende Wohnungsnot, steigende Arbeitslosigkeit, Stahlkrise, Krise in der Autoindustrie ... – Reuter, Chef von Daimler Benz, geht laut Spiegel von 30 bis 50 Jahren Krise aus –, das alles soll auf die Bevölkerung abgewälzt werden. Gleichzeitig muß der Staat eine irgendwie geartete Mobilisierung für Großdeutschland hinkriegen. Wenn z.B. militärische Einsätze der Bundeswehr zwar unter der Hand immer wieder gelaufen sind – wie im Krieg gegen den Irak und gegen das kurdische Volk-, so geht es dem großdeutschen Staat perspektivisch doch um eine andere Dimension und um eine größere Akzeptanz auch hier im Innern für Deutschland als Militärmacht – da bleibt nicht viel anderes als eine rassistische, weiße Mobilisierung der »deutschen Staatsbürger« in dem einen Boot, was diese Gesellschaft im herrschenden kapitalistischen Interesse noch zusammenhalten könnte.

Während sie auf der einen Seite also rassistische Ausländer- und Asylgesetze verabschieden und Flüchtlinge hier zu »dem Problem der Deutschen« ganz gezielt in die Köpfe der Leute gepuscht haben und damit die faschistische Mobilisierung überhaupt in diesem Ausmaß auf den Plan gerufen haben, übernehmen sie auf der anderen Seite gleichzeitig die Schirmherrschaft von Demonstrationen gegen Fremdenhaß, wie in Berlin Ende letzten Jahres. So soll auch noch die Empörung vieler Menschen gegen die faschistischen Schläger und Mörder für diesen Staat kanalisiert und funktionalisiert werden, um zu verhindern, daß sich aus dieser Empörung eine Bewegung von internationaler Solidarität der Unterdrückten gegen die Herrschenden und ihre faschistischen Schläger entwickelt, wurde wochenlang durch die Medien gepeitscht: Es ginge um Gewalt, Gewalt von links wie Gewalt von rechts. Während hier täglich ausländische, behinderte und obdachlose Menschen angegriffen werden und es allein '91 dabei 17 Tote gegeben hat, stellte Kohl sich hin und redete von Extremismus von links und von rechts, der bekämpft werden muß.

Der Jubel der Herrschenden über den Zusammenbruch des sozialistischen Staatensystems und über den »großen Sieg« des kapitalistischen Systems ist schon seit einiger Zeit verstummt – diese Entwicklung hat das kapitalistische System in seine größte Krise gestürzt. Die Herrschenden haben keine Antworten auf diese Krise – was nicht heißt, daß sie nicht trotzdem mit menschenverachtenden Planungen und Maßnahmen versuchen, die Situation da, wo sie noch können, zu regulieren. Es scheint, daß die einzige Linie, die sie klar haben, die Bekämpfung der Linken ist. Da sollen alle niedergemacht werden, die auf eine antifaschistische und antirassistische Mobilisierung von unten und gegen die herrschenden Interessen aus sind. Verhindern wollen sie Ansätze, wo Menschen sich für ein von unten bestimmtes solidarisches Lösen der Probleme organisieren. Darüber hinaus führt der Staat einen Rachefeldzug gegen die alten Kommunisten und Antifaschisten, was sich exemplarisch an dem Prozeß und der Einknastung von Gerhard Bögelein[3] gezeigt hat, bis sie ihn kurz vor seinem Tod rauslassen mußten.

Alles, was an Widerstandserfahrungen in diesem Jahrhundert entwickelt worden ist, soll ausgemerzt werden. Und genau diese Haltung zeigt sich auch in dem Umgehen des Staates mit unseren gefangenen GenossInnen.

Wir sind oft kritisiert worden, daß wir in der Erklärung vom April letzten Jahres unsere Entscheidung zur Zäsur mit der Situation der Gefangenen bzw. überhaupt mit dem staatlichen Vernichtungswillen verknüpft hätten.

Wir haben jedoch den Einschnitt in unsere Geschichte immer mit der Notwendigkeit begründet, neue Grundlagen zu entwickeln, und gesagt, daß diese Notwendigkeit unabhängig vom staatlichen Handeln existiert. Aber uns war auch von Anfang an dabei bewußt, daß unklar ist, wie der Staat reagiert, wenn wir den Druck von unserer Seite aus wegnehmen, und deshalb haben wir uns mit der Drohung die Möglichkeit offengehalten, da zu intervenieren, wo es notwendig ist, dem staatlichen Ausmerzverhältnis Grenzen zu setzen. Im August '92 haben wir geschrieben:

»Wir werden die bewaffnete Intervention dann als ein Moment des Zurückdrängens bestimmen und nicht als weitere Strategie. Wir werden also nicht einfach zum Alten zurückkehren. Diese Eskalation ist nicht unser Interesse. Aber der Staat muß wissen, wenn er keine andere Möglichkeit zuläßt, daß es auf unserer Seite die Mittel, die Erfahrung und die Entschlossenheit gibt, sie dafür zur Verantwortung zu ziehen.«

Es ist Quatsch zu sagen, wir hätten damit uns bzw. die Frage der Weiterentwicklung revolutionärer Politik von der Situation der Gefangenen abhängig gemacht. Aber Tatsache ist auch, daß unser Schritt z.B. Auswirkung darauf hat, wie der Staat mit der Frage nach der Freiheit der politischen Gefangenen umgeht. Das ganze ist eine widersprüchliche Situation; damit müssen wir umgehen und uns darin bewegen können. Wir leben schließlich nicht im luftleeren Raum.

Nachdem wir den Druck von unserer Seite aus weggenommen hatten, hat sich der Staat in bezug auf die Gefangenen ein weiteres Mal für die Eskalation entschieden – das Urteil gegen Christian Klar und die neue Prozeßwelle überhaupt sollen bei vielen das Lebenslänglich zementieren; die Entscheidung, Bernd Rössner nicht endgültig freizulassen; mit den letzten Ablehnungsbegründungen auf die Anträge von Gefangenen auf Freilassung ist die Staatsschutzjustiz da angekommen, sie zur psychiatrischen Untersuchung zwingen zu wollen, womit sie eingestehen sollen, ihr Kampf ihr Aufbruch sowie ihre Gegnerschaft zum System sei Irrsinn. Die Gefangenen sollen nicht zusammengelegt werden, denn sonst könnten sie in Diskussionsprozesse und gesellschaftliche Prozesse eingreifen – und noch viel weniger sollen sie draußen sein. Sie sollen nach wie vor vernichtet werden und ihre Erfahrungen aus Kämpfen von anderen ferngehalten werden.

Es ist vollkommen klar, daß es eine politische Entscheidung des Staates erfordert, um vom Ausmerzverhältnis gegen die Gefangenen zu einem politischen Umgang mit der Gefangenenfrage zu kommen – die politische Ebene hat diese Frage aber an die Staatsschutzjustiz abgegeben, die natürlich erst recht nicht die Entscheidung trifft, zu der die Politik nicht willens ist.

Sicher liegen nach wie vor tausend Fragen auf dem Tisch, und eine solidarische Diskussion, in der aus den gemachten Erfahrungen der Kämpfe in den letzten 25 Jahren gemeinsam gelernt, Schlüsse für die Zukunft und gemeinsame Kriterien für eine neue Vorstellung für den Umwälzungsprozeß entwickelt werden können, hat noch kaum angefangen. Aber es gibt Grundsätze und Selbstverständlichkeiten, die nicht in Frage gestellt werden müssen, von denen wir einfach ausgehen: z.B. das Verhältnis zu unseren gefangenen GenossInnen und der Tatsache, daß der Staat seit 22 Jahren politische Gefangene in Isolationshaft foltert – wir kämpfen für die Freiheit dieser Gefangenen.

Wir werden nicht sagen: Wir sind jetzt auf der Suche nach einer neuen Strategie, und was mit ihnen derweil passiert, paßt jetzt nicht in unser Konzept. Wir können einen neuen Anfang, die Entwicklung neuer Vorstellungen, gar nicht losgelöst von der Frage sehen, wie die Freiheit unserer GenossInnen, die aus diesen 22 Jahren Kampf gefangengenommen wurden, erkämpft werden kann. Sie sind seit 22, 18 ... Jahren in Isolation/Kleingruppenisolation, es ist keine Frage: ALLE MÜSSEN JETZT RAUS!

Die Frage, ob die Freiheit aller politischen Gefangenen in einer gemeinsamen Anstrengung aller linken und fortschrittlichen Menschen durchgekämpft werden kann, hat aus unserer Sicht auch Bedeutung dafür, ob wir es schaffen, in dieser Phase der Neubestimmung tatsächlich eine starke und selbstbewußte Kraft, die Gegenmacht gegen die herrschenden Verhältnisse ist, aufzubauen. Wer heute schulterzuckend oder ohnmächtig akzeptiert, daß die Gefangenen weiter dieser Tortur unterworfen werden, weil er/sie denkt, daß unsere Seite dagegen zu schwach ist, wie soll er/sie darauf hoffen können, daß wir in der Lage sind, eine Kraft aufzubauen, die die gesamten Verhältnisse umwälzen kann?

Wir haben mit dem Kommando Katharina Hammerschmidt den Knast in Weiterstadt gesprengt und damit auf Jahre verhindert, daß dort Menschen eingesperrt werden. Wir wollen mit dieser Aktion zu dem politischen Druck beitragen, der die harte Haltung gegen unsere gefangenen GenossInnen aufbrechen und den Staat an dieser Frage zurückdrängen kann. Doch dafür, daß ihre Freiheit durchgesetzt werden kann, braucht es die unterschiedlichsten und vielfältigsten Initiativen von vielen. Im letzten Jahr hatten wir versucht, trotz der Zäsur politischen Druck von unserer Seite aus an dieser Frage über die Drohung zu halten. Das, was es dafür an Wirkung und Grenze hätte sein können, ist leider gerade von GenossInnen aus dem linksradikalen Spektrum systematisch demontiert worden.

Mit unserer Aktion haben wir diesen Druck jetzt neu gesetzt und die Drohung aktualisiert. Wir denken, daß das genutzt werden kann.

»Wir fordern die Schließung des Knastes Weiterstadt! Weiterstadt ist als Abschiebeknast konzipiert und auf verseuchtem Gelände gebaut ...« (aus einem Diskussionspapier von Gefangenen aus Stuttgart-Stammheim, September '91). Der Weiterstädter Knast steht exemplarisch dafür, wie der Staat mit dem aufbrechenden und sich zuspitzenden Widersprüchen umgeht: gegen immer mehr Menschen Knast, Knast, Knast – und er steht als Abschiebeknast für die rassistische staatliche Flüchtlingspolitik. In seiner technologischen Perfektion von Isolation und Differenzierung von gefangenen Menschen ist er Modell für Europa.

Weiterstadt war neben Berlin-Plötzensee der zweite völlig neu konzipierte Hochsicherheitsknast in der BRD. Mit Begriffen wie »Wohngruppenvollzug« wird er mit seinem Hochsicherheitstrakt für Frauen, als das »humanste Gefängnis« in der BRD dargestellt. Hinter diesem Begriff verbirgt sich jedoch ein wissenschaftlich weiterentwickeltes Konzept zur Isolierung, Differenzierung und totaler Kontrolle der Gefangenen. Es ist das Prinzip von Belohnung und Bestrafung in High-Tech-Form, das die Gefangenen zur Disziplinierung und Unterwerfung zwingen und letztlich ihre »Mitarbeit«, sich selber zu brechen, erreichen soll.

Das elektronische Überwachungssystem war wohl das teuerste und perfekteste in ganz Europa, mit dem jede Äußerung und Bewegung der Gefangenen kontrolliert werden und zur Auswertung für die psychologischen Programme benutzt werden sollte, um jede Regung von Solidarität, Freundschaft und selbstbestimmte Organisierung zerstören zu können.

»Bevor die Gefangenen auf die einzelnen Wohngruppen verteilt werden, durchlaufen sie die Einweisungsabteilung. Dort wird ein Psychiatriestab die einzelnen Gefangenen auf Anpassungsbereitschaft bzw. Widerstandswillen durchleuchten. Anhand der Ergebnisse wird die Aufteilung der Gefangenen auf die einzelnen Wohngruppen bestimmt. Die Wohngruppen sind hierarchisch gestaffelt. Angefangen von Unbeugsamen und Unkooperativen bis hin zu Anpassungswilligen. Das Ziel: eine ›Karriere‹ des Gefangenen durch Aufsteigen von der untersten (= Unangepaßtesten) in die höchste (= konformste) Wohngruppe« (aus: »Infoblatt der ›Bunten Hilfe‹ Darmstadt«).

Dazu schrieb eine der Frauen aus der Plötze, die mit einem Hungerstreik für die Abschaffung des Wohngruppenvollzugs gekämpft haben: »Die Situation ist gekennzeichnet durch ein Ausmaß an Kontrolle und Repression, wie es in seiner Totalität kaum vorstellbar ist. Die Plötze ist sowohl architektonisch wie auch personell so konzipiert, daß ein Kontakt zwischen den Frauen gar nicht zustande kommt oder aber bis ins letzte Detail registriert wird. Die Frauen werden in voneinander abgeschirmte Zwangsgemeinschaften gepfercht, in denen sie danach ausgesucht werden, wie gut sie sich anpassen und wie sie sich am hesten gegenseitig fertig machen. Die schallisolierten Zellen haben eine Gegensprechanlage, durch die die Frauen jederzeit akustisch überwacht werden können. Die Stationsgänge sind mit Kameras bestückt und der Gruppenraum, wo sich die Gefangenen in der Freizeit treffen, ist verglast – kurz, die perfekte Überwachung jeder Lebensäußerung .

Mit der Lüge vom »humansten Knast« wollte die Justiz Gefangene in anderen Knästen auf deren Verlegung nach Weiterstadt einstimmen. Jahrelang sind sie auf viele Forderungen der Gefangenen in Frankfurt-Preungesheim nicht eingegangen, mit dem Hinweis, es gäbe '93 den Weiterstädter Knast. Was aber hat beispielsweise die Forderung nach Abbau der brutalen Betonsichtblenden in Preungesheim mit Weiterstadt zu tun? Nichts. Nicht mal die Behauptung, durch Weiterstadt (wo die Überbelegung von vornherein eingeplant war) würde sich die Situation der Überbelegung für die Gefangenen in Preungesheim verändern, entspricht der Realität. Sie hat den propagandistischen Zweck, zu vertuschen, daß sie immer mehr Knäste bauen (Preungesheim soll nicht etwa geschlossen, sondern neu aufgebaut werden), mehr Haftplätze schaffen und immer mehr Menschen einsperren, was ihre Antwort auf die gesellschaftliche Entwicklung ist.

Der Bau von Knästen ist keine Lösung für die (Preungesheimer) Gefangenen. Ihre Forderungen müssen erfüllt werden – Knäste müssen abgerissen werden.

Freiheit für alle politischen Gefangenen! Freilassung aller HIV-Infizierten! Freilassung aller Flüchtlinge, die in Abschiebehaft sind!
Schließung aller Isolationstrakte! Wir grüßen alle, die in den Knästen für ihre Menschenwürde kämpfen – in Preungesheim, Santa Fu, Plötzensee, Rheinbach, Stammheim, Straubing
Solidarität mit den internationalen Gefangenenkämpfen!
Der Weg zur Befreiung führt über den sozialen Aneignungsprozeß, der Teil wird in einen neuen internationalen Kampf für die Umwälzung!
Rassismus von Staat und Nazis bekämpfen! Rassistisches Bewußtsein in der Gesellschaft im Kampf für das Soziale unter den Menschen aufheben – auch dafür brauchen wir eine Basisbewegung von unten, die von Solidarität und Gerechtigkeit, vom Kampf gegen soziale Kälte, Perspektivlosigkeit und Armut bestimmt ist!
Für eine Gesellschaft ohne Knäste!

Kommando Katharina Hammerschmidt

Die Abschiedserklärung der Roten Armee Fraktion

März 1998

Vor fast 28 Jahren, am 14. Mai 1970, entstand in einer Befreiungsaktion die RAF. Heute beenden wir dieses Projekt. Die Stadtguerilla in Form der RAF ist nun Geschichte. Wir, das sind alle, die bis zuletzt in der RAF organisiert gewesen sind. Wir tragen diesen Schritt gemeinsam. Ab jetzt sind wir – wie alle anderen aus diesem Zusammenhang – ehemalige Militante der RAF.

Wir stehen zu unserer Geschichte

Die RAF war der revolutionäre Versuch einer Minderheit – entgegen der Tendenz dieser Gesellschaft – zur Umwälzung der kapitalistischen Verhältnisse beizutragen. Wir sind froh, Teil dieses Versuchs gewesen zu sein.

Das Ende dieses Projekts zeigt, daß wir auf diesem Weg nicht durchkommen konnten. Aber es spricht nicht gegen die Notwendigkeit und Legitimation der Revolte. Die RAF ist unsere Entscheidung gewesen, uns auf die Seite derer zu stellen, die überall auf der Welt gegen Herrschaft und für Befreiung kämpfen. Für uns ist diese Entscheidung richtig gewesen.

Zusammengenommen Hunderte von Jahren Gefängnis gegen die Gefangenen aus der RAF haben uns ebensowenig auslöschen können wie alle Versuche, die Guerilla zu zerschlagen. Wir haben die Konfrontation gegen die Macht gewollt. Wir sind Subjekt gewesen, uns vor 27 Jahren für die RAF zu entscheiden. Wir sind Subjekt geblieben, sie heute in die Geschichte zu entlassen.

Das Ergebnis kritisiert uns. Aber die RAF – ebenso wie die gesamte bisherige Linke – ist nichts als ein Durchgangsstadium auf dem Weg zur Befreiung.

Nach Faschismus und Krieg hat die RAF etwas Neues in die Gesellschaft gebracht: das Moment des Bruchs mit dem System und das historische Aufblitzen von entschiedener Feindschaft gegen Verhältnisse, in denen Menschen strukturell unterworfen und ausgebeutet werden und die eine Gesellschaft hervorgebracht haben, in der sich die Menschen selbst gegeneinander stellen. Der Kampf im gesellschaftlichen Riß, den unsere Feindschaft markierte, griff einer wirklich gesellschaftlich werdenden Befreiung nur voraus: der Riß zwischen einem System – in dem der Profit das Subjekt, der Mensch das Objekt ist – und der Sehnsucht nach einem Leben ohne den Lug und Trug dieser sich sinnentleerenden Gesellschaft. Die Schnauze voll vom Bukkeln, Funktionieren, Treten und Getretenwerden. Von der Ablehnung zum Angriff, zur Befreiung.

Die RAF entstand aus der Hoffnung auf Befreiung

Mit dem Mut im Rücken, der von den Guerillas des Südens bis in die reichen Länder des Nordens ausstrahlte, entstand am Anfang der siebziger Jahre die RAF, um aus der Solidarität mit den Befreiungsbewegungen einen gemeinsamen Kampf aufzunehmen. Millionen entdeckten in den Kämpfen des Widerstands und der Befreiung rund um den Globus auch eine Chance für sich selbst. Der bewaffnete Kampf war in vielen Teilen der Welt die Hoffnung auf

Befreiung. Auch in der BRD sind es Zehntausende gewesen, die mit dem Kampf der militanten Organisationen des 2. Juni, der RZ, der RAF und später der Roten Zora solidarisch waren. Die RAF entstand als Konsequenz aus den Diskussionen Tausender, die sich in der BRD am Ende der sechziger und den beginnenden siebziger Jahren mit dem bewaffneten Kampf als Weg zur Befreiung auseinandersetzten.

Die RAF nahm den Kampf gegen einen Staat auf, der nach der Befreiung vom Nazi-Faschismus mit seiner nationalsozialistischen Vergangenheit nicht gebrochen hatte.

Der bewaffnete Kampf war die Rebellion gegen eine autoritäre Gesellschaftsform, gegen Vereinzelung und Konkurrenz. Er war die Rebellion für eine andere soziale und kulturelle Realität. Im Aufwind der weltweiten Befreiungsversuche war die Zeit reif für einen entschiedenen Kampf, der die pseudonatürliche Legitimation des Systems nicht mehr akzeptiert und dessen Überwindung ernsthaft wollte.

1975-77

Mit der Besetzung der deutschen Botschaft 1975 in Stockholm begann eine Etappe, in der die RAF alles einsetzte, um ihre Gefangenen aus den Knästen zu befreien.

Es kam die Offensive 1977, in deren Verlauf die RAF Schleyer entführte. Die RAF stellte die Machtfrage. Es begann ein radikaler und entschiedener Versuch, gegen die Macht eine offensive Position für die revolutionäre Linke durchzusetzen. Der Staat wollte genau das verhindern. Das Explosive – die Eskalation dieser Auseinandersetzung – kam aber auch aus dem Hintergrund der deutschen Geschichte: der Kontinuität des Nazi-Nachfolgestaates, auf die die RAF mit der Offensive traf.

Schleyer, während des Naziregimes Mitglied der SS, war wie viele Nazis aller gesellschaftlicher Ebenen wieder in Amt und Würden gekommen. Karrieren, die von den Nazis bis in die Regierungsämter der BRD, die Justiz, in den Polizeiapparat, in die Bundeswehr, die Medien und in die Konzernspitzen führten. Die Antisemiten, Rassisten und Völkermörder waren nicht selten die alten Täter und neuen Mächtigen.

Schleyer arbeitete im Geflecht der Nazis und des Kapitals an der Errichtung des europäischen Wirtschaftsraumes unter deutscher Vorherrschaft. Die Nazis wollten ein Europa, in dem es weder Kämpfe zwischen den IndustriearbeiterInnen und dem Kapital noch überhaupt Widerstand gegen ihr System geben sollte. Sie wollten die Aufhebung des Klassenkampfes, in dem sie die einen, die deutsch oder »germanisierbar« und als ArbeiterInnen nutzbar waren, in der »Volksgemeinschaft« einzubinden versuchten. Die anderen wurden in der Zwangsarbeit versklavt oder in den Konzentrationslagern systematisch vernichtet.

Mit der Befreiung vom Nazi- Faschismus und dem Ende der industriellen Vernichtung von Menschen durch die Nazis kam nicht die Befreiung vom Kapitalismus. Schleyer arbeitete nach '45 an denselben ökonomischen Zielen – in der modernisierten Form. Ein Modernisierungsschub kam mit dem sozialdemokratischen Modell der siebziger Jahre. Als Chef der Industrie war Schleyer immer noch im Aufbau eines Systems der Eindämmung sozialen Widerstands gegen die Bedingungen des Kapitals – z.B. durch Aussperrung – und der Einbindung durch tarifvertraglich ausgehandelte soziale Absicherung tätig. Und es ging auch jetzt um die Einbindung vor allem des deutschen Teils der Gesellschaft, die das Kapital zur verschärften Ausbeutung der ArbeitsimmigrantInnen und im Weltmaßstab zur Beherrschung und Auspressung der Menschen im Süden befähigte, was dort massenhafte Vernichtung durch Hunger bedeutete.

Die Kontinuität des Systems, die Schleyer verkörperte – in den siebziger Jahren während der Periode des sozialdemokratischen Modells – ist ein wesentliches Moment des Aufbaus und der Entwicklung der BRD.

Der absolute Zwang zur Zustimmung zu allen Maßnahmen des Krisenstabes und die Verfolgung jeder kritischen Stimme bis zum Versuch, den politischen Gegner auszulöschen – das waren die gleichen Reaktionsmuster, in denen schon die Nazis handelten.

Die Aktionen der Offensive 1977 machten deutlich, daß es in der Gesellschaft Orte gibt, die in keiner Weise vom System einzubinden und kontrollierbar sind. Nach der Ausmerzung des Widerstandes durch die Nazis, ist mit den Aktionen der Stadtguerillagruppen nach '68 ein von der Macht nicht mehr zu integrierendes Moment des Klassenkampfes in das postfaschistische Westdeutschland zurückgekehrt. Die Entführung Schleyers spitzte diesen Aspekt des Kampfes wesentlich zu. Der Staat antwortete keineswegs panisch, wie es heute oft gesagt wird. Er reagierte mit der Unterdrückung aller Äußerungen, die die Maßnahmen des Staates im Ausnahmezustand nicht voll unterstützten. Der Staat forderte die Unterordnung der gesamten Medien unter die Linie des Krisenstabs, woran diese sich zum größten Teil freiwillig hielten. Allen, die sich dem nicht unterordneten, drohte die Konfrontation mit dem System. Intellektuelle, von denen jede/r wissen konnte, daß sie nicht mit der RAF sympathisierten, aber dem staatlich verhängten Ausnahmezustand widersprachen, waren vor Hetze und Repression nicht mehr sicher. Die zum Teil wehrmachtserfahrenen Mitglieder des Krisenstabs reagierten '77 im selben Muster, wie es auch die Nazis –

wenn auch in weitaus barbarischerem Ausmaß – getan hatten, um antikapitalistische und antifaschistische Kämpfe nicht aufkommen zu lassen oder auszumerzen. Im NS-Faschismus wie auch 1977 zielte die staatliche Politik darauf ab, in der Gesellschaft keinen Raum mehr zwischen gehorchender Loyalität zum Staat im Ausnahmezustand auf der einen und Repression auf der anderen Seite zu lassen.

Nachdem sich immer deutlicher zeigte, daß der Staat Schleyer fallen lassen würde, kam es durch die Zustimmung der RAF für die Entführung eines zivilen Flugzeugs innerhalb der eigenen Offensive zu einer Guerilla-Aktion, die nur so verstanden werden konnte, als würde die RAF nicht mehr zwischen oben und unten in dieser Gesellschaft unterscheiden. Damit war im berechtigten Versuch, die Gefangenen aus der Folter zu befreien, die sozialrevolutionäre Dimension des Kampfes nicht mehr identifizierbar. Aus dem Bruch mit dem System und der Ablehnung der Verhältnisse in dieser Gesellschaft – was die Bedingung für jede revolutionäre Bewegung ist – war der Bruch mit der Gesellschaft geworden.

Von den siebziger zu den achtziger Jahren

Die RAF hatte alles in die Waagschale geworfen und eine große Niederlage erlitten. Im Kampfprozeß bis zum Ende der siebziger Jahre hatte sich herausgestellt, daß die RAF aus dem 68er Aufbruch mit nur wenigen anderen übrig geblieben war. Viele aus der 68er Bewegung hatten sich zurückgezogen und nutzten ihre Chancen zur Karriere im System.

Die RAF hatte als Teil der weltweiten antiimperialistischen Kämpfe den Befreiungskrieg in der Bundesrepublik aufgenommen. 1977 zeigte sich, daß sie weder die politische noch die militärische Kraft hatte, um die Situation auch nach der hervorgerufenen Reaktion – dem inneren Krieg – noch bestimmen zu können.

Es war berechtigt, die historische Situation am Anfang der siebziger Jahre zu nutzen und ein neues und in der Metropole unbekanntes Kapitel in der Auseinandersetzung zwischen Imperialismus und Befreiung aufzuschlagen. Die Erfahrung der Niederlage von 1977 zeigte die Grenzen des alten Konzepts Stadtguerilla der RAF auf. Es konnte nur um ein neues Befreiungskonzept gehen.

Die Frontkonzeption der achtziger Jahre war der Versuch, dies zu erreichen. Die RAF wollte neue Verbindungen und die Grundlage für einen gemeinsamen Kampf mit radikalen Teilen der seit Ende der siebziger Jahre entstandenen Widerstandsbewegungen schaffen. Doch das Front-Konzept hielt im wesentlichen an den Grundzügen des alten Projektes aus den siebziger Jahren fest. Die bewaffnete Aktion blieb das zentrale und bestimmende Moment des gesamten als Befreiungskrieg bestimmten revolutionären Prozesses.

Die antiimperialistische Front der achtziger Jahre

Am Anfang der achtziger Jahre gab es viele Kämpfe, die sich gegen menschenfeindliche Projekte des Systems richteten, aber auch Ausdruck der Suche nach freien Lebensformen waren. Ein sozialer Aufbruch, der bereits im Jetzt nach dem Anfang einer anderen gesellschaftlichen Wirklichkeit suchte.

Tausende aus den verschiedenen Bewegungen gingen in den Achtzigern gegen das auf die Straße, was auch die RAF seit '79 angreifen wollte: die Militarisierung der Politik der NATO-Staaten, die dem Westen »anderthalb« Kriege gleichzeitig ermöglichen sollte – Krieg gegen die Sowjetunion und gleichzeitig die Kriegsinterventionen gegen Befreiungsbewegungen und Revolutionen wie in Nicaragua, die einen Schritt der Befreiung von den westlichen Diktaturen erkämpft hatten.

Die RAF ging davon aus, daß sie in dieser neuen Etappe nicht alleine bleiben würde. Das Konzept war von der Hoffnung getragen, daß sich militante Teile der verschiedenen Bewegungen in die gemeinsame Front stellen würden. Doch dieses Konzept enthielt keinen Ansatz, der damit umging, daß in dieser gesellschaftlichen Situation nur die wenigsten einen Sinn des Befreiungskampfes auf dem Niveau des Krieges sahen. Der Befreiungskampf, dessen zentrales Moment das des Krieges ist, macht nur Sinn, wenn es eine Chance gibt, daß Kräfte in der Gesellschaft bereit sind, ihn aufzunehmen; wenn es eine Chance gibt, daß er sich ausweitet – und wenn es wenigstens auf den radikaleren Teil der Bewegungen ist.

Aber selbst die, die solidarisch waren – und das waren nicht wenige – haben den Kampf mit dieser Vorstellung nicht aufgenommen. Der Guerillakrieg braucht die Perspektive auf die Ausweitung auf eine neue Ebene des Kampfes. Diese für den Kampf der Guerilla existentielle Entwicklung haben wir nie erreichen können.

Die Vorstellung der RAF, die die bewaffnete Aktion zum Mittelpunkt des Kampfes bestimmte, unterbewertete die politischen und gegenkulturellen Prozesse außerhalb des politisch-militärischen Kampfes. Die Überwindung dieser strategischen Richtung, die in der Grundstruktur nicht über das Konzept der siebziger Jahre hinauskam, wäre die Vorraussetzung für ein neues revolutionäres Projekt gewesen. Die Front konnte das neue Befreiungsprojekt, das die Trennungen zwischen den Bewegungen und der Guerilla aufhob, nicht sein.

Die RAF ging in den achtziger Jahren davon aus, daß der sozialrevolutionäre Ansatz im Angriff auf die zentralen Machtstrukturen des Imperialismus enthalten sei. Mit dieser Vorstellung wurde die Politik immer abstrakter. Sie führte zur Aufspaltung von dem, was zusammengehört: Antiimperialismus und soziale Revolution. Der sozialrevolutionäre Ansatz verschwand aus Theorie und Praxis der RAF. Die auf die antiimperialistische Linie beschränkte Orientierung der antiimperialistischen Front war die Konsequenz. Die RAF ist an der sozialen Frage nicht identifizierbar gewesen. Ein Grundfehler.

Die Subsumierung jedes sozialen und politischen Inhalts unter den antiimperialistischen Angriff gegen das »Gesamtsystem« produzierte falsche Trennungen statt eines Prozesses der Einheit; und sie führte zu einer Unidentifizierbarkeit an konkreten Fragen und Inhalten des Kampfes.

Die Wirkung in die Gesellschaft blieb begrenzt, denn die Vorstellung durchzukommen, indem gesellschaftliches Bewußtsein geschaffen wird und so der Konsens zwischen Staat und Gesellschaft aufgebrochen werden kann – ein zentrales Moment jedes revolutionären Prozesses – verschwand zunehmend. Statt dessen versuchte die RAF, durch die Schärfe des Angriffs das Herrschaftsgefüge des Staates zu zerrütten. Die Priorität verschob sich zu Gunsten des militärischen Moments. Diese Gewichtung im Kampfprozeß blieb durch die ganzen achtziger Jahre hindurch erhalten und prägte unseren Kampf.

Wir führten Angriffe gegen Projekte der NATO und mit anderen Guerillagruppen Westeuropas zusammen gegen den militärisch-industriellen Komplex des Kapitals durch; es gab den Versuch von Action Directe aus Frankreich, Brigate Rosse / PCC aus Italien und uns, eine westeuropäische Guerillafront aufzubauen.

Die RAF konzentrierte sich darauf, die Angriffe – soweit es die Kräfte zuließen – gegen Nato-Projekte und seit '84 gegen die Formierung der westeuropäischen Staaten zu einem neuen Machtblock zu forcieren. Es wurde die Konzentration auf die eigene geringe Kraft und die derjenigen Militanten, die sich eng an der RAF orientierten.

Aus dem Versuch, mit anderen Gruppen des Widerstands zusammen eine gemeinsame Front aufzubauen, wurde diese mehr ein Korsett denn eine bereichernde Erweiterung. Die Front mußte wohl auch deshalb wieder auseinanderbrechen, weil zu viel Energie davon aufgesogen wurde, die »richtige« Linie zu halten. In dieser Enge konnte keine politische Dynamik entfaltet werden.

Statt eines neuen Horizonts, der sich in der Vielfalt des Widerstandes am Anfang der achtziger Jahre noch zu eröffnen schien, schnürten Starre und Enge die Politik im Laufe des Jahrzehnts zunehmend ein.

Es bestand eine große Diskrepanz zwischen der Bereitschaft der Militanten der RAF, in der Konfrontation alles zu geben und der gleichzeitigen Zaghaftigkeit, neue Ideen für den Befreiungsprozeß zu suchen. In dieser Hinsicht wurde wenig riskiert.

In dieser Zeit – das Konzept der achtziger Jahre war wenige Jahre alt – gab es auch eine Entwicklung auf unserer Seite, die von einer manchmal mit demonstrativ kalter Konsequenz betriebenen Politik geprägt war, die dann tatsächlich nicht mehr war als »Politik-Machen« – zu weit entfernt von allem, was Befreiung ist.

Es war dennoch eine Zeit, in der die RAF und die Gefangenen aus der RAF durch alle Härten und Niederlagen hindurch mit ihrer Entschiedenheit zeigten, daß sie im Gang der Geschichte unkorrumpierbar geblieben waren und darauf bestanden, die Verhältnisse gegen den Willen der Macht verändern zu wollen. Das machte auch anderen Hoffnung und zog viele an, denn der Kampf um Kollektivität und Zusammenhalt stand gegen die Vereinzelung und Einsamkeit in der Gesellschaft. Im Kampf der Gefangenen gegen die Isolation und für ihr Zusammensein, in ihrem Kampf für Würde und Freiheit, war etwas enthalten, wonach sich auch viele andere sehnten, und womit sich viele identifizieren konnten. Die Konsequenz und Kompromißlosigkeit der RAF und der Gefangenen gegen die Macht stand gegen jeden Versuch der Herrschenden, die Kämpfe für ein anderes Leben niederzumachen.

Wir, die wir uns zum großen Teil erst spät in der RAF organisierten, ...

... sind in der Hoffnung hierhergekommen, unseren Kampf in den sich verändernden Bedingungen nach den weltweiten Umbrüchen neu einbringen zu können. Wir suchten nach Veränderungen für den Befreiungskampf, nach einem neuen Weg, auf dem wir uns mit anderen würden verbinden können. Und wir meinten, in denen etwas wiederzuerkennen, die diesen Kampf vor uns aufgenommen hatten, gestorben sind oder in den Knästen waren.

Auf uns hatte der Kampf in der Illegalität eine große Anziehungskraft gehabt. Wir wollten unsere Grenzen durchbrechen und frei sein von allem, was uns im System hält.

Der bewaffnete Kampf in der Illegalität war für uns nicht mehr das einzig Mögliche und Notwendige des Befreiungsprozesses. Trotzdem wollten wir gerade angesichts der Krise der Linken überall auf der Welt die Stadtguerilla als Möglichkeit und die Illegalität als ein Terrain des Befreiungsprozesses weiterentwickeln. Aber wir sahen damals, daß das allein nicht ausreichen würde. Auch die Guerilla würde sich verändern müssen.

Unsere Hoffnung war eine neue Verbindung der Guerilla und anderer Orte des Widerstands in der Gesellschaft. Dafür suchten wir nach einem neuen Entwurf, in dem die Kämpfe von den Stadtteilen bis zur Guerilla würden zusammenstehen können.

Es war uns wichtig, nach dem Zusammenbruch der DDR unseren Kampf in ein Verhältnis zur neuentstandenen gesellschaftlichen Situation zu bringen.

Wir wollten unsere Schritte in Beziehung zu allen denen setzen, deren Träume mit dem Ende der DDR und ihrer Übernahme in die BRD untergegangen waren. Sei es, weil sie erkennen mußten, daß der Realsozialismus nicht wirklich Befreiung geschaffen hatte. Oder andere, die manchmal schon zu Zeiten der DDR in Opposition zum Realsozialismus waren, und davon geträumt hatten, etwas jenseits von Realsozialismus und Kapitalismus erreichen zu können.

Die meisten von denen, die in der DDR gelebt hatten und 1989 den Anschluß an die BRD gefordert hatten, erahnten die neue depressive gesellschaftliche Situation, die sie mit hervorgerufen hatten, und den massenweisen Entzug sozialer Sicherheiten damals noch nicht. Wir wollten in dieser für alle unbekannten historischen Situation zwischen denen, die in der Konfrontation mit dem BRD-Staat um Befreiung kämpften und anderen, die in der damals nicht mehr existierenden DDR mit der rassistischen und insgesamt reaktionären Entwicklung längst unglücklich waren, einen Bezug herstellen. Wir wollten das Feld weder der Resignation noch der Rechten überlassen.

Später sahen wir, daß der Dimension des Umbruchs nur ein neues und internationalistisches Befreiungsprojekt gerecht werden kann, dem die neue Realität aus Ost und West zu Grunde liegt. Die RAF mit der Verwurzelung allein in der Widerstandsgeschichte der alten BRD konnte dem nicht gerecht werden.

Der Versuch, die RAF noch in den Neunzigern neu einzubinden, war ein unrealistisches Vorhaben.

Wir wollten eine Transformation der aus der 68er Bewegung entstandenen Konzeption zu einem neuen sozialrevolutionären und internationalistischen Konzept der Neunziger. Es war eine Zeit, in der wir nach Neuem suchten, aber – behaftet von den Dogmen der vorangegangenen Jahre – nicht radikal genug über das Alte hinausgingen.

Und so machten wir den Fehler, den alle von uns nach '77 machten: Wir überschätzten das Halten der Kontinuität unserer Konzeption für den Kampf. Aber grundsätzlich besteht die Gefahr, den bewaffneten Kampf zu diskreditieren, wenn er aufrechterhalten wird, ohne daß geklärt ist, wie er den revolutionären Prozeß spürbar voranbringt und zur Stärkung des Befreiungskampfes führt. Damit verantwortlich umzugehen, ist wichtig, denn sonst ist der bewaffnete Kampf nachhaltig diskreditiert – auch für eine andere Situation, in der er wieder gebraucht wird.

Die Krise, in der die Linke der achtziger Jahre an ihre Grenzen kam und sich bereits in Auflösung befand, machte unseren Versuch, die RAF in ein neues Projekt einzubinden, zu einer unrealistischen Sache.

Wir waren viel zu spät – auch dafür, um die RAF nach einem Prozeß der Reflektion zu transformieren.

Kritik und Selbstkritik haben ja nicht das Ziel, etwas zu beenden, sondern etwas weiterzuentwickeln. Das Ende der RAF ist letztlich keine Folge unseres Prozesses der (Selbst-)Kritik und Reflektion, sondern es ist notwendig, weil die Konzeption der RAF nicht das enthält, woraus jetzt etwas Neues entstehen kann.

Wenn wir diesen Abschnitt unserer Geschichte heute in den gesamten historischen Prozeß einordnen, dann ist aus diesem Versuch, die RAF wieder in einen stärkeren politischen Prozeß zurückzubringen, in erster Linie die Verlängerung von etwas geworden, was sich längst die Perspektive eines abgeschlossenen Projektes verdient hatte.

Wir mußten erkennen, daß aus dem alten Aufbruch vor allem die Kampfform geblieben war. Ein neuer Sinn, der eine Perspektive jenseits von Arbeitsgesellschaft und menschenfeindlicher, profitorientierter Ökonomie eröffnet, der dann die Grundlage des Befreiungskampfes der Zukunft sein kann und viele wird zusammenbringen können, existierte faßbar noch nicht.

Nach unserer Niederlage von 1993 wußten wir, daß wir nicht alles einfach genauso weitermachen können, wie wir es mit dem Einschnitt in unserem Kampf 1992 begonnen hatten. Wir waren uns sicher, daß wir unsere Ziele richtig bestimmt, jedoch schwere taktische Fehler gemacht hatten. Wir wollten noch einmal mit denen, die noch in den Knästen waren, alles zusammen durchdenken und gemeinsam eine neue Etappe beginnen.

Doch am Ende zeigte sich in der für uns schmerzlichen Spaltung eines Teils der Gefangenen von uns, in der wir zu Feinden erklärt waren, daß die Entstehungsbedingungen der RAF – Solidarität und Kampf um Kollektivität – bereits vollständig verraucht waren.

Unser Prozeß der eigenen Befreiung ...

... ist uns wichtig gewesen und hat dennoch immer wieder stagniert. Wir wollten Kollektivität genauso wie die gemeinsame Überwindung jeglicher Entfremdung. Aber der Widerspruch zwischen Krieg und Befreiung ist bei uns oft verdrängt und weggeredet worden. Auch der revolutionäre Krieg produziert Entfremdungen und Autoritätsstrukturen, was Befreiung widerspricht. Damit umzugehen, so daß es sich nicht als Struktur festsetzt, ist nur möglich, wenn es ein Bewußtsein darüber gibt. Ansonsten verselbständigen sich neue Autoritätsstrukturen und Verhärtungen – sowohl in der Politik als auch in den Verhältnissen. Das zeigte sich unter anderem in den oft wechselseitig hierarchischen Strukturen der Front der achtziger Jahre und in den autoritären Zügen der Spaltung des Jahres '93. Und es zeigt sich in der Rückkehr zur Verbürgerlichung der Wahrnehmung und des Denkens, was in der Geschichte der RAF dahin führte, daß zu viele, die hier kämpften, die Berechtigung des gesamten Aufbruchs nicht mehr sehen können.

Es war ein strategischer Fehler, neben der illegalen, bewaffneten keine politisch-soziale Organisation aufzubauen.

In keiner Phase unserer Geschichte ist eine über den politisch-militärischen Kampf hinausgehende politische Organisierung verwirklicht worden. Das Konzept der RAF kannte letztlich nur den bewaffneten Kampf – mit dem politisch-militärischen Angriff im Zentrum.

In den grundlegenden Erklärungen der RAF bis Mitte der siebziger Jahre war diese wichtige Frage noch nicht geklärt, was kaum anders hätte sein können. Es gab in der Metropole kaum und in der BRD überhaupt keine Erfahrungen mit der Stadtguerilla. Es war notwendig, vieles erst herauszufinden und sich praktisch als richtig oder falsch erweisen zu lassen. Trotzdem gab es eine Richtung an der entscheidenden Frage, ob das Befreiungsprojekt von einer illegalen Organisation für den bewaffneten Kampf ausgefüllt werden kann – oder aber, ob der Aufbau der Guerilla Hand in Hand gehen muß mit dem Aufbau von politischen Strukturen, die in Basisprozessen wachsen können. Unsere gefangenen GenossInnen schrieben dazu im Januar 1976, daß der bewaffnete Kampf aus der Illegalität die einzige Möglichkeit zu praktisch-kritischer Tätigkeit im Imperialismus sei[1].

Auch das Konzept vom Mai 1982 hielt trotz aller Widersprüchlichkeiten und obwohl es ein Versuch war, einen neuen politischen Zusammenhang mit anderen zu finden, an dieser fehlerhaften Vorstellung fest. Denn auch dieses Konzept brach nicht mit der Zentralität des bewaffneten Kampfes in der Metropole. Die politischen Aktivitäten, die aus dem Frontprozeß kamen, erstreckten sich meist auf die Vermittlung des Angriffs innerhalb der Strukturen der radikalen Linken.

Das Ausbleiben einer politischen Organisierung über mehr als zwanzig Jahre hinweg hatte zu jeder Zeit einen insgesamt schwachen politischen Prozeß zum Ergebnis. Die Überschätzung der Wirkung politisch-militärischer Aktionen in der Metropole der letzten Jahrzehnte ist für dieses Konzept Vorraussetzung gewesen.

Die RAF setzte ihre Strategie des bewaffneten Kampfes in den verschiedenen Phasen unterschiedlich um und kam dabei zu keinem Zeitpunkt in das Stadium, in dem der militante Angriff dahin kommt, wo er hingehört: zur taktischen Option einer umfassenden Befreiungsstrategie.

Diese Schwäche hat auch dazu beigetragen, daß unsere Organisation am Ende der über mehr als zwei jahrzehntelangen Etappe nicht mehr transformiert werden konnte. Die Voraussetzungen, um den Schwerpunkt des

Kampfes auf die politische Ebene zu heben – wie wir es 1992 wollten – waren nicht vorhanden. Aber das war letztlich auch nur eine Folge des zu Grunde liegenden strategischen Fehlers.

Die ausbleibende politisch-soziale Organisierung ist ein entscheidender Fehler der RAF gewesen. Es ist nicht der einzige, aber ein wichtiger Grund, weshalb die RAF kein stärkeres Befreiungsprojekt aufbauen konnte und letztlich die entscheidende Vorraussetzung fehlte, im Aufbau einer nach Befreiung suchenden und kämpfenden Gegenbewegung einen stärkeren Einfluß auf die gesellschaftliche Entwicklung zu nehmen. Fehler des Konzepts wie dieser, der die RAF in ihrer gesamten Zeit begleitete, zeigen, daß das Konzept der RAF in den Befreiungsprozessen der Zukunft keine Gültigkeit mehr haben kann.

Das Ende der RAF fällt in eine Zeit, in der die ganze Welt mit den Folgen des Neoliberalismus konfrontiert ist.

Der internationale Kampf gegen Vertreibung, gegen Ausgrenzung und für eine gerechte und grundsätzlich andere soziale Realität steht gegen die gesamte Entwicklung des Kapitalismus.

Die globalen und innergesellschaftlichen Verhältnisse verschärfen sich in der Turbulenz der historischen Entwicklung nach dem Ende des Realsozialismus immer weiter. Trotzdem besteht kein Widerspruch, unser Projekt zu beenden und weiterhin die Notwendigkeit zu sehen, daß alles getan werden muß, was sinnvoll und möglich ist, damit eine Welt jenseits des Kapitalismus entstehen kann, in der die Emanzipation der Menschheit Wirklichkeit werden kann.

Angesichts der verheerenden Folgen des Zusammenbruchs des Realsozialismus weltweit und der Massenverarmung für Millionen Menschen in der ehemaligen Sowjetunion ist es zu wenig, heute allein von Chancen zu reden, die sich aus dem Ende des Realsozialismus ergeben. Trotzdem sehen wir, daß wirkliche Befreiung im realsozialistischen Modell nicht möglich war. Aus den antiemanzipatorischen Erfahrungen mit den autoritären und staatsbürokratischen Konzepten des Realsozialismus sind die Konsequenzen für die zukünftigen Wege der Befreiung noch zu ziehen.

Mit dem Zusammenbruch des Realsozialismus ist die Systemkonkurrenz weggefallen, womit für die Akteure des kapitalistischen Systems auch die Notwendigkeit entfallen ist, ihr System als das »bessere« erscheinen zu lassen. Mit dem Wegfall dieses ideologischen Kapital-Hemmnisses ist ein Prozeß der globalen Entfesselung des Kapitals eingetreten: die ganze Menschheit soll den Kapitalbedürfnissen unterworfen werden. Der Neoliberalismus ist die ideologische und ökonomische Grundlage, für einen weltweiten Optimierungsschub der Verwertung von Mensch und Natur für das Kapital. Die Systemvertreter nennen das »Reformschub« oder »Modernisierung«.

Es ist mehr als deutlich, daß die gegenwärtige Entwicklungsstufe des Systems für den überwältigenden Teil der Menschheit weitere soziale und existenzielle Härten bringt. Für die Mehrheit auf der Welt bedeutet Neoliberalismus eine neue Dimension der Bedrohung ihres Lebens.

Im Kampf um politische Hegemonie und ökonomische Macht halten nur die Ökonomien mit, deren Kapazitäten zunehmend zu Gunsten des blanken Profits der Konzerne und eines immer kleiner werdenden Teils der Gesellschaft aufgebracht werden. Die Rückwirkungen dieses Systemlaufs führen zu tiefgreifenden Veränderungen innerhalb der Gesellschaften. Und dazu, daß die zunehmende Verarmung und die daraus kommende Brutalisierung eine weitere Entfesselung von Krieg und Barbarei hervorbringt. Wenn es ihre ökonomischen und politischen Interessen berührt, werden die reichen Staaten jederzeit in solche Konflikte ihrerseits mit Krieg eingreifen, um weiterhin den »uneingeschränkten Zugriff auf die Rohstoffe« der Erde sicherzustellen und um ihren Machtanspruch durchzusetzen. Ihnen wird es nie um tatsächliche Lösungen für die Menschen gehen, sondern nur darum, die Zerstörung, die ihr System in Gang setzt, zu kontrollieren und Profite für wenige daraus abzuschöpfen.

Es ist kein Widerspruch, sondern entspricht vollkommen der Logik des Systems, daß wir in dieser Phase überall auf der Welt die Krisen der politischen Systeme und das Auseinanderbrechen der Gesellschaften bis hin zur Verarmung größerer Teile der bislang weitgehend von materiellem Elend verschont gebliebenen Metropolenmassen erleben, und gleichzeitig die transnationalen Konzerne mächtiger sind denn je und größere Gewinne abzocken als jemals zuvor.

Paradoxerweise scheint die erfolgreiche Gewinnmaximierung des Kapitals mit dem dadurch hervorgerufenen Zerfallsprozeß der Gesellschaften den Kapitalismus an seine Grenzen zu treiben. Mit dieser Entwicklung droht zunächst vor allem ein weiteres Voranschreiten der Barbarei. Aus der Eigendynamik der Systementwicklung wird sich dieser negative Prozeß immer weiter fortsetzen, bis es eine Befreiungsvorstellung gibt, aus der neue Kraft für die Überwindung des Systems entsteht. Aber auch heute gibt es nicht nur die Niederlagen der historischen Linken und die Gewalt der weltgesellschaftlichen Verhältnisse, sondern auch die Lunte der aufständischen Bewegungen, die von der Erfahrung der weltweiten Widerstandsgeschichte ausgehen können.

In dieser globalen Entwicklung setzt der Kapitalismus auch in den Metropolen immer weniger auf die Möglichkeit, sich dort die weitgehende Ruhe mit »Sozialstaatssystemen« zu erkaufen. Statt dessen werden immer größere Teile der Gesellschaft ausgegrenzt, die im Produktionsprozeß nicht mehr benötigt werden. »Weltmacht« und »Sozialstaat« passen nicht mehr unter einen Hut. An die Stelle der alten »Sozialstaaten« wird beispielsweise in Europa unter der politischen und ökonomischen Hegemonie der BRD und mit der BRD als rassistischem Frontstaat ein ganzer Kontinent zum Polizeistaat gemacht.

Polizei und Militär gegen die dem Elend, Krieg und Unterdrückung Entfliehenden. Abschiebungen in Krieg und Folter. Eine Gesellschaft voller Knäste. Rausschmiß aus den Konsumzentren von Obdachlosen, Jugendlichen und allen, die der Biederkeit von Stammtisch und Bourgeoisie widersprechen, durch Polizei und Sicherheitsdienste. Die Wiedereinführung geschlossener Heime als Kinder-Knäste. Der Versuch der totalen Kontrolle von Flüchtlingen durch Chipcards in naher und anderer sozialer Gruppen in weiterer Zukunft. Knüppel und Gewehr gegen die abzusehenden Revolten der an den Rand Gedrängten. Ausgrenzung, Verfolgung und Vertreibung. Und selbst die totale Bemächtigung des Menschen durch seine gentechnologische Produktion kann nicht mehr ausgeschlossen werden.

Auch Ausgrenzung und Verfolgung durch die soziale Abstumpfung innerhalb der Gesellschaft ist hier und anderswo alltäglich. Rassismus von unten bedroht das Leben von Millionen, was in Deutschland die mörderische Markanz der historischen Kontinuität dieser Gesellschaft in sich trägt. Ausgrenzung von Behinderten von oben und Aggression gegen sie von unten zeigen eine Gesellschaft in ihrer alltäglichen Brutalität. Nur der Effizienz des ökonomischen Systems nicht widersprechende Menschen sind gewollt und alles, was kapitalisierbar ist. Etwas anderes, was jenseits der kapitalistischen Gesellschaft liegt, soll keinen Platz haben. Die vielen, die hier nicht mehr leben können und es nicht mehr wollen – und es sind viele, die ihrem Leben selbst ein Ende setzen – sprechen Tag für Tag von der Sinnleere im System und der Härte in der Gesellschaft.

Die Vermarktung des Menschen und die Gewalt in den Wohnstuben der Gesellschaft, auf ihren Straßen, ist die Gewalt der Unterdrückung, ist die soziale Kälte gegen den Anderen, die Andere, es ist die Gewalt gegen Frauen – das alles ist Ausdruck patriarchaler und rassistischer Verhältnisse.

Die RAF stand immer im Widerspruch zu den Bewußtseinsmentalitäten eines Großteils dieser Gesellschaft. Das ist ein notwendiges Moment des Befreiungsprozesses, denn nicht nur die Verhältnisse sind reaktionär, sondern die Verhältnisse produzieren das Reaktionäre in den Menschen, das ihre Fähigkeit zur Befreiung immer wieder neu unterdrückt. Ohne Zweifel ist es existenziell, Rassismus und jeglicher Form von Unterdrückung entschieden entgegenzutreten und sie zu bekämpfen. Befreiungsentwürfe der Zukunft werden sich aber auch daran messen lassen müssen, einen Schlüssel zu dem reaktionär eingeschlossenen Bewußtsein zu finden und das Bedürfnis nach Emanzipation und Befreiung zu wecken.

Die Realität der Welt zeigt heute, daß es besser gewesen wäre, der weltweite Aufbruch, aus dem auch die RAF kam, wäre durchgekommen.

Der weltweite Aufbruch, aus dem auch die RAF kam, ist nicht durchgekommen, was bedeutet, daß die zerstörerische und ungerechte Entwicklung bis jetzt noch nicht umgedreht werden konnte.

Schwerer als Fehler, die wir gemacht haben, wiegt für uns, daß wir noch keine ausreichenden Antworten auf diese Entwicklung sehen. Die RAF kommt aus dem Aufbruch der letzten Jahrzehnte, der die Entwicklung des Systems zwar nicht genau hat vorhersagen können, doch die Bedrohung, die in ihr liegt, erahnt hat. Wir wußten, daß dieses System weltweit immer weniger Menschen eine Möglichkeit für ein Leben in Würde lassen wird. Und wir wußten, daß dieses System den totalen Zugriff auf die Menschen will, so daß diese sich den Werten des Systems selbst unterwerfen und sie zu den eigenen machen. Aus dieser Ahnung kam unsere Radikalität. Für uns gab es mit diesem System nichts zu verlieren.

Unser Kampf – die Gewalt, mit der wir uns gegen die Verhältnisse stellten – hat eine schwierige, eine schwerwiegende Seite. Auch der Befreiungskrieg hat seine Schatten. Menschen in ihrer Funktion für das System anzugreifen, ist für alle Revolutionäre auf der Welt ein Widerspruch zu ihrem Denken und Fühlen – zu ihrer Vorstellung von Befreiung. Auch wenn es im Befreiungsprozeß Phasen gibt, in denen das als etwas Notwendiges gesehen wird, weil es diejenigen gibt, die die Ungerechtigkeit und die Unterdrückung wollen und die Macht, die sie oder andere haben, verteidigen. Revolutionäre sehnen sich nach einer Welt, in der niemand darüber entscheidet, wer ein Recht auf Leben hat und wer es nicht hat. Trotzdem hat die Aufregung über unsere Gewalt auch irrationale Züge. Denn der tatsächliche Terror besteht im Normalzustand des ökonomischen Systems.

Die RAF ist die Antwort für die Befreiung noch nicht gewesen – vielleicht ein Aspekt von ihr.

Auch wenn heute noch so viele Fragen offen sind, sind wir uns sicher, daß aus der Befreiungsidee der Zukunft nur dann der Kern freier Verhältnisse entstehen kann, wenn sie die tatsächliche Vielfalt in sich trägt, an denen die Verhältnisse umgeworfen werden müssen. »Die richtige Linie«, die Aspekte des Lebens außer acht läßt, weil sie dafür nicht effizient zu sein scheinen, ist ebenso unbrauchbar wie die Suche nach dem revolutionären Subjekt. Das Befreiungsprojekt der Zukunft kennt viele Subjekte und eine Vielfalt von Aspekten und Inhalten, was mit Beliebigkeit nichts zu tun haben muß. Wir brauchen eine neue Vorstellung, in der die vielleicht unterschiedlichsten einzelnen oder soziale Gruppen Subjekte sein können, und die sie trotzdem zusammenbringt. Insofern kann das Befreiungsprojekt der Zukunft in keinem der alten Konzepte der BRD-Linken seit '68 – weder in dem der RAF noch in anderen – gefunden werden. Die Freude, ein umfassendes, ein antiautoritäres und dennoch verbindlich organisiertes Projekt der Befreiung aufzubauen, liegt noch unverbraucht und vor allem noch wenig versucht vor uns.

Wir sehen, daß es auch in diesem Teil der Welt überall diejenigen gibt, die versuchen, Wege aus der Sackgasse zu finden.

Uns machen auch die Hoffnung, die überall bis in die abgelegensten Winkel dieses Landes – wo die kulturelle Hegemonie der faschistischen Rechten heute keine Seltenheit ist – den Mut haben, sich gegen Rassismus und Neonazis zusammenzutun, sich und andere zu verteidigen und kämpfen.

Es ist notwendig zu sehen, daß wir uns in einer Sackgasse befinden, um Wege aus ihr heraus zu finden. Da kann es auch völlig richtig sein, etwas, was man theoretisch auch weiterführen könnte, loszulassen.

Unsere Entscheidung etwas zu beenden, ist Ausdruck der Suche nach neuen Antworten. Wir wissen, daß uns diese Suche mit vielen auf der ganzen Welt verbindet.

Es wird noch viele Diskussionen geben, bis alle Erfahrungen zusammen ein realistisches und reflektiertes Bild der Geschichte ergeben.

Wir wollen Teil der gemeinsamen Befreiung sein. Wir wollen an unseren eigenen Prozessen etwas wiedererkennbar machen und von anderen lernen.

Auch das schließt alte Konzeptionen von Avantgarden, die die Kämpfe führen, aus. Wenn auch »Avantgarde« seit vielen Jahren nichts mehr mit unserem Verständnis vom Kampf zu tun hatte, so läßt die alte Konzeption der RAF die tatsächliche Aufhebung davon nicht zu. Auch deswegen können wir dieses Konzept loslassen.

Die Guerillas der Metropolen haben den Krieg, den die imperialistischen Staaten außerhalb der Zentren der Macht führen, in das Herz der Bestie zurückgetragen.

Trotz allem, was wir besser anders gemacht hätten, ist es grundsätzlich richtig gewesen, sich gegen die Verhältnisse in der BRD zu stellen und zu versuchen, die Kontinuitäten der deutschen Geschichte mit Widerstand zu durchkreuzen. Wir wollten dem revolutionären Kampf auch in der Metropole eine Chance eröffnen.

Die RAF hat auf einem gesellschaftlichen Terrain den Kampf aufgenommen und mehr als zwei Jahrzehnte zu entwickeln versucht, das historisch von wenig Widerstand und dem Ausbleiben einer Bewegung gegen den Faschismus dafür umsomehr von einer zu Faschismus und Barbarei loyalen

Bevölkerung geprägt war. Die Befreiung vom Faschismus mußte anders als in anderen Ländern von außen kommen. Einen selbstbestimmten Bruch »von unten« mit dem Faschismus gab es hier nicht. Es sind in diesem Land wenige gewesen, die sich gegen den Faschismus stellten; zu wenige, die die Spur der Menschlichkeit legten. Sie, die im jüdischen, im kommunistischen und in welchem antifaschistischen Widerstand auch immer kämpften, sind uns wichtig gewesen. Und das werden sie immer sein. Sie waren die wenigen Lichtblicke in der Geschichte dieses Landes, seitdem der Faschismus '33 begonnen hatte, alles Soziale in dieser Gesellschaft abzutöten.

Im Gegensatz zu ihnen hat der Trend dieser Gesellschaft so gut wie immer akzeptiert, was die Mächtigen sagen; die Autorität bestimmt, was legitim ist. In der sozialen Zerstörung dieser Gesellschaft, die eine Voraussetzung für den Völkermord der Nazis war, ist bis heute die Gleichgültigkeit gegen den/die andere/n ein wesentliches Moment.

Die RAF hat nach dem Nazi-Faschismus mit diesen deutschen Traditionen gebrochen und ihnen jegliche Zustimmung entzogen. Sie kam aus dem Aufbruch dagegen. Sie hat nicht nur diese nationalen und gesellschaftlichen Kontinuitäten abgelehnt, sondern an die Stelle dieser Negation einen internationalistischen Kampf gesetzt, dessen Praxis den deutschen Staat und die Herrschaftsverhältnisse in der Bundesrepublik ebenso ablehnte und angriff wie auch Militärstrukturen ihrer Nato-Verbündeten. Überall auf der Welt versuchte dieses Bündnis, in dessen Hierarchie der US-Staat die treibende Kraft und die unangefochtene Führung war, die sozialen Rebellionen und die Befreiungsbewegungen mit Militärs und Krieg niederzuschlagen. Die Guerillas der Metropolen haben den Krieg, den sie außerhalb der Zentren der Macht führten, in das Herz der Bestie zurückgetragen.

Wir haben gewalttätige Verhältnisse mit der Gewalt der Revolte beantwortet.

Es ist uns nicht möglich, auf eine glatte und fehlerlose Geschichte zurückzublicken.

Aber wir haben etwas versucht und dabei viele von den Herrschenden gesetzte und von der bürgerlichen Gesellschaft verinnerlichten Grenzen überschritten.

Die RAF konnte keinen Weg zur Befreiung aufzeigen. Aber sie hat mehr als zwei Jahrzehnte dazu beigetragen, daß es den Gedanken an Befreiung heute gibt. Die Systemfrage zu stellen, war und ist legitim, solange es Herrschaft und Unterdrückung an Stelle von Freiheit, Emanzipation und Würde für alle auf der Welt gibt.

Aus dem Kampf der RAF sind immer noch neun frühere Militante im Gefängnis. Wenn auch der Kampf um Befreiung noch lange nicht vorbei ist, so ist diese Auseinandersetzung historisch geworden. Wir unterstützen alle Bemühungen, die dazu führen, daß die Gefangenen aus dieser Auseinandersetzung aufrecht aus dem Knast rauskommen.

Wir möchten in diesem Moment unserer Geschichte alle grüßen und ihnen danken, von denen wir auf dem Weg der letzten 28 Jahre Solidarität bekommen haben, die uns in verschiedenster Weise unterstützt haben, und die von ihrer Grundlage aus mit uns zusammen gekämpft haben. Die RAF hat entschieden zum Kampf um Befreiung beitragen wollen. Diese revolutionäre Intervention in diesem Land und in dieser Geschichte hätte es nie geben können, wenn nicht viele, die sich nicht selbst in der RAF organisierten, etwas von sich in diesen Kampf gegeben hätten.

Hinter uns allen liegt ein gemeinsamer Weg. Wir wünschen uns, daß wir uns alle auf den unbekannten und verschlungenen Pfaden der Befreiung zusammen mit vielen anderen wiederfinden.

Wir denken an alle, die überall auf der Welt im Kampf gegen Herrschaft und für Befreiung gestorben sind. Die Ziele, für die sie sich einsetzten, sind die Ziele von heute und morgen – bis alle Verhältnisse umgeworfen sind, in denen der Mensch ein erniedrigtes, ein geknechtetes, ein verlassenes, ein verächtliches Wesen ist. Ihr Tod ist schmerzlich, aber niemals umsonst. Sie leben in den Kämpfen und der Befreiung der Zukunft weiter.

Wir werden die GenossInnen der palästinensischen Befreiungsfront PFLP nie vergessen, die im Herbst 1977 in internationaler Solidarität beim Versuch, die politischen Gefangenen zu befreien, ihr Leben ließen.[2]

Wir wollen heute besonders an alle erinnern, die sich hier dafür entschieden, im bewaffneten Kampf alles zu geben und in ihm gestorben sind.

Unsere Erinnerung und unsere ganze Achtung gilt denen, deren Namen wir nicht nennen können, weil wir sie nicht kennen, und

Petra Schelm, Georg von Rauch, Thomas Weißbecker, Holger Meins, Katharina Hammerschmidt[3], Ulrich Wessel, Siegfried Hausner, Werner Sauber[4], Brigitte Kuhlmann, Wilfried Böse[5], Ulrike Meinhof, Jan-Carl Raspe, Gudrun Ensslin, Andreas Baader, Ingrid Schubert[6], Willi-Peter Stoll[7], Michael Knoll[8], Elisabeth van Dyck[9], Juliane Plambeck, Wolfgang Beer, Sigurd Debus, Johannes Timme[10], Jürg Peemöller, Ina Siepmann[11], Gerd Albartus[12], Wolfgang Grams

Die Revolution sagt: ich war ich bin ich werde sein

Rote Armee Fraktion

Anmerkungen

Schuldige Opfer?

1 Um nur eine recht zufällige Auswahl zu nennen: Harold Pinter, Die USA, das gefährliche Tier, Ossietzky, 23.2.2002; Noam Chomsky, Die Kanonen haben sich gedreht, taz 20.9.2001; Ulrich Wickert, New York ist nicht Ruanda, max 20.9.2001; Tariq Ali, Krieg der Kulturen?, 27.10.2000, Goethe-Forum München; Saskia Sassen, Unentrinnbare Fallen für die reichen Länder, in: Haug (Hg.), Angriff auf die Freiheit?, Grafenau 2001; Norman Paech, Spirale des Terrors, ND 6.10.2001. Einige dezidiert linke Gruppen haben die Positionen zum Teil noch etwas drastischer präsentiert. Ein Beispiel dafür ist die libertäre Zeitschrift »Wildcat«, die in einer Stellungnahme vom 26.9.2001 über die Anschläge schreibt: »Sie sind sowohl als Ausdruck der globalen Barbarei als auch Reaktion auf die Brutalität und Unmenschlichkeit, die weltweit mit der kapitalistischen Ordnung verbunden sind, zu verstehen. Und in diesem Sinne sind sie auch überall auf der Welt verstanden worden. Deswegen ist es letztlich nicht mehr wichtig, wer tatsächlich diese Anschläge verübt hat und mit welchen Motiven (falls wir es jemals erfahren werden). Durch dieses Verständnis und die folgenden Reaktionen sind die Angriffe objektiv und von allen Seiten zu einem Ausdruck des ›Nord-Süd-Gegensatzes‹ auf der Welt gemacht worden, der sich in den letzten zwanzig Jahren auch ganz materiell enorm verschärft hat. Der Anschlag hat der Brutalität, zu der Menschen fähig sind, keine neue Ebene, noch nicht mal einen neuen Ort hinzugefügt: die Vereinigten Staaten von Amerika, die Durchsetzung des Kapitalismus in diesem Teil der Welt, hat von Beginn an Krieg bedeutet: Abschlachtung der indianischen Urbevölkerung, Sklaverei, Bürgerkrieg, Krieg um Texas usw. Eigentlich ist das größere Wunder nicht die Tatsache, daß die Weltmacht Nummer Eins mit papiermesserbewaffneter Entschlossenheit überrumpelt worden ist, sondern daß so etwas nicht schon viel früher passiert ist – nach all dem Unheil und dem Terror, mit denen die Unterdrückung und Ausbeutung der Welt durch den amerikanischen Staat und seine Truppen durchgesetzt, organisiert und verteidigt worden ist.«

2 Arundhati Roy, Die Algebra der grenzenlosen Gerechtigkeit, in: Haug (Hg.), Angriff auf die Freiheit?, Grafenau, 2001. Die FAZ hat den Artikel unter dem Titel »Wut ist der Schlüssel« am 28. 9. 2001 auf Deutsch veröffentlicht.

3 Jean Baudrillard, Abwesenheit von Politik – Der Geist des Terrorismus, Süddeutsche Zeitung 12.11.2001. Veröffentlicht auch in: H. Hoffmann, W. F. Schoeller (Hg.), Wendepunkt 11. September 2001 – Terror, Islam und Demokratie, Köln 2001.

4 Allerdings spricht vieles dafür, daß es tatsächlich Gefolgsleute Bin Ladens waren oder islamistische Terroristen anderer Provenienz. Vor allem die Tatsache, daß es sich um Selbstmord-Attentate handelt, ist ein starkes Indiz dafür. Aber auch, daß es von dieser Seite starke Zustimmung und keinerlei Dementi gegeben hat. Selbst wenn man die von den USA bislang vorgelegten Beweismittel für nur begrenzt aussagefähig hält, fragt man sich, welchen Grund die Taliban, Al Qaida oder Bin Laden gehabt haben sollten zu leugnen, daß sie für die Anschläge verantwortlich sind, wenn sie sie nicht zu verantworten haben: Es ließe sich kaum eine wirkungsvollere Möglichkeit vorstellen, die USA in der Weltöffentlichkeit bloßzustellen, als wenn ihr auch nur halbwegs plausibel hätte nachgewiesen werden können, daß z.B. ihre Geheimdienste selbst über 3000 Landsleute ermordet hätten, um es anderen zuschreiben zu können.

5 Jean Baudrillard, »Das ist der vierte Weltkrieg«, Spiegel Online 15. Januar 2002, 10:26 Uhr.

6 Der Manichäismus hat auch eine strikt gegen das Judentum gewendete Seite: Wähernd die Manichäer die Evangelien vom Christentum übernommen haben, wurde das Alte Testament völlig abgelehnt.

7 Eine Ausnahme ist vor allem die baskische ETA, die mittlerweile aber eine rein nationalistische Terrorgruppe geworden ist. Welche Bedeutung das plötzliche Wiederauftauchen der Roten Brigaden in Italien hat, läßt sich derzeit nicht sagen.

8 Das Papier »Gerd Albartus ist tot« wurde in konkret 2/1992 dokumentiert und ist im Internet unter www.tolmein.de aufzufinden.

9 Das Kommando »Martyr Halimeh« hatte die Lufthansa-Maschine mit Urlaubern aus Mallorca entführt, um so den Forderungen der RAF, die den Arbeitgeberpräsidenten Schleyer entführt hatte, Nachdruck zu verleihen. Die Entführung der Urlaubermaschine hatte bis weit in die deutsche antiimperialistische Linke scharfe Kritik hervorgerufen, weil sie den Unterschied, den die RAF stets machen wollte, auch wenn er so leicht kaum zu machen ist, wie sich in den Anschlägen zeigte, zwischen einem Kampf gegen die Herrschenden und einem Kampf gegen die Gesellschaft verwischte. Zu diesem Zeitpunkt war die Distanz zwischen weiten Teilen der legalen Linken und der RAF aber ohnedies schon kaum mehr zu überbrücken.

10 Ein Beispiel für diese Auseinandersetzungen liefert Hermann L. Gremlizas Kolumne »Der Feind des Feindes: ein Feind« (konkret 1/2002) und die

Auseinandersetzung zwischen konkret Autoren »KONKRET im Krieg« (konkret 3/2002).

11 Aus »Wir wollen eine offene Diskussion unter allen, die hier um Veränderung kämpfen«.

12 Die Überlegungen der RAF damals erläutert Irmgard Möller in: Oliver Tolmein »RAF – das war für uns Befreiung«, Hamburg 1997, S. 55.

13 Aus: Erich Fried, und Vietnam und, Berlin 1984 (1. Auflage 1966).

14 Denn auch wenn es grausam ist und ein schweres Verbrechen darstellt, im Zuge eines Krieges die zivile Bevölkerung, also auch Kinder, mit Napalmbomben anzugreifen und dabei zu verbrennen, ist es doch nicht gleichzusetzen mit der systematischen Selektion und Vernichtung der Juden in Deutschland und Europa. Diese erfolgt auch, anders als die US-amerikanischen Kriegsverbrechen, nicht um Territorien oder Einflußsphären zu sichern, also Kriegsziele zu erreichen, sie war selbst ein wesentliches Ziel des Krieges.

15 Der Name des »Schwarzen September« geht auf ein Massaker zurück, das jordanische Truppen im September 1970 auf Anweisung König Husseins anrichteten, als sie die nach dem Sechs-Tage-Krieg 1967 nach Jordanien geflüchteten Palästinenser aus dem Land vertrieben, weil sie zu einer Gefahr für die Monarchie geworden waren.

16 Der »Spiegel« behauptet in seiner Ausgabe vom 8.10.2001, das Kommando hätte auch die Freilassung der beiden »RAF-Führungskader Ulrike Meinhof und Andreas Baader« gefordert. Diese Forderung ist in den dokumentierten Erklärungen des »Schwarzen September« zur Olympia-Geiselnahme nicht enthalten. Vgl. Gilbert Mury, Schwarzer September, Berlin 1974. Der »Spiegel« belegt die angebliche Forderung auch nicht. Allerdings hat der »Schwarze September« etwa ein halbes Jahr später in Khartum, anläßlich der Geiselnahme von fünf Diplomaten aus den USA, Belgien, Jordanien und Saudi-Arabien, u.a. gefordert: »Die Freilassung der Baader-Meinhof-Gruppe wegen ihrer Unterstützung der palästinensischen Sache in Westdeutschland.« Bei dieser Geiselnahme wurden drei Geiseln »hingerichtet«. Das Kommando erklärte nach dem Abbruch der Aktion: »Wir greifen die an, die über drei Feinde der arabischen Nation Tränen vergießen, nachdem sie sich in der Vergangenheit um die Verfolgungen unseres Volkes nicht gekümmert haben.«

17 Ob die Geiseln alle durch Handgranaten des »Schwarzen September«-Kommandos starben oder auch durch Schüsse der deutschen Scharfschützen, ist bis heute nicht aufgeklärt. Die Akten wurden von den deutschen Behörden vernichtet. Ein Schadenersatzverfahren, das Angehörige der israelischen Sportler gegen die Bundesrepublik angestrengt hatten, blieb schließlich erfolglos.

18 Alle Zitate nach: Gilbert Mury, Schwarzer September – Analysen, Aktionen und Dokumente, Berlin 1974.

19 Stern, Nr. 39/1972

20 Oskar Negt hatte auf der Konferenz »Zum Beispiel Angela Davis« im Juni 1972 in Frankfurt nach der Mai-Offensive die Linke zur Entsolidarisierung mit der RAF aufgerufen und dafür plädiert, RAF-Mitglieder nicht zu unterstützen, sondern anzuzeigen. Wenig später wurde Ulrike Meinhof, nach der gefahndet wurde, deswegen von ihrem Quartiergeber an die Polizei verraten und verhaftet.

21 Vergleiche dazu die eingehende Auseinandersetzung mit der staatlichen Selbstmord-These in Oliver Tolmein, »RAF – das war für uns Befreiung«. Ein Gespräch mit Irmgard Möller über bewaffneten Kampf, Knast und die Linke, Hamburg 1997.

22 Ausführlicher dazu: Oliver Tolmein/Detlef zum Winkel, nix gerafft – Zehn Jahre Deutscher Herbst und der Konservativismus der Linken, Hamburg 1987

23 Den Anschlag auf die US-Air-Base und die Ermordung des GIs Edward Pimental wertet die RAF selbst im nachhinein als Ausnahme und schweren Fehler, wenngleich aus anderen Gründen.

24 Beachtlich und für die intellektuelle Lauterkeit des Textes bezeichnend ist, wie hier wahllos Politiker, die der RAF mißliebig erschienen, mit Hitler gleichgesetzt werden, während zwei Sätze zuvor noch der »Hussein/Hitler-Vergleich« als fieser »propagandistischer Dreh der Herrschenden« attackiert wurde.

25 Auch damit steht die RAF allerdings keineswegs allein, siehe Oliver Tolmein/Detlef zum Winkel, »Herr P. und die Bombe«, Hamburg 1991, S. 50f.

26 Das »Mercado« wurde schließlich so über den Gräbern gebaut, daß die Totenruhe nicht beeinträchtigt werden mußte. Die Menschen aus »unserem Viertel« gehen dort mittlerweile auch in großer Zahl einkaufen.

27 Die Häuser in der Hafenstraße in Hamburg waren 1981 besetzt worden. Bundesweit kamen sie in die Schlagzeilen, weil der Hamburger Verfassungsschutz mehrfach mit der Behauptung, die RAF würde von der Hafenstaße aus gesteuert, Stimmung gegen das linksradikale Projekt machte. In der Linken kam es 1987 zu einer scharfen Kontroverse über ein Wandgemälde, mit dem die Bewohner der Hafenstraße Passanten aufforderten: »Boykottiert Israel – Waren, Kibbuzim und Strände«, das Assoziationen an »Kauft nicht bei Juden«-Parolen weckte.

Feindstrafrecht und Krieg

1 Zitiert nach Ulf G. Stuberger (Hg.), »In der Strafsache gegen Andreas Baa-

der, Ulrike Meinhof, Jan Carl Raspe, Gudrun Ensslin wegen Mordes u.a.« – Dokumente aus dem Prozeß, Frankfurt a.M. 1977. Der Antrag Azzolas wird auch in längeren Auszügen dokumentiert in Pieter Bakker Schut, Stammheim – Der Prozeß gegen die Rote Armee Fraktion, Bonn 1997.

2 Diese Entwicklung hat sich bis heute fortgesetzt: Auch Nicht-Regierungsorganisationen, sogenannte NGOs, haben heute im internationalen Recht bestimmte Befugnisse, selbst Individuen können in Einzelfällen auf internationaler Ebene mit einem eigenen Status als Völkerrechtssubjekt agieren. Im einzelnen dazu: Oliver Tolmein, Welt Macht Recht, Hamburg 2001.

3 Als bewaffneter Konflikt im Sinn der Genfer Abkommen sollten ganz allgemein »Kämpfe, die von den Völkern zur Ausübung ihres Selbstbestimmungsrechts geführt werden«, gewertet werden.

4 Allerdings wurden auch der für die Ausgestaltung der Haftbedingungen zuständige Ermittlungsrichter am BGH und das Gebäude des Axel Springer-Verlages Ziel von Sprengstoffanschlägen.

5 Vgl. dazu Fußnote 4 im 1. Kapitel. Allerdings sind die Anforderungen an eine rechtlich relevante Zuweisung von Schuld höher als für die politische Zuschreibung von Verantwortung.

6 Eine detaillierte Analyse der Anschläge unter völkerrechtlichen Gesichtspunkten liefert Markus Krajewski, Terroranschläge in den USA und Krieg gegen Afghanistan – Welche Antworten gibt das Völkerrecht, Kritische Justiz , 4/2001.

7 Auch aus der Perspektive des Internationalen Strafrechts, wie es derzeit kodifiziert wird, können die Anschläge als Verbrechen gegen die Menschlichkeit, wie sie in Artikel 7 des Statuts des Ständigen Internationalen Strafgerichtshofs (ICC) festgeschrieben sind, verstanden werden. Da der ICC zum Zeitpunkt der Tat nicht existierte und er seinem Statut zufolge nur Jurisdiktion für Taten hat, die nach seinem Entstehen begangen werden, wäre die Einrichtung eines Ad-hoc-Tribunals vorstellbar. Allerdings können die Anschläge auch einfach als Verstöße gegen US-Strafrecht gesehen und verfolgt werden.

8 Es ist auch wichtig, darauf hinzuweisen, daß die USA selbst die beiden Zusatzprotokolle zu den Genfer Abkommen gar nicht ratifiziert haben.

9 Der Begriff des Söldners ist in Artikel 47 Absatz 2 des 1. Zusatzprotokolls definiert. Söldner ist, bei dem sechs Merkmale auszumachen sind, zu denen beispielsweise persönliches Gewinnstreben und die ungleich bessere Entlohnung als die der Angehörigen regulärer Streitkräfte gehören.

10 Die Gefangenen aus der RAF waren in dieser Zeit nicht verurteilt, befanden sich also in Untersuchungshaft, die sich nach den Regeln der Straf-

prozeßordnung richtet und die gegenüber Strafgefangenen mehr Vergünstigungen zuläßt, weil für Menschen in Untersuchungshaft die Unschuldsvermutung gilt, die also ohnedies nur aus Gründen der Verfahrenssicherung in Haft genommen werden dürfen. § 119 StPO sieht ausdrücklich vor, daß Untersuchungsgefangene auf eigenen Wunsch mit anderen Untersuchungsgefangenen in einer Zelle untergebracht werden können.

11 Am 4. Januar 1973 forderte die Bundesanwaltschaft den Gefängnispsychiater Dr. Götte auf zu prüfen, ob Ulrike Meinhof »zur Vorbereitung eines Gutachtens über ihren Geisteszustand in eine öffentliche Heil- und Pflegeanstalt gebracht werden« müsse. Nach ersten öffentlichen Protesten wurde der Direktor des Instituts für gerichtliche Psychologie an der Universitätsklinik Homburg/Saar zur Erstellung eines fachpsychiatrischen Gutachtens aufgefordert. Der Ermittlungsrichter am Bundesgerichtshof Knoblich erließ im Juli 1973 den Beschluß, daß bei Ulrike Meinhof auch gegen ihren Willen Röntgenaufnahmen des Schädels und eine Szintigraphie (dabei werden radioaktive Stoffe injiziert und aus der Abstrahlung Gewebeveränderungen abgelesen) des Gehirns, gegebenenfalls unter Anwendung von Zwang und unter Narkose, durchgeführt werden sollten. Auch die Hinzuziehung eines Neurochirurgen wurde vorbereitet. In den Medien hatte das Vorgehen der Bundesanwaltschaft den erwünschten Effekt: Es wurde über den Geisteszustand Meinhofs, der fälschlich nachgesagt wurde, sie litte an einem Hirntumor, spekuliert. Massiver Protest, vor allem von Ärzten, führten dazu, daß das Psychiatrisierungsprojekt fallengelassen wurde – aber die Instrumente waren damit gezeigt worden.

12 Zit. nach Pieter Bakker Schut, Stammheim, S. 101.

13 Die Vorschrift lautet: »Dem Verhafteten dürfen nur solche Beschränkungen auferlegt werden, die der Zweck der Untersuchungshaft oder die Ordnung in der Vollzugsanstalt erfordert.«

14 Eine ausführliche Darstellung und Würdigung des Deutschen Herbstes findet sich in: Oliver Tolmein/Detlef zum Winkel, nix gerafft – Der Deutsche Herbst und der Konservativismus der Linken, Hamburg 1987.

15 Ulrike Meinhof wurde am 9. Mai 1976 tot in ihrer Zelle aufgefunden. Die offizielle Version, die bereits vor der Obduktion verbreitete wurde, besagte, Meinhof hätte die starken Spannungen in der Gefangenengruppe nicht ertragen und sich daher zum Selbstmord entschlossen. Gegen diese Version sprechen viele Indizien, die eine internationale Untersuchungskommission in den Monaten nach Meinhofs Tod zusammengetragen hat. Der Bericht wurde veröffentlicht, stieß aber in Deutschland auf wenig Interesse. Siehe: Der Tod Ulrike Meinhofs, Bericht der internationalen Untersuchungskommission, Tübingen 1979.

16 Die Notstandsgesetze waren Ende der sechziger Jahre gegen den vehementen Widerstand der Gewerkschaften und der Studentenbewegung beschlossen worden. Sie regelten u.a. den Einsatz der Bundeswehr im Inneren und die Einrichtung eines Notparlaments in Krisenzeiten.

17 1985 wurde geregelt, daß Gefangenen in der Kontaktsperre eine »Kontaktperson« durch den zuständigen Landgerichtspräsidenten beizuordnen ist. Der Verteidiger kann allerdings nicht Kontaktperson sein.

18 Ausführlich sind sie im Gespräch mit Irmgard Möller, der einzigen Überlebenden dieser Nacht, nachzulesen, das mit dem Titel »RAF – das war für uns Befreiung« veröffentlicht wurde. Noch ausführlicher, allerdings weniger aktuell ist Karl-Heinz Weidenhammer, Selbstmord oder Mord? Todesermittlungsverfahren Baader, Ensslin, Raspe, Kiel 1988.

19 Wobei insbesondere die Ad-hoc-Tribunale für das frühere Jugoslawien und für Ruanda, ICTY und ICTR, in vielerlei Hinsicht im Sinne der hier diskutierten Militarisierung der Justiz problematisch sind, weil sie ebenfalls in großem Umfang mit Militär kooperieren, Öffentlichkeit ausschließen und einen politischen Auftrag haben. Vgl dazu Oliver Tolmein, Strafrecht als Instrument zur Schaffung von Frieden: Das Beispiel des ICTY, in: Hasse, Müller, Schneider, Humanitäres Völkerrecht – Politische, rechtliche und strafgerichtliche Dimension, Baden-Baden 2001.

20 NYT, 21.3.2002

21 Winfried Brugger, Vom unbedingten Verbot der Folter zum bedingten Recht auf Folter?, JZ 4/2000

22 Die förmlichen strafprozessualen Rechte, zu denen eine Vielzahl von Beweis- und Beweiserhebungsverboten gehören, stehen allerdings in deutlichem Kontrast zu materiellen Regelungen in vielen Bundesstaaten, die insbesondere die Ausgestaltung der Strafen betreffen: Das gilt vor allem für die in weiten Teilen der USA zulässige Todesstrafe, aber auch Regelungen wie das in Kalifornien übliche »Three Strike Out«, das für Wiederholungstäter auch bei geringfügigen Delikten lebenslange Haft vorsieht.

23 Angeklagt wurde bislang der sogenannte »20. Mann«, der beschuldigt wird, an der Verschwörung des 11. September teilgenommen zu haben. Er wurde aber einen Monat vor den Attentaten festgenommen. Der »20. Mann« ist französischer Staatsbürger. Das Verfahren gegen ihn, in dem die Staatsanwaltschaft die Todesstrafe beantragen will, soll vor einem Gericht im Bundesstaat Virginia eröffnet werden. Auch der »Schuhbomber«, der nach dem 11. September ein Flugzeug besteigen wollte und der in seinen Sohlen Sprengstoff mit sich trug, wird vor einem zivilen Gericht angeklagt werden.

25 Daß die Behörden einzelner Bundesstaaten sich geweigert haben, solche Festnahmen auf Anweisung des US-Generalstaatsanwaltes zu vollziehen,

zeigt zum einen, daß auch in diesem Bereich zumindest vereinzelt ein ausgeprägtes rechtsstaatliches Bewußtsein existiert, hebt aber gleichzeitig den Charakter des Zufälligen und Willkürlichen hervor, der rechtsstaatlichen Prinzipien strikt zuwiderläuft.

26 Hier sind vor allem Gerichtsentscheidungen zu erwähnen, die den umfassenden Einsatz von E-Mail-Überwachungsmaßnahmen und von Software-Lösungen erlauben, die alle Tastatur-Anschläge auf einem Computer aufzeichnen und die so die Entschlüsselung aller Paßwörter erlauben.

27 Das hat seinen Grund allerdings auch in einer Strafrechtsentwicklung, die insgesamt mit der kontintentaleuropäischen schlecht zu vergleichen ist, weil einerseits prozessuale Grundsätze hier vielfach weitaus strikter Anwendung finden und umgesetzt werden, andererseits die Strafzwecke vergleichsweise archaisch auf Vergeltung hin orientiert sind und mit der Todesstrafe ein Instrumentarium die Justizwirklichkeit prägt, das in Europa nicht mehr seinesgleichen hat.

Dem Volk dienen

1 Das Zitat stammt aus einer »Dem Volke dienen« überschriebenen Rede, die Mao Tse-tung am 8. September 1944 auf einer Trauerfeier für Dschang Si-dö gehalten hat. Dschang Si-dö hatte am Langen Marsch teilgenommen und starb bei einem Unfall.

2 Petra Schelm war 20 Jahre alt, als sie am 15. Juli 1971 von der Polizei erschossen wurde, nachdem sie versucht hatte, ihrer Festnahme zu entkommen. Die gelernte Friseurin war das erste Mitglied der RAF, das erschossen wurde. Kurz nach ihrem Tod veröffentlichte das Allensbacher Meinungsforschungsinstitut die Ergebnisse einer Umfrage unter etwa 1000 Bundesbürgern. Jeder vierte Befragte unter dreißig gab an, »gewisse Sympathien für die Rote Armee Fraktion« zu haben. Fünf Prozent der Befragten wollten sogar gesuchten RAF-Mitgliedern für eine Nacht Unterschlupf gewähren. Georg von Rauch war Mitglied der Bewegung 2. Juni und wurde am 4. Dezember 1971 bei seiner Festnahme im Rahmen einer Großfahndung gegen die RAF erschossen. Während Michael Baumann, der gleichzeitig mit von Rauch festgenommen wurde, aber entkommen konnte, später behauptete, von Rauch habe selbst geschossen, sprechen viele Fakten, die im Zuge eines Verfahrens gegen den Verleger Klaus Wagenbach, der behauptet hatte von Rauch sei ermordet worden, zu Tage traten gegen diese Version. Sehr informativ ist das von Heinrich Böll, Erich Fried, Otto Schily u. a. 1976 herausgegebene Buch »Die Erschießung des Georg von Rauch«, das im Internet unter http://www.contramotion.com/about/gvr/gvr-buch76.pdf heruntergeladen werden kann.

Thomas Weisbecker, der in Augsburg wochenlang observiert worden war, wurde am 2. März 1972 in Augsburg von einem polizeilichen Sonderkommando aus zwei Metern Entfernung mit einem gezielten Herzschuß getötet. Carmen Roll, die ihn begleitete, wurde kurz darauf festgenommen.

3 Beim Besuch des Schahs am 2. Juni 1967 in West-Berlin waren über 2000 Demonstranten auf die Straße gegangen. Im Verlauf der heftigen Auseinandersetzungen zwischen Polizei und sogenannten Jubelpersern auf der einen und Schah-Gegnern auf der anderen Seite wurde der Germanistik-Student Benno Ohnesorg von einem Polizisten erschossen.

4 Gemeint ist Generalbundesanwalt Ludwig Martin, der im Zweiten Weltkrieg bei der Reichsanwaltschaft tätig war.

5 Als »Nürnberger Gesetze« werden das »Reichsbürgergesetz« und vor allem das »Gesetz zum Schutz des deutschen Blutes und der deutschen Ehre« vom 15. September 1935 bezeichnet. Diese beiden Gesetze legten fest, daß nur »Staatsangehörige deutschen oder artverwandten Blutes« als Reichsbürger politische Rechte beanspruchen können. In ihnen waren auch neue Straftatbestände normiert. So wurde die Eheschließung zwischen Juden und Staatsangehörigen »deutschen oder artverwandten Blutes« verboten und mit Zuchthausstrafe bedroht.

6 Amit Abbas Howeida war iranischer Ministerpräsident von 1965 bis 1977. Nach der Revolution wurde er 1979 hingerichtet.

7 Gemeint ist der sogenannte »Radikalenerlaß«: Am 28. Januar 1972 beschlossen die Regierungschefs des Bundes und der Länder neue Richtlinien zum Beamtengesetz, die zu Berufsverboten führten. Infolge der »Grundsätze über die Mitgliedschaft von Beamten in extremistischen Organisationen« von Bund und Ländern fanden insgesamt 3,5 Millionen Regelanfragen an die Verfassungsschutzämter statt. In etwa 10.000 Fällen kam es wegen verfassungsfeindlicher Aktivitäten oder Zugehörigkeit zu einer verfassungsfeindlichen Organisation zu Nichteinstellungen von Bewerbern, 130 Beamte wurden entlassen. Gegen den Radikalenerlaß richtete sich vielfältige Kritik, 1979 fand ein Russell-Tribunal gegen die sogenannten »Berufsverbote«-Praxis statt.

8 Ernest Mandel, 1923 in Frankfurt a. M. geboren, in Belgien aufgewachsen, kämpfte als Jude im Widerstand gegen die Nazis, wurde verhaftet und in einem Arbeitslager interniert. Nach dem Zweiten Weltkrieg machte er sich als marxistischer Ökonom einen Namen. 1970/71 lehrte er als Gastdozent am Otto-Suhr-Institut der FU Westberlin, wurde 1972 dort als einziger Kandidat für eine ordentliche Professur vorgeschlagen, aber vom Westberliner Senat abgelehnt. Ende Februar 1972 wurde ihm die Einreise in die BRD verweigert, das Einreiseverbot wurde erst 1978 wieder aufgehoben. Mandel starb 1995.

9 Die IG Farben wurde 1925 als Zusammenschluß von Agfa, BASF, Bayer, Hoechst und einigen kleineren deutschen Chemiefirmen gegründet. Die IG Farben war der größte Einzel-Finanzier der NSDAP; sie befürwortete ausdrücklich deren Kriegspläne und schuf mit ihren Hitler persönlich gemachten Zusicherungen für die Lieferung von Treibstoff, Munition etc. überhaupt erst die Möglichkeit für die Nazis, einen internationalen Krieg loszubrechen. Mit Zyklon B, produziert von der Degesch, an der IG Farben maßgeblich beteiligt war, wurden Millionen Menschen umgebracht. Nach dem Zweiten Weltkrieg wurde ein Kriegsverbrecherprozeß gegen führende Mitarbeiter der IG Farben durchgeführt und 1948 mit vergleichsweise milden Urteilen abgeschlossen.

10 Walter Scheel (FDP) war von 1969 bis 1974 Außenminister der sozialliberalen Koalition. Von 1974 bis 1979 war er Bundespräsident.

11 Die Phrix-Werke A.G. waren zwischen den beiden Weltkriegen gegründet worden. Sie hatten Niederlassungen in mehreren Städten des Bundesgebiets. 1970 erfolgte die Übernahme durch die BASF, 1971 wurden mehrere Werke endgültig geschlossen. Der Liedermacher Dieter Süverkrüp hatte für die 1971 veröffentlichte Platte »Rote Fahnen sieht man besser« ein »Phrix-Lied« geschrieben.

12 1970 wurde ein Sofortprogramm zur Verbrechensbekämpfung aufgelegt, 1972 folgte das Schwerpunktprogramm Innere Sicherheit. Außerdem wurden in dieser Zeit das Verfassungsschutz-Gesetz, das BKA-Gesetz und das BGS-Gesetz überarbeitet. So konnten Aufgaben zentralisiert und auf den Bund verlagert, Ermittlungs- und Eingriffsbefugnisse vor allem der Bundesbehörden ausgebaut werden. Außerdem wurden die Sicherheitsdienste personell aufgestockt und erhielten spezialisierte Elite-Einheiten, wie die Sicherungsgruppe Bonn und später die GSG 9.

13 Gerhard Löwenthal war Fernsehjournalist. Er moderierte und leitete von 1968 bis 1988 das »ZDF-Magazin«, das als konservatives Gegenstück zu den linksliberalen Magazinen der ARD wie »Panorama« und »Monitor« verstanden wurde. In den späten neunziger Jahren trat er als Autor der rechtsextremen »Jungen Freiheit« hervor.

14 Am 13. August 1961 wurde in Ost-Berlin die Mauer als »antifaschistischer Schutzwall« errichtet, die vor allem das Ziel hatte, die Abwanderung von Facharbeitern und sonstigen qualifizierten Spezialisten in den Westen zu verhindern und für die DDR eine Möglichkeit zu schaffen, sich durch Abschottung gegen den Westen ökonomisch zu stabilisieren. Das restriktive Grenzregime und der Schießbefehl hatten zur Folge, daß an der Mauer bei einigen tausend Fluchtversuchen über 200 Menschen erschossen wurden.

15 Hans-Dietrich Genscher (FDP) war von 1969 bis 1974 Bundesinnenminister und von 1974 bis 1992 Außenminister und Vizekanzler – erst der sozialliberalen (bis 1982), dann der konservativ-liberalen Koalition. Er betrieb 1982 maßgeblich den Koalitionswechsel. 1998 verabschiedete er sich aus dem Bundestag.

16 Die Parole »Dem Volke dienen« spielte in der großen proletarischen Kulturrevolution eine bedeutende Rolle, z. B. bei den Kampagnen für Barfußärzte oder »Mittelschüler aufs Land«. In der BRD und Westberlin griffen 1969/70 verschiedene revolutionäre Studentenorganisationen die Parole auf, um die Hinwendung der Studenten zur Arbeiterklasse zu propagieren. So nannte der KSV, die Studentenorganisation der KPD/AO, seine Zeitung »Dem Volke dienen«. Sie verbanden mit der Parole Vorstellungen von »Ausbildung im Dienste des Volkes« u. ä.: »Ärzte, die Arbeiter wirklich gesund machen«, Juristen, die »dem Proletarier vor Gericht helfen«, Ingenieure, Chemiker und Naturwissenschaftler, die »unermüdlich an der Erfindung von arbeitserleichternden Verbesserungen der Maschinen arbeiten, für die Entwicklung von einfachen und haltbaren Produkten eintreten«, Lehrer, »die auf jedes einzelne Kind und seine Fähigkeiten ... eingehen« (KSV).

17 Carlos Marighella, 1911 geboren, wurde 1952 Mitglied des ZK der KP Brasiliens. Nach einem Putsch des Militärs 1964 ging die KP in den Untergrund. Marighella wurde 1967 wegen ideologischer Differenzen aus dem ZK entfernt. Im Februar 1968 gründete er die Stadtguerilla-Gruppe ALN und kämpfte zusammen mit anderen Guerilla-Organisationen. Sein Minihandbuch des Stadtguerilleros wurde in zwanzig Sprachen übersetzt. Marighella wurde am 30. November 1969 in einen Hinterhalt gelockt und von der Polizei erschossen. Erst 1985 wurde in Brasilien wieder ein ziviler Präsident gewählt.

18 Luc Jochimsen ist Fernsehjournalistin. Sie arbeitete Ende der 60er Jahre als freie Autorin, war später Redakteurin bei »Panorama« und wurde 1994 Chefredakteurin des Hessischen Rundfunks/Fernsehen (bis 2001).

19 Im »Ahlener Programm«, dem ersten Bundesprogramm der 1945 gegründeten CDU, werden kapitalismuskritische Töne angeschlagen. Darin wird auch die Vergesellschaftung von Schlüsselindustrien gefordert, gleichzeitig aber jeder Form staatlicher Lenkung und damit sozialistischen Positionen eine scharfe Absage erteilt.

20 Erhard Eppler (SPD) war von 1968 bis 1974 Bundesminister für wirtschaftliche Zusammenarbeit und gehörte zum linken Flügel der SPD. Er war in der Ökologie- und Friedensbewegung aktiv, in den achtziger Jahren Präsident des Deutschen Kirchentages und langjähriges Mitglied der SPD-Grundwertekommission.

21 Gerhard Schröder (CDU) war von 1953 bis 1961 Bundesinnenminister, von 1961 bis 1966 Außenminister und von 1966 bis 1969 Verteidigungsminister. 1969 bis 1980 saß er dem Bundestagsausschuß für Auswärtige Angelegenheiten vor. Er war engagierter Fürsprecher des Europäisierungsprozesses.

22 Das Sozialistische Patientenkollektiv wurde 1970 vom Assistenzarzt Dr. Wolfgang Huber in Heidelberg gegründet. Vom SPK wurden die krankmachenden gesellschaftlichen Bedingungen thematisiert. Hier hatte die Parole »Aus der Krankheit eine Waffe machen« ihren Ursprung. Ein Teil der etwa 500 Mitglieder des SPK ging nach der Zerschlagung der Gruppe und der Anklage gegen den angeblichen »inneren Kern« wegen Bildung einer »kriminellen Vereinigung« (§129 StGB) in die Illegalität und schloß sich der RAF an.

23 Herbert Wehner war ab 1927 Mitglied der KPD und enger Mitarbeiter Ernst Thälmanns. Nach 1933 gehörte er der illegalen KPD an und arbeitete für den Nachrichtendienst der Kommunistischen Internationale (Komintern). Er wurde wegen angeblicher Zusammenarbeit mit dem britischen Geheimdienst aus der KPD ausgeschlossen und trat 1945 der SPD bei. In der Großen Koalition war er Minister für gesamtdeutsche Fragen. Von 1969 bis 1983 war er Vorsitzender der SPD-Bundestagsfraktion. Er hatte in der Partei großen Einfluß auf die Strategiebildung und setzte sich engagiert für die Westbindung der BRD ein. Wehner starb 1990.

24 Gustav Heinemann war im »Dritten Reich« Mitglied der oppositionellen Bekennenden Kirche. Nach dem Krieg war er Bundesinnenminister im ersten Kabinett Adenauer, trat aber wegen der Wiederbewaffnung Deutschlands als engagierter Pazifist zurück. 1966 wurde er, mittlerweile SPD-Mitglied, Bundesjustizminister und 1969 Bundespräsident. Heinemann starb 1976.

25 Diether Posser (SPD) war Rechtsanwalt. Als Strafverteidiger übernahm er in den 50er und 60er Jahren etliche Mandate von kriminalisierten Kommunisten. Von 1972 bis 1978 amtierte er als Justizminister in NRW und galt als engagierter Verfechter von Bürgerrechten.

26 Horst Mahler war bekannter Anwalt von Apo-Aktiven. Er gehörte zu den Mitbegründern der RAF, wurde im Oktober 1970 verhaftet und wurde von Otto Schily verteidigt. Nach seiner Verurteilung schloß er sich bald der KPD/ML an. Anläßlich der Entführung des Berliner CDU-Vorsitzenden Peter Lorenz distanzierte er sich vom bewaffneten Kampf, indem er sich weigerte, sich ausfliegen zu lassen. Ab 1978 übernahm der damalige Juso-Vorsitzende und Rechtsanwalt Gerhard Schröder sein Mandat. 1980 diskutierte Mahler öffentlich mit dem damaligen Bundesinnenminister Gerhart Baum (FDP) über die Entwicklung der RAF und die Reaktionen

des Staates. Bald darauf wurde Mahler entlassen. Er wandte sich im Zuge der deutschen Wiedervereinigung rechtsextremen Kreisen zu, wurde schließlich Mitglied der NPD und vertritt sie im aktuellen Verbotsverfahren vor dem Bundesverfassungsgericht.

27 Brigitte Asdonk war RAF-Mitglied. Sie wurde am 8. Oktober 1970 in Berlin zusammen mit Horst Mahler, Ingrid Schubert, Monika Berberich und Irene Goergens verhaftet. 1982 wurde sie aus der Haft entlassen. Asdonk wurde nach ihrer Verhaftung mehrere Monate in einer Zelle isoliert, um Aussagen über andere RAF-Mitglieder zu erzwingen und die Kontaktaufnahme mit anderen Gefangenen zu verhindern.

28 Unter Beteiligung deutscher Firmen wie Siemens, AEG und der Hoch Tief AG wurde 1969 in Mosambik am Sambesi mit dem Bau eines großen Staudammes zur Elektrizitätserzeugung begonnen. Das Projekt wurde von internationalistischen linken Gruppen abgelehnt, weil es nur den wirtschaftlichen Interessen der Kolonialmacht Portugal (damals von einer Junta regiert) und des benachbarten Apartheidregimes Südafrikas sowie der beteiligten deutschen Konzerne diene. Die Bereitstellung von Krediten in Höhe von 250 Mio. DM aus Deutschland und die Absicherung der deutschen Konzerne durch Hermesbürgschaften empörten die Kritiker besonders. Heute ist der Staudamm eine wesentliche Ursache für die jährlichen großen Flutkatastrophen, die insbesondere die Kleinbauern der Region erheblich schädigen.

29 Molotowcocktailveranstaltung: Vorbereitung zu einem Hearing gegen Springer, das für den Februar 1968 geplant war, wegen der Eskalation der Ereignisse jedoch fallengelassen wurde. In einer Vorbereitungsveranstaltung wurde ein u. a. von dem späteren RAF-Mitglied Holger Meins gedrehter Film gezeigt, in dem über die Herstellung von Molotowcocktails berichtet wurde. Meins wurde nach der Mai-Offensive im Juni 1972 verhaftet und starb 1974 im Verlauf eines Hungerstreiks, nachdem ihm systematisch zu wenig Kalorien zugeführt worden waren und ihm in der so entstandenen lebensbedrohlichen Situation keine ärztliche Hilfe geleistet wurde.

30 Heinrich Böll, Literaturnobelpreisträger von 1972, setzte sich kritisch mit Nachkriegsdeutschland auseinander. Er wurde in der konservativen Presse als einer der »geistigen Ziehväter des Terrorismus« denunziert, obwohl er die RAF scharf kritisierte. Im Zuge der Fahndungen nach RAF-Mitgliedern wurde 1972 auch sein Haus durchsucht. In »Die verlorene Ehre der Katharina Blum« kritisierte er die Medienhetze gegen die RAF und ihre tatsächlichen und vermeintlichen Sympathisanten. Böll starb 1987.

31 Kim Il Sung, koreanischer Kommunist, emigrierte während der japa-

nischen Herrschaft nach China und kämpfte gegen die Japaner. Er war seit 1972 Staatspräsident Nordkoreas und starb 1994.

32 Damit wandte sich die RAF gegen die in den bundesdeutschen K-Gruppen damals weit verbreitete Orientierung an Lenins Modell der Bolschewiki.

33 Fidel Castro, Rechtsanwalt, der 1956 mit einer Gruppe Guerilleros aus dem Exil in den USA nach Kuba zurückkehrte und dort den Diktator Batista stürzte. Ernesto Che Guevara war Mitstreiter Castros und unterstütze nach der Revolution Guerilla-Gruppen in Afrika und Südamerika. 1967 wurde er beim Aufbau einer Guerilla-Gruppe in Bolivien von Regierungstruppen getötet. Vo Nguyen Giap war Mitbegründer der Vietminh, die gegen die französische Kolonialmacht in Indochina kämpfte, ab 1954 Verteidigungsminister von Nordvietnam.

34 Attika: Gefängnis in den USA. Am 13. September 1971 besetzten 1500 Gefangene, hauptsächlich Schwarze und Puertoricaner, das Zuchthaus. Sie stellten Forderungen zur Verbesserung der Haftbedingungen auf. Nach drei Tagen stürmten 1700 Nationalgardisten und Polizisten das besetzte Gefängnis. Sie töteten 33 Gefangene und neun der von ihnen festgehaltenen Wärter. Über 300 Häftlinge erlitten schwere Schußverletzungen.

35 Vom 11. bis 16. August 1965 fand in Watts, einem Stadtteil von Los Angeles, ein Aufstand der schwarzen Bevölkerung statt, der von Polizei und Nationalgarde niedergeschlagen wurde. Watts steht in der Öffentlichkeit für den Beginn des schwarzen militanten Widerstandes in den USA.

36 Anfang Mai 1970 demonstrierten Studenten des Kent State College in den USA gegen den Überfall der USA auf Kambodscha. Die Nationalgarde eröffnete das Feuer auf die Demonstranten und tötete dabei vier Demonstranten.

37 In Augsburg wurde am 2. März 1972 Thomas Weisbecker, den die Polizei observiert hatte, beim Versuch der Festnahme erschossen. In Hamburg war am 15. Juli 1971 Petra Schelm erschossen worden.

38 Karl-Heinz Ruhland wurde am 20. Dezember 1970 festgenommen und belastete die Angeklagten in etlichen späteren RAF-Verfahren zum Teil erheblich. Er wird als der erste Kronzeuge in Anti-Terrorismus-Verfahren bezeichnet, allerdings gab es damals keine der späteren »Kronzeugenregelung« vergleichbare gesetzliche Regelung. Es gelang den Verteidigern in späteren RAF-Verfahren, in denen auf Ruhland-Aussagen zurückgegriffen wurde, nachzuweisen, daß er für seine Aussagebereitschaft mehrere tausend Mark und das Versprechen, weitgehend straffrei auszugehen, vom BKA erhalten hatte.

39 Otto Schily, Rechtsanwalt, war Verteidiger in mehreren RAF-Verfahren, zuletzt von Gudrun Ensslin. Er trat den Grünen bei, wechselte 1989 zur SPD und ist seit 1999 Bundesinnenminister der rot-grünen Koalition. Er hat sich als sicherheitspolitischer Hardliner einen Namen gemacht.

40 Peter Urbach war bis 1970 V-Mann in Westberlin und lieferte Waffen an militante Gruppen. Er sagte im ersten RAF-Prozeß u. a. gegen Horst Mahler aus.

41 Peter Homann war Mitarbeiter von »Konkret«. In Zusammenhang mit der Befreiung von Andreas Baader wurde öffentlich nach ihm gefahndet, obwohl er nicht zur RAF gehörte. Die RAF organisierte für ihn eine Fluchtmöglichkeit in den Nahen Osten. Homann kehrte aber bald nach Deutschland zurück, wurde kurzzeitig verhaftet und berichtete dem »Spiegel«, daß die RAF ihn als Verräter habe hinrichten wollen.

42 Beate Sturm gehörte zur RAF, wurde 1971 verhaftet und gab dem »Spiegel« ein Interview, die darin weitergegeben Informationen widerrief sie aber später.

Bombenanschlag auf das Hauptquartier der US-Armee in Europa in Heidelberg

1 Am 15. Juli 1971 war das RAF-Mitglied Petra Schelm in Hamburg von der Polizei erschossen worden.

Erklärung zum Bombenanschlag im Hamburger Hauptbahnhof

1 Am folgenden Tag explodierte eine Bombe im Münchner Hauptbahnhof. Am 12. November 1975 gab es einen weiteren Bombenanschlag, diesmal auf den Kölner Hauptbahnhof. Im Dezember 1974 hatte es einen Anschlag auf den Bremer Hauptbahnhof gegeben. Von allen diesen Anschlägen haben sich RAF und RZ ausdrücklich distanziert.

2 Rudolf Wassermann, Präsident des OLG Braunschweig a. D., ist Herausgeber der Alternativ-Kommentare zum Strafrecht, einem Projekt, das den großen konservativen Strafrechtskommentaren eine kritische Alternative entgegenstellen sollte. In den 80er und 90er Jahren trat Wassermann aber immer offener mit sehr konservativen Überzeugungen an die Öffentlichkeit.

3 Bezieht sich auf die Besetzung der Deutschen Botschaft in Stockholm durch die RAF am 24. April 1975. Das RAF-Kommando Holger Meins hatte die Forderung gestellt, daß 26 politische Gefangene ausgeflogen und im Gegenzug die zwölf als Geiseln genommenen Botschaftsangehörigen freilassen werden sollten. Um ihrer Forderung Nachdruck zu

verleihen, erschoß das RAF-Kommando den Militärattaché Andreas von Mirbach, nachdem sich die schwedische Polizei, die die Erstürmung der Botschaft vorbereitete, nicht zurückzog. Die Polizei erstürmte die Botschaft schließlich und befreite die Geiseln. Zwei Mitglieder des RAF-Kommandos (Siegfried Hausner, Ulrich Wessel) starben, die anderen wurden verhaftet.

4 Siegfried Haag, Rechtsanwalt, kam aus dem SDS, verteidigte Holger Meins und war nach der Geiselnahme in der Stockholmer Botschaft kurzzeitig festgenommen worden. Nach seiner Entlassung ging er in die Illegalität und wurde im November 1976 verhaftet. 1986 erklärte er in einem Gespräch mit der »Frankfurter Rundschau« (veröffentlicht am 2. September) die Trennung von der Gefangenengruppe. Bald darauf wurde er vorzeitig aus der Haft entlassen.

5 Der Text stammt allerdings von Friedrich Engels: »Einleitung zu ›Die Klassenkämpfe in Frankreich 1848 bis 1850 von Karl Marx‹«(Ausgabe 1895).

Sprengstoffanschlag auf den Oberbefehlshaber der NATO, General Alexander Haig

1 In Shaba, im Südosten Zaires, kämpfte die Kongolesische Befreiungsbewegung, die 1978 von dem 1965 an die Macht gekommenen Präsidenten Mobutu mit Hilfe von belgischen und französischen Truppen niedergeschlagen wurde.

2 Zwischen Sahara und Schwarzafrika liegt die Republik Tschad, die zu den ärmsten Ländern der Erde gehört. Hier kämpfte die FROLINAT (Nationale Befreiungsfront, ein 1966 gebildeter Zusammenschluß von Exilgruppen) gegen den postkolonialen Machthaber General Felix Malloum, der, von Frankreich unterstützt, die Aufstände zeitweilig niederhalten konnte, 1979 aber fliehen mußte.

3 1973 stand im Zeichen der Erdölkrise.

4 Helmut Schmidt, 1969 bis 1974 erst Verteidigungs-, dann Finanzminister im Kabinett Brandt, 1974 dessen Nachfolger als Bundeskanzler bis zum konstruktiven Mißtrauensvotum 1982, das den Koalitionswechsel der FDP einleitete.

5 Die NATO-Strategie der »Flexible Response« löste etwa 1965 die Doktrin der massiven Vergeltung ab. Sie sollte einerseits den atomaren Erstschlag (als Präventivschlag) ermöglichen, gleichzeitig aber verhindern, daß kriegerische Auseinandersetzungen in der Dritten Welt, an denen die Großmächte beteiligt waren, zu einem Atomkrieg eskalieren.

Bombenanschlag auf das Hauptquartier der US-Air-Force in Europa in Ramstein

1 Sigurd Debus war in der JVA Celle inhaftiert, als der Verfassungsschutz in Zusammenarbeit mit der GSG 9 am 25. Juli 1978 ein Loch in die Außenmauer bombte. Ziel der Aktion war es, einen V-Mann in die Gruppe der RAF-Gefangenen einzuschleusen. Für Sigurd Debus, der wegen politisch motivierter Banküberfälle inhaftiert war, hatte der »Anschlag« eine Verschärfung seiner Haftbedingungen zur Folge. Debus beteiligte sich am Hungerstreik der RAF-Gefangenen 1981. Er wurde zwangsernährt, erhielt aber weniger als die erforderlichen Kalorien. Debus starb am 16. April 1981 unterernährt im Krankenhaus.

2 Die Neutronenbombe war eine Weiterentwicklung der Atombombe und sollte, da sie weniger über Druck und Hitze wirkt, sondern vor allem über eine erhöhte Strahlungsintensität, Menschen töten, ohne Gebäude zu zerstören und Landschaften zu verseuchen.

3 Ende der siebziger, Anfang der achtziger Jahre hatte es in El Salvador eine Serie von Bauernaufständen gegen Großgrundbesitzer und die Regierung gegeben. 1979 übernahm das Militär die Macht. Todesschwadrone wurden gegen die linke Opposition eingesetzt. Fünf Guerilla-Gruppen schlossen sich zur FMLN zusammen und kontrollierten weite Teile des Landes. Im Verlauf des Bürgerkrieges, in dem die USA mit Militär- und Wirtschaftshilfe zugunsten des Militärs bzw. der 1984 wiedergewählten rechtskonservativen Regierung intervenierten, gab es bis 1992 75.000 Tote. 1992 unterzeichnete die FMLN einen Friedensvertrag mit der Regierung.

4 Am 12. September 1980 putschte das türkische Militär und verbot jede Form politischer Betätigung. Bis 1985 blieb das Land unter Kriegsrecht. In dieser Zeit wurden Tausende Linke verhaftet und viele hingerichtet. Das Militär spielte bei der Gründung der modernen Türkei eine herausragende Rolle und begreift sich auch nach dem Ende der Militärdiktatur als Wächter des Staates. Dabei richtet es sich einerseits vor allem gegen den wachsenden Einfluß des Islamismus, andererseits gegen jede Form von Autonomiebestrebungen der Kurden.

5 Im Dezember 1979 hatte die NATO beschlossen, in Europa Cruise Missiles und Pershing II, die mit atomaren Sprengköpfen bestückt werden konnten, zu stationieren, sollte die Sowjetunion ihre SS 20 und SS 22 Mittelstreckenraketen nicht abziehen. Gegen die Stationierung richtete sich Anfang der achtziger Jahre nachdrücklicher, aber erfolgloser Protest der Friedensbewegung. Die Pershing II wurden auf Grund des INF-Vertrags (1987) wieder abgebaut und 1991 verschrottet.

Sprengstoffanschlag auf die NATO-Shape-School in Oberammergau

1 Jan Carl Raspe gehörte zu den Gründungsmitgliedern der RAF. Er starb unter bis heute nicht überzeugend geklärten Umständen in der Stammheimer Todesnacht vom 17. auf den 18. Oktober 1977 zusammen mit Gudrun Ensslin und Andreas Baader.

Anschlag auf die Rhein-Main-Air-Base

1 Der ehemalige Filmschauspieler Ronald Reagan war von 1981 bis 1989 US-Präsident. Reagan trat innenpolitisch als neoliberaler Deregulierer hervor, dessen »Reagonomics« die Kluft zwischen Arm und Reich erheblich vertieften. Außenpolitisch betrieb er eine Politik der Konfrontation gegenüber der Sowjetunion, die sich in seinem Sinne als erfolgreich erwies. In der Bundesrepublik ist sein Name mit einem auf Bundeskanzler Kohls Wunsch erfolgten Besuch auf dem Soldatenfriedhof in Bitburg verbunden, wo sich auch Gräber von Waffen-SS-Soldaten befinden.

2 Teheran, 4. November 1979: Etwa 400 moslemische Studenten stürmten die Botschaft der USA und nahmen 66 Menschen als Geiseln. Sie verlangten die Auslieferung des gestürzten und in die USA geflüchteten Ex-Schahs Mohammed Reza Pahlewi. Die völkerrechtswidrige Besetzung der Botschaft wurde vom neun Monate zuvor aus dem Exil zurückgekehrten Schiiten- und Revolutionsführer Ajatollah Khomeini als rechtens gebilligt. Erst nach 444 Tagen wurden die letzten 50 US-Geiseln nach der Zahlung eines Lösegeldes freigelassen – ein Versuch, sie durch ein Spezialkommando der US-Armee zu befreien, war fehlgeschlagen.

3 Am 14. Juni 1985 entführte ein palästinensisches Kommando eine Maschine der TWA aus Athen mit 143 Passagieren. Ein Passagier, der US-Marinetaucher war, wurde erschossen, weitere 40 amerikanische Passagiere wurden nach der Landung in Beirut als Geiseln festgehalten. Im Austausch gegen sie entließ Israel 700 gefangene Palästinenser.

4 Die Startbahn 18 West war ein großes Projekt zur Erweiterung des Rhein-Main-Flughafens, gegen das Umweltschützer, Friedensbewegung und Gewerkschaften jahrelang mobilisierten und protestierten. Der Widerstand gegen das Projekt zog sich durch alle Parteien. Der mit 230 000 Stimmen eingebrachte Antrag für ein Volksbegehren gegen den Bau der Startbahn brachte 1981 die SPD-Regierung Hessens unter Ministerpräsident Holger Börner in ernste Bedrängnis. Schließlich wurde die Startbahn aber doch gebaut und 1984 in Betrieb genommen.

5 RAF und Action Directe, eine französische Stadtguerilla-Gruppe, hatten im Januar 1985 eine strategische Erklärung über die »Einheit der Revolu-

tionäre in Westeuropa« veröffentlicht. Der Anschlag auf die Rhein-Main-Air-Base blieb aber der einzige, für den beide Gruppen ausdrücklich gemeinsam verantwortlich zeichneten.

Zur Aktion gegen die Rhein-Main-Air-Base und die Erschießung von Edward Pimental

1 1983 besetzten US-Streitkräfte die Insel Grenada, auf der es im März 1979 eine unblutige und populäre Revolution gegeben hatte, die eine linkssozialistische Regierung unter Maurice Bishop installierte. Die US-Regierung stellte 15 Mio. US-$ für die »demokratische Erneuerung« zur Verfügung. Weitere Schritte waren die Auflösung der Massenorganisationen, Verhaftungen, Entlassung von 3.500 Staatsangestellten, die Einstellung fast aller Sozialprogramme und Entwicklungsprojekte mit Ausnahme des Flughafenausbaus, der unter US-Regie weiterlief. Fast 100 Menschen verloren durch die Kämpfe ihr Leben.

2 NATO-Strategieplanung von 1981; Versuch, einen begrenzten Krieg in Europa führen zu können. In einem »erweiterten Gefechtsfeld« wird die militärische Auseinandersetzung auf das feindliche Territorium verlagert. Ein integriertes Gefechtsfeld ermöglicht die Kombination von konventionellen, chemischen und atomaren Waffen. Das Konzept erfordert weitgehende Um- und Aufrüstung der NATO-Streitkräfte. Das Air-Land-Battle-Konzept ist mit der Dienstvorschrift FM 100/5 von 1982 für die US-Armee gültig. »Air-Land-Battle 2000« ist die Weiterentwicklung für den Zeitraum von 1995 bis 2015. Dieses Konzept wurde 1982 vom Militärausschuß der NATO aufgrund europäischer Bedenken nicht akzeptiert.

Die revolutionäre Front aufbauen

1 Gemeint ist der Hungerstreik der Gefangenen aus der RAF 1984/85, der mit der Forderung »Zusammenlegung aller Gefangenen aus RAF und Widerstand« geführt wurde. Im Verlauf dieses Streiks, der mehrere Gefangene in Lebensgefahr brachte, wurden auch einige Gefangene zwangsernährt. Auf die rechtlichen Probleme, die die Zwangsernährung mit sich brachte, reagierten die Behörden beispielsweise bei Knut Folkerts so: »Ping-Pong nannte er (der Arzt, O.T.) das: ›Sie lehnen die Behandlung ab, werden bewußtlos, wir holen Sie wieder zurück, Sie lehnen wieder ab, dann beginnt das Ganze von vorne, das machen wir so lange, bis Sie aufgeben‹« (aus einem Brief). Der Hungerstreik wurde am 1. Februar 1985 abgebrochen, ohne daß die Gefangenen substantielle Ergebnisse erreicht hätten.

2 Günther Saré wurde am 28. September 1985 im Verlauf einer Demonstration gegen eine NPD-Versammlung in Frankfurt a. M. von einem Wasserwerfer überrollt.

3 Am 5. Dezember 1986 hat der Bundestag ein Artikelgesetz zur Bekämpfung des Terrorismus beschlossen, das die Verschärfung des § 129a StGB (Terroristische Vereinigung) durch Ausweitung der Katalogstraftaten, z.B. auf gefährliche Eingriffe in den Schienenverkehr, bewirkte. Das Gesetz enthielt auch die modifizierte Wiedereinführung des als »Zensur-Paragraphen« kritisierten und 1981 abgeschafften § 130a StGB (Anleitung zu Straftaten). Außerdem erhielt das Zentrale Verkehrsinformationssystem (ZEVIS) eine Rechtsgrundlage. ZEVIS erfaßt alle Daten über zugelassene Kfz und deren Halter und hat einen gesonderten Zugang für das polizeiliche Informationssystem Inpol. Außerdem wurden neue Länder- und Bundespolizei-Gesetze, die vor allem erweiterte Befugnisse zur Datenerhebung enthielten, beraten und beschlossen.

4 Generalbundesanwalt Kurt Rebmann hatte mehrfach behauptet, die RAF arbeite auf vier Ebenen: Die auf 25 Menschen geschätzte RAF-Kommandoebene führe die Anschläge durch, weitere 200 lose organisierte illegale Militante verübten selbst kleinere, weniger gefährliche Anschläge, zudem sollte es ein »aktives Umfeld« dieser beiden Gruppen geben, das auf 2000 Menschen geschätzt wurde und willentlich und wissentliche kriminelle Aktionen unterstützte. Die vierte Ebene wären demnach die »aktiven Sympathisanten«, die zwar auch an der Vorbereitung von Straftaten beteiligt sein sollen, vor allem aber »passiv« Wohnungen bereitstellten und die Arbeit der Ermittlungsbehörden durch striktes Schweigen über ihr Wissen erschwerten. Dieses Vier-Ebenen-Modell fußte auf keinen konkreten Erkenntnissen und hatte vor allem den Effekt, die Kriminalisierung weiter Teile der linksradikalen Szene zu ermöglichen und zu legitimieren. Es führte dazu, daß Leute wie Christoph Seidler oder Andrea Klumpp abtauchten und jahrelang als RAF-Mitglieder verfolgt wurden, obwohl sie, wie sich Ende der neunziger Jahre herausstellte, niemals Mitglieder der RAF gewesen waren.

Die RAF in der Auflösung

1 Die Einsatzleitung hat den Tod Wolfgang Grams angelastet. Allerdings gibt es eine Vielzahl von Indizien, die es weitaus wahrscheinlicher erscheinen lassen, daß Newrzella den Kugeln eines Kollegen zum Opfer fiel. Die Details der Todesermittlungsverfahren Grams und Newrzella sowie die Umstände des gesamten Einsatzes sind materialreich aufgearbeitet in ID-Archiv im IISG (Hg.), Bad Kleinen und die Erschießung von Wolfgang Grams, Edition ID-Archiv, 1994.

2 Das Urteil wurde vom Bundesgerichtshof teilweise aufgehoben. In einer erneuten Verhandlung, die aber nur die Gesamtstrafenbildung zum Thema hatte, entschied das OLG Frankfurt 1998 erneut. In dem entscheidenden Punkt, ob nämlich die lebenslange Freiheitsstrafe wegen besonderer Schwere der Schuld nicht nach 15 Jahren zur Bewährung ausgesetzt werden kann, blieben die Frankfurter Richter hart.

3 So wird im Mai 2001 behauptet, die Genanalyse eines Haares habe zweifelsfrei ergeben, daß Wolfgang Grams am Anschlag auf den Treuhandchef Rohwedder beteiligt gewesen sei. Allerdings werden alle Nachfragen seitens der Medien abgeblockt. Im Januar 2002 teilt das BKA mit, Daniela Klette wäre, ebenfalls durch eine Haaranalyse, überführt, am Anschlag auf die US-Botschaft in Bonn beteiligt gewesen zu sein.

Hungerstreikerklärung vom 1. Februar 1989

1 Dieser letzte große Hungerstreik der Gefangenen aus der RAF dauerte vom 1. Februar bis zum 14. Mai 1989. Schon vor seinem Beginn gab es eine Kampagne für die Zusammenlegung in große Gruppen, die der Initiativkreis für den Erhalt der Hafenstraße gestartet hatte. Außerdem hatte gerade der Strobl-Prozeß vor dem Oberlandesgericht Düsseldorf begonnen, der, aufgrund der massiven Solidaritätsaktionen im Vorfeld und aufgrund des relativ hohen Bekanntheitsgrades von Ingrid Strobl selbst, bei vielen das Interesse an der Auseinandersetzung mit der Situation der politischen Gefangenen geweckt und wiederbelebt hat. Das waren zwei wichtige Bedingungen für den außerordentlichen Erfolg der Mobilisierung. Von großer Bedeutung waren auch der ganz neue Ton und das spürbare Bemühen der Gefangenen, ein möglichst breites Bündnis zur Unterstützung zu gewinnen. Im traditionellen Unterstützerspektrum führte das häufig zu Irritationen.
Trotz der breiten Solidaritätskampagen wurde das Ziel, die Zusammenlegung, nicht erreicht, und auch die haftunfähigen Gefangenen blieben weiterhin eingesperrt. Auch die angestrebte politische Auseinandersetzung und Kommunikation kamen nur sehr zögerlich in Gang und blieben vorerst ohne in der breiteren Öffentlichkeit nachvollziehbare Ergebnisse – was auch damit zusammenhing, daß die Isolationsbedingungen nur für wenige Gefangene gelockert wurden.

2 Günther Sonnenberg wurde nach 15 Jahren Haft, die er trotz einer schweren Kopfverletzung verbüßen mußte, im Mai 1992 regulär auf Bewährung aus der Haft entlassen. Claudia Wannersdorfer war 1985 als RAF-Unterstützerin zu acht Jahren Gefängnis verurteilt worden, sie kam im Februar 1992 regulär auf Bewährung frei. Bernd Rössner wurde schwerkrank nach

17 Haftjahren im Mai 1994 endgültig begnadigt. Die letzten 18 Monate davor verbrachte er in einer Therapieeinrichtung. Angelika Goder kam aus der Bewegung 2. Juni und war 1978 zusammen mit Gabriele Rollnik in Bulgarien verhaftet worden. Sie schloß sich zusammen mit Rollnik 1980 den Gefangenen aus der RAF an. 1989 wurde sie aufgrund nachhaltiger öffentlicher Proteste wegen einer schweren Hüftgelenkarthrose als haftunfähig entlassen, damit sie medizinisch behandelt werden konnte.

3 Helmut Pohl, der schon in den ersten Jahren der RAF aktiv war, aber vor der Mai-Offensive inhaftiert wurde und dann Anfang der achtziger kurzzeitig in Freiheit war, wurde im Mai 1998 nach insgesamt annähernd 20 Jahren Haft von Bundespräsident Roman Herzog begnadigt.

Anschlag auf Alfred Herrhausen

1 Wolfgang Beer stieß 19jährig zur RAF, wurde 1974 verhaftet und zu einer Gefängnisstrafe verurteilt. Nach seiner Entlassung ging er wieder in die Illegalität und kam im Juli 1980 zusammen mit Juliane Plambeck, die von der Bewegung 2. Juni zur RAF gestoßen war, bei einem Verkehrsunfall ums Leben. Alfred Herrhausen war in den achtziger Jahren Vorstandssprecher der Deutschen Bank. Er galt innerhalb der Bank wegen seiner Positionen zum Schuldenerlaß für Dritte-Welt-Länder als Querdenker und wurde nach seinem Tod als »Pionier der neuen Managergeneration«, der eine aktiv gestaltende Bankenpolitik forciert habe, gewürdigt. Herrhausen hatte sich für die Europäische Währungsunion eingesetzt und forcierte eine starke Position Deutchlands in der Computer-, Luft- und Raumfahrtindustrie.

An alle, die auf der Suche nach Wegen sind, wie menschenwürdiges Leben hier und weltweit an ganz konkreten Fragen organisiert und durchgesetzt werden kann

1 Bezieht sich auf die sogenannte Kinkel-Initiative. Klaus Kinkel, FDP-Vorsitzender und Bundesjustizminister 1991/1992 (danach Bundesaußenminister bis 1998), hatte im Herbst 1991 in einem Hintergrundgespräch mit der »Süddeutschen Zeitung« die Entlassung von sieben, nicht namentlich genannten Gefangenen aus der RAF als »Möglichkeit« in Erwägung gezogen. Die »Kinkel-Initiative«, die in dieser Form nicht realisiert wurde, stieß in bürgerlich-liberalen Medien auf nachhaltige Zustimmung und wurde, z. B. von der »taz« als Beitrag zur »Zivilisierung der Bundesrepublik« bezeichnet. Materiell allerdings hätte ihre Umsetzung nichts anderes erfordert als die Anwendung der Vorschrif-

ten von Strafprozeßordnung und Strafgesetzbuch auf die Gefangenen der RAF: Die eine sieht vor, daß StraftäterInnen nach Verbüßung von zwei Dritteln ihrer Haftzeit entlassen werden können, die andere schrieb damals vor, daß bei Gefangenen, die zu lebenslanger Haft verurteilt sind, nach 15 Jahren auf deren Antrag hin zu prüfen ist, ob eine vorzeitige Entlassung möglich ist.

2 Isabel Jacob wurde 1985 wegen Beteiligung an einem Sprengstoffanschlag auf die Hannover Messe AG verhaftet, bei dem ihr Freund Jürgen Peemöller ums Leben kam. Der Vorwurf, sie habe sich wegen Mitgliedschaft in einer terroristischen Vereinigung nach § 129 StGB strafbar gemacht, wurde fallengelassen. Da sie in Untersuchungshaft an der Autoimmunkrankheit Morbus Basedow erkrankte, wurde sie im März 1986 wegen Haftunfähigkeit entlassen. Nach Ende ihres Verfahrens, in dem sie zu viereinhalb Jahren Haft verurteilt wurde, erhielt sie eine Ladung zum Haftantritt, die auch durchgesetzt wurde. Ali Jansen war von 1970 bis 1981 wegen Mitgliedschaft in der RAF inhaftiert. 1988 wurde er erneut verhaftet, weil er an einem Brandanschlag auf die Renault-Niederlassung in Rosbach bei Frankfurt beteiligt gewesen sein soll. Der Anschlag stand in Zusammenhang mit dem damaligen Hungerstreik der Gefangenen aus der Action Directe in Frankreich. Jansen erkrankte in Haft an einer schweren Form von Asthma. Am 3. Dezember 1993 wurde er aus der Haft entlassen. Norbert Hofmeier, Bärbel Perau und Thomas Thoene gehörten nicht zur RAF, sondern zur antiimperialistischen Szene. Ihnen wurde zur Last gelegt, an dem Sprengstoffanschlag auf die Bundesgrenzschutzkaserne in Swisttal-Heimerzheim am 11. August 1986 beteiligt gewesen zu sein. Dafür wurden sie zu neun bzw. zehn Jahren Haft verurteilt. Perau und Thoene wurden nach Verbüßung von zwei Dritteln der Haftzeit 1993 entlassen. Irmgard Möller wurde am 9. Juli 1972 verhaftet. Sie überlebte als einzige, wenn auch schwerverletzt, die Stammheimer Todesnacht vom 17. auf den 18. Oktober 1977. 1994 wurde sie nach fast 23 Jahren Haft entlassen.

3 Die Göttinger Studentin Conny Wissmann wurde im November 1989 nach einer antifaschistischen Demonstration von der Polizei verfolgt und auf eine befahrene Straße getrieben, wo sie von einem Auto erfaßt wurde und starb.

Anschlag auf den Knast Weiterstadt

1 Gemeint ist der Text »Wir wollen eine offene Diskussion unter allen, die hier um Veränderung kämpfen«, der im August 1992 veröffentlicht wurde. In diesem Text geben die Mitglieder der RAF Informationen über die Gruppe, von der niemand vor 1984 schon dabeigewesen sei. Sie alle seien aus den Bewegungen der frühen achtziger Jahre gekommen, gegen NATO-

Doppelbeschluß, AKWs und Startbahn 18 West aktiv gewesen oder in den Häuserkämpfen und den Auseinandersetzungen um die Haftsituation der Gefangenen aus der RAF. Nach einer Rechtfertigung der Politik der Anschläge skizzieren sie erneut das jetzt gültige Konzept der »Gegenmacht von unten«, das aber in dem Papier keine schärferen Konturen bekommt. Ausführlich beschäftigt sich die RAF mit der Situation der Gefangenen und versucht hier auf dem schmalen Grat zwischen Eingeständnis der Niederlage und radikaler Rhetorik zu argumentieren. Vor allem ist der Text aber getragen von dem Bemühen, Ansprech- und Bündnispartner in der legalen Linken zu finden. Die Reaktionen auf das Papier waren matt und überwiegend kritisch.

2 Lutz Taufer war Mitlgied im SPK. Er gehörte zu dem Kommando, das die Deutsche Botschaft in Stockholm besetzte, und wurde dort 1975 inhaftiert. 1995 kam er frei.

3 Gerhard Bögelein desertierte 1943 aus der Wehrmacht und schloß sich der Roten Armee an. Nach dem Zweiten Weltkrieg lebte er in der DDR und wurde 1990 nach der Wiedervereinigung Deutschlands wegen Mordes am früheren Nazi-Richter Erich Kallmerten im Gefangenenlager Klaipeda, in dem er als Dolmetscher gearbeitet hatte, verhaftet und angeklagt. 1992 wurde Bögelein zu lebenslänglicher Haft verurteilt; vorzeitig wegen seines schlechten Gesundheitszustandes entlassen, starb er 1993.

Die Abschiedserklärung der Roten Armee Fraktion

1 Gemeint ist die von Andreas Baader, Gudrun Ensslin, Jan Carl Raspe und Ulrike Meinhof im Stammheim-Prozeß vorgetragene »Erklärung zur Sache«.

2 Gemeint sind die Mitglieder des Kommandos »Martyr Halimeh«, die am 13. Oktober 1977 eine Lufthansa-Maschine mit Mallorca-Urlaubern nach Mogadischu entführten. Die GSG 9 stürmte die Maschine, die Geiseln wurden befreit und drei der Flugzeugentführer erschossen.

3 Katharina Hammerschmidt stellte sich am 29. Juni 1972 auf Anraten ihres Rechtsanwaltes Otto Schily der Polizei und wurde inhaftiert. Im Verlauf ihres Verfahrens entwickelte sich bei ihr ein bösartiger Hirntumor, den die Ärzte im Haftkrankenhaus trotz der Proteste der Verteidiger nicht eingehend behandelten. 1974 wurde Katharina Hammerschmidt endlich wegen ihrer Krebserkrankung entlassen, die nun allerdings weit fortgeschritten war. Zweieinhalb Jahre später starb sie in einem Berliner Krankenhaus.

4 Werner Sauber wurde wegen der Entführung des CDU Politikers Peter Lorenz durch die Bewegung 2. Juni gesucht und arbeitete unter falschem Namen bei Klöckner-Humboldt-Deutz; er wurde am 9. Mai 1975 auf einem Parkplatz in Köln bei einem Schußwechsel mit der Polizei getötet.

5 Kuhlmann und Böse stammten aus der Frankfurter Sponti-Szene und waren RZ-Mitglieder; sie waren beteiligt an der Entführung einer Passagiermaschine der Air France nach Entebbe. Die Flugzeugentführung hatte zum Ziel, 53 Gefangene aus Gefängnissen in Israel, der BRD, der Schweiz und Frankreich zu erzwingen. Ob die Passagiere nach Pässen oder nach dem Kriterium »Jude« selektiert wurden, ist bis heute umstritten. Jedenfalls wurden die israelischen Staatsbürger von den anderen, die freigelassen wurden, getrennt. Am 4. Mai 1976 wurde die Maschine durch ein israelisches Kommando erstürmt, die Geiseln wurden befreit, Böse und Kuhlmann dabei erschossen. Brigitte Kuhlmanns palästinensischer Name war »Halimeh«, nach ihr nannte sich ein Jahr später das palästinensische Kommando »Martyr Halimeh«, das die Lufthansa-Maschine mit Mallorca-Urlaubern entführte.

6 Ingrid Schubert gehörte zur ersten Gruppe der RAF. Sie wurde im Oktober 1970 verhaftet und u. a. wegen Beteiligung an der Baader-Befreiung angeklagt. Am 12. November wurde sie in ihrer Zelle in München-Stadelheim erhängt aufgefunden. Die offizielle Version, an der es allerdings viele Zweifel gab, lautete Selbstmord.

7 Das RAF-Mitglied Willy Peter Stoll wurde am 6. September 1978 bei einer Personenkontrolle in einem Düsseldorfer Lokal von der Polizei gezielt erschossen.

8 Michael Knoll war in der RAF. Bei seiner Festnahme in Dortmund kam es zu einer Schießerei, bei der er so schwere Verletzungen erlitt, daß er zwei Wochen später starb. Auch der Polizist Hans-Wilhelm Hansen wurde tödlich verletzt.

9 Elisabeth van Dyck war Mitglied im SPK. Sie schloß sich 1977 der RAF an. Am 4. Mai 1979 wurde sie beim Betreten ihrer Wohnung von drei Polizisten erschossen, nachdem diesen ihr Kommen von einem Observationskommando mitgeteilt worden war.

10 Johannes Thimme wurde von einer Bombe, die er am 20. Januar 1985 in einem Stuttgarter Rechenzentrum deponieren wollte, getötet. Durch die Bombe wurde Claudia Wannersdorfer schwer verletzt.

11 Ina Siepmann gehörte zur Bewegung 2. Juni. Sie wurde im Zuge der Lorenz-Entführung 1975 befreit und ist 1982 im Libanon »verschollen«.

12 Gerd Albartus war in den RZ aktiv und wurde wegen Brandanschlägen auf Kinos, die den »Entebbe«-Film zeigten, zu 4 Jahren und 9 Monaten Haft verurteilt. Nach seiner Entlassung war er öfter im Nahen Osten und soll dort, nach Angaben in dem von RZ-Mitgliedern verfaßten Papier »Gerd Albartus ist tot«, erschossen worden sein, und zwar sei er von einer Gruppierung, für die er gearbeitet habe und die sich dem palästinensischen Widerstand zugerechnet habe, zum Tode verurteilt worden.

Ausgewählte Veröffentlichungen zur Geschichte der RAF

Aufruhr – Widerstand gegen Repression und 129a, Berlin 1991 (Ein Sammelband mit Aufsätzen zur Repression, der die Breite der linken Diskussion wiedergibt).

Bakker Schut, Piet, Stammheim – Die notwendige Korrektur der herrschenden Meinung, Kiel 1986 (Das Standardwerk zu den ersten RAF-Verfahren. Juristischer Fachtext, deswegen schwer zu lesen, sehr präzise und äußerst materialreich).

Bakker Schut, Piet, Todesschüsse, Isolationshaft, Eingriffe ins Verteidigungsrecht, Berlin 1995 (Sammlung von Texten und Dokumenten). Bakker Schut, Piet, das info – Briefe von Gefangenen aus der RAF aus der Diskussion 1973-1977, Kiel 1987 (Dokumentation, die einen Einblick in die Diskussion der RAF gibt, aber schwer zu lesen und nachzuvollziehen ist).

Brückner, Peter, Über die Gewalt, West-Berlin 1979 (Eines der wenigen Bücher, die eine linke und spannende solidarische Kritik mit militanter Politik liefern, sehr lesenswert).

Brückner, Peter, Ulrike Meinhof und die deutschen Verhältnisse, West-Berlin 1976 (biographischer Text zu Ulrike Meinhof).

Die alte Straßenverkehrsordnung, West-Berlin 1986 (Texte der RAF und Auseinandersetzungen damit. Interessant ist vor allem Roths Aufsatz).

Geissler, Christian, Kamalatta, West-Berlin 1989 (Eigenwilliger Roman über einen Anschlag. 1989 eine Art Kultbuch der antiimperialistischen Szene, tatsächlich aber vielschichtiger).

Hogefeld, Birgit, Ein ganz normales Verfahren, Berlin 1996 (Sammlung von Texten).

ID-Archiv (Hg.), Bad Kleinen und die Erschießung von Wolfgang Grams, Berlin 1994 (Detaillierte Analyse und Rekonstruktion der Vorgänge in Bad Kleinen. Sehr lesenswert).

ID-Archiv (Hg.), Wir haben mehr Fragen als Antworten – RAF Diskussionen 1992-1994, Berlin 1995 (Sammlung von Texten von RAF-Gefangenen aus unterschiedlichen Spektren. Mühselig zu lesen, gibt aber einen Eindruck von den Diskussionen und Positionen aus der Zeit der Spaltung).

ID-Archiv, Rote Armee Fraktion – Texte und Materialien zur Geschichte der RAF, Berlin 1997, (RAF pur. Umfassende Textsammlung. Die Anmerkungen hätten etwas zahlreicher sein und sorgfältiger gemacht werden können. Trotzdem: für Spezialisten und besonders Interessierte ein sehr hilfreiches Buch).

Meinhof, Ulrike, Die Würde des Menschen ist antastbar, West-Berlin 1980.

Meinhof, Ulrike, Deutschland, Deutschland, unter anderm, Berlin 1995.

Proll, Astrid, Hans und Grete , Die RAF 1967–1977, Steidl Verlag, Göttingen 1998. (Unbedingt empfehlenswert wegen der großartigen Fotos, die mehr über die RAF und das Klima dieser Jahre sagen als die meisten Texte).

Roth, Karl Heinz/Teufel, Fritz, Klaut sie!, Tübingen 1980 (Ein lesenswertes Buch, das Spaßguerilla-Ansätze mit ernsthafter Auseinandersetzung über bewaffnete Politik verbindet).

Schiller, Margrit, »Es war ein harter Kampf um meine Erinnerung«. Ein Lebensbericht aus der RAF. Herausgegeben von Jens Mecklenburg, Hamburg 1999.

Tolmein, Oliver, Stammheim vergessen – Deutschlands Aufbruch und die RAF, (2. Aufl.) Hamburg 1997 (Dokumentation der RAF-Texte aus den 80er Jahren und Auseinandersetzung mit dem Deutschlandbild und der NS-Analyse der RAF, sowie der Kinkel-Initiative und ihrer Entwicklung).

Tolmein, Oliver/zum Winkel, Detlef, nix gerafft – 10 Jahre Deutscher Herbst und der Konservativismus der Linken, Hamburg 1987.

Tolmein, Oliver, »RAF – Das war für uns Befreiung«. Ein Gespräch mit Irmgard Möller über bewaffneten Kampf, Knast und die Linke. (2. Aufl.), Hamburg 1999.

Weidenhammer, Karl-Heinz, Selbstmord oder Mord? Todesermittlungsverfahren Baader, Ensslin, Raspe, Kiel 1988 (Materialreichste Auseinandersetzung mit dem Tod der Gefangenen in Stammheim).

Wisniewski, Stefan, »Wir waren so unheimlich konsequent«, Berlin 1997 (Ein Gespräch mit Stefan Wisniewski, der 1978 festgenommen und 1981 wegen Teilnahme an der Schleyer-Entführung zu lebenslanger Haft verurteilt wurde).

Außerdem:

Balsen, Werner/Rössel, Karl, Hoch die internationale Solidarität – Zur Geschichte der Dritte-Welt-Bewegung in der Bundesrepublik, Köln 1986 (Das Buch bietet einen hervorragenden und kritischen Überblick über die internationalistische Politik der bundesdeutschen Linken).